道路交通事故应急救援技术

于力 邢志 等著

中国人民公安大学出版社
·北京·

图书在版编目（CIP）数据

道路交通事故应急救援技术／于力，邢志等著．—北京：中国人民公安大学出版社，2018.6
ISBN 978－7－5653－3339－2

Ⅰ.①道… Ⅱ.①于…②邢… Ⅲ.①公路运输—交通运输事故—救援 Ⅳ.①U491.31

中国版本图书馆CIP数据核字（2018）第124697号

道路交通事故应急救援技术
于 力 邢 志 等著

出版发行：	中国人民公安大学出版社
地　　址：	北京市西城区木樨地南里
邮政编码：	100038
印　　刷：	涿州市新华印刷有限公司
版　　次：	2018年6月第1版
印　　次：	2025年6月第4次
印　　张：	15.75
开　　本：	787毫米×1092毫米　1/16
字　　数：	280千字
书　　号：	ISBN 978－7－5653－3339－2
定　　价：	52.00元
网　　址：	www.cppsup.com.cn　www.porclub.com.cn
电子邮箱：	zbs@cppsup.com　zbs@cppsu.edu.cn

营销中心电话：010－83903254
读者服务部电话（门市）：010－83903257
警官读者俱乐部电话（网购、邮购）：010－83903253
公安业务分社电话：010－83905672

本社图书出现印装质量问题，由本社负责退换
版权所有　侵权必究

前　言

近年来，我国道路交通建设取得了突飞猛进的发展，公路里程和机动车保有量均已处于世界前列。根据交通运输部和公安部交管局的统计，截至 2016 年年末全国公路总里程 469.63 万公里，比上年增加了 11.90 万公里；公路密度为 48.92 公里/百平方公里，增加了 1.24 公里/百平方公里。截至 2017 年 3 月底，全国机动车保有量首次突破 3 亿辆，其中汽车达 2 亿辆；机动车驾驶人超 3.64 亿人，其中汽车驾驶人 3.2 亿人。与此同时，全国道路交通安全形势日益严峻，城市道路、高速公路等发生的交通事故也呈逐年上升趋势，因事故造成的损失十分惨重。根据卫生部门的统计，我国因车祸死亡的人数逐年递增，《中国卫生统计年鉴》提供的数据显示，2012 年我国死于机动车交通事故的有 166906 人。

道路交通事故不仅造成了重大的人员伤亡和财产损失，还造成了恶劣的社会影响，制约着国民经济的持续健康发展。日趋严重的道路交通安全形势已引起了国家和政府有关部门的高度关注，近年来采取各种措施最大限度地降低道路交通事故造成的损失。作为各类道路交通事故应急救援的主力军，在道路交通事故应急救援中如何确保现场人员的安全、科学施救、提高救援效率已成为摆在消防部队官兵面前的重要课题。

在长期的道路交通事故应急救援实战中，消防部队总结、提炼了很多宝贵的经验，成功处置了许多重特大交通事故。但也不同程度地存在指导思想不统一、程序操作不规范、技术运用不合理、安全防护不到位等问题，阻碍了应急救援工作的顺利开展。因此，系统研究道路交通事故的特点、成因及其内在的规律性，探讨科学的道路交通事故应急救援技术和指挥方法，对于指导道路交通事故应急救援工作，规范应急救援程序和方法，提高应急救援的速度和效率，提升应急救援人员的个人能力和应急救援力量的整体战斗力具有重要意义。

本书在借鉴国内外研究成果的基础上，系统阐述了道路交通事故的类型和特点、现场应急救援组织指挥的基本原则和要求、应急救援任务和程序、常用器材装备的种类和技术性能、汽车的基本结构和功能，详细介绍了不同道路交通事故现场的应急救援技术和方法，并配以翔实的案例以供参考。为广大消防官兵开展道路交通事故应急救援工作提供了一本较为实用的、科学的参考教材。

　　本书前言，第一章第一节、第二节，第四章，第七章案例一、案例二由于力副教授撰写；第三章，第五章，第七章案例三、案例四、案例五由邢志副教授撰写；第六章由王振雄副教授撰写；第一章第三节、第二章由姚智宏撰写。

　　由于笔者知识水平有限，道路交通事故应急救援技术、战术变化迅速，文中存在疏漏和不妥之处在所难免，望各位读者批评指正，不吝赐教。

目　　录

第一章　道路交通事故概述 …………………………………………（ 1 ）
　　第一节　道路交通事故的类型和特点 ……………………………（ 1 ）
　　第二节　道路交通事故应急救援组织指挥的原则 ………………（ 9 ）
　　第三节　道路交通事故应急救援任务与处置程序 ………………（ 15 ）

第二章　道路交通事故救援装备 ……………………………………（ 19 ）
　　第一节　个人防护装备 ……………………………………………（ 19 ）
　　第二节　破拆与支撑器材 …………………………………………（ 25 ）
　　第三节　救生器材 …………………………………………………（ 32 ）

第三章　汽车的基本结构与功能 ……………………………………（ 37 ）
　　第一节　汽车的分类和构成 ………………………………………（ 37 ）
　　第二节　车身构造与被动式安全保护系统 ………………………（ 40 ）
　　第三节　危险化学品罐车介质和罐车结构 ………………………（ 48 ）

第四章　道路交通事故应急救援技术和方法 ………………………（ 69 ）
　　第一节　现场安全与控制 …………………………………………（ 69 ）
　　第二节　车辆稳固技术 ……………………………………………（ 81 ）
　　第三节　车辆破拆技术 ……………………………………………（ 88 ）
　　第四节　重型车辆救援技术 ………………………………………（105）
　　第五节　汽车火灾扑救 ……………………………………………（116）
　　第六节　新能源车辆救援技术 ……………………………………（122）

第五章　危险化学品罐车事故应急救援技术 ………………………（129）
　　第一节　危险化学品事故侦察检测技术 …………………………（129）
　　第二节　泄漏与封堵技术 …………………………………………（141）

第三节　洗消技术 …………………………………………（150）
　　第四节　典型危险化学品罐车事故应急处置 ………………（161）
第六章　道路交通事故现场紧急救护 …………………………（180）
　　第一节　交通事故现场救护概述 ……………………………（180）
　　第二节　交通事故现场救护原则及对策 ……………………（184）
　　第三节　常见典型交通伤的现场救护 ………………………（187）
第七章　重特大交通事故应急救援案例分析 …………………（211）
　　案例一　甬台温高速公路乐清浦岐段"3·25"特大交通事故处置
　　　　　　………………………………………………………（211）
　　案例二　西藏"4·21"特大交通事故处置 …………………（217）
　　案例三　京沪高速淮安段"3·29"液氯泄漏特大事故处置 …（221）
　　案例四　湖北省汉宜高速枝江段"5·18"特大交通事故处置
　　　　　　………………………………………………………（228）
　　案例五　山西"3·1"晋城岩后隧道特大道路交通危险化学品燃爆事
　　　　　　故处置 ……………………………………………（236）
参考文献 …………………………………………………………（245）

第一章 道路交通事故概述

第一节 道路交通事故的类型和特点

一、道路交通发展与道路交通事故

道路交通是指人们出行、物品运输时在道路范围内的两地间的往来通行。其中,汽车是主要的道路交通工具。

(一)道路交通的发展

根据交通运输部《2016年交通运输行业发展统计公报》,截至2016年年末,全国公路总里程469.63万公里,比上年增加了11.90万公里;公路密度48.92公里/百平方公里,比上年增加了1.24公里/百平方公里;公路养护里程459万公里,占公路总里程的97.7%,2011—2016年全国公路总里程及公路密度情况如图1-1所示。

图1-1 2011—2016年全国公路总里程及公路密度

据公安部交管局统计,截至2017年3月底,全国机动车保有量首次突破3亿辆,其中汽车达2亿辆;机动车驾驶人超3.64亿人,其中汽车驾驶人约3.2亿人。截至2016年年末,全国拥有公路营运汽车1435.77万辆,拥有载客汽车84万辆,其中大型客车30.57万辆。拥有载货汽车1351.77

万辆，其中普通货车946.03万辆，专用货车47.56万辆，2011—2016年全国载客汽车和载货汽车拥有量如图1-2、图1-3所示。

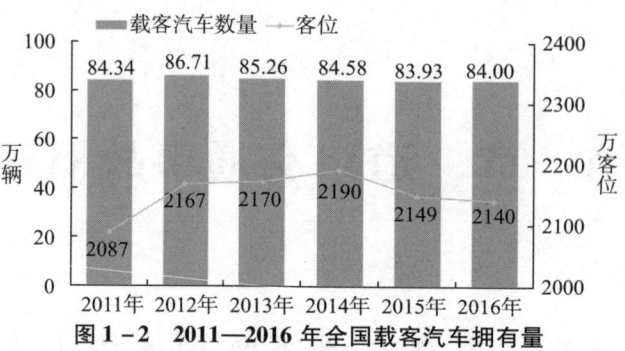

图1-2　2011—2016年全国载客汽车拥有量

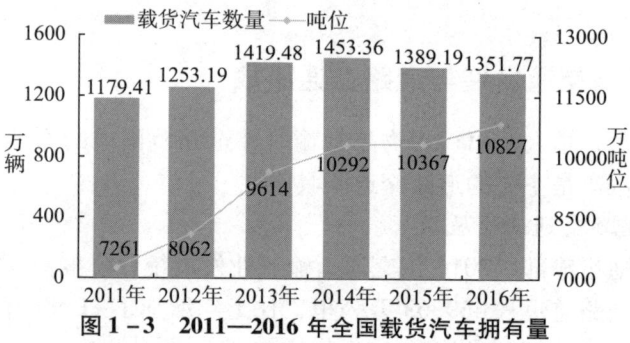

图1-3　2011—2016年全国载货汽车拥有量

2016年，全社会完成营业性客运量190.02亿人，比上年下降2.2%，旅客周转量31239.87亿人公里，增长3.9%，货运量431.34亿吨，增长5.2%，货物周转量182432.29亿吨公里，增长5.0%，2011—2016年全社会客运量如图1-4所示。

注：自2013年起，公路旅客运输量统计口径做了调整。

图1-4　2011—2016年全社会客运量

（二）道路交通事故现状

2004年5月1日开始实施的《中华人民共和国道路交通安全法》第119条第5项规定给出了交通事故的定义："交通事故"，是指车辆在道路上因过错或者意外造成的人身伤亡或者财产损失的事件。

2015年世界卫生组织发布的《道路安全全球现状报告》中指出：道路交通事故是全球一项重要死亡原因，并是15～29岁人群的主要死亡原因，如图1-5所示，全球每年约有120万人死于道路交通事故。平均每25秒钟，便有一人因交通事故身亡。

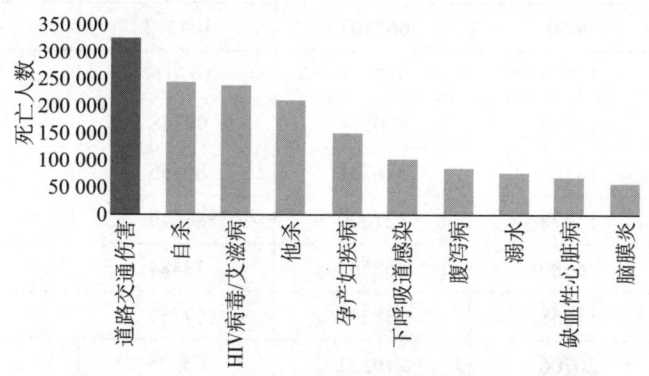

图1-5　2012年15～29岁人群的十大死亡原因

表1-1所示为1990—2011年中国机动车数量变化及道路交通事故的数据。

表1-1　1990—2011年中国道路交通事故数据

年份	机动车保有量（万辆）	交通事故总起数（起）	事故死亡人数（人）	万车死亡率（人/万车）
1990	1476	250297	49271	33.4
1991	1658	264817	53292	32.2
1992	1945	228278	58729	30.2
1993	2331	242343	63508	27.2
1994	2738	253537	66362	24.2
1995	3180	271843	71494	22.5
1996	3609	287685	73655	20.4
1997	4221	304217	73861	17.5
1998	4513	346129	78067	17.3

（续表）

年份	机动车保有量（万辆）	交通事故总起数（起）	事故死亡人数（人）	万车死亡率（人/万车）
1999	5406	412860	83529	15.5
2000	6067	616974	93853	15.5
2001	6852	754919	105930	15.5
2002	7978	773137	109381	13.7
2003	9650	667507	104372	10.8
2004	10779	517889	107077	9.9
2005	13032	450254	98738	7.6
2006	14428	378781	89455	6.2
2007	15978	327209	81649	5.1
2008	16989	265565	73484	4.3
2009	18658	238351	67759	3.6
2010	20706	219521	65225	3.2
2011	22512	210812	62387	2.8

从表1-1可以看出，1990—2011年，中国机动车数量保持了强劲的增长态势，道路交通事故的起数和死亡人数呈现出先快速上升后稳步下降的特点。特别是20世纪90年代后期以来，道路交通事故发生次数、交通事故死亡人数增长速度明显加快，至2002年分别达到773137次和109381人的历史最高值，2002年后呈现稳步下降态势。1990—2011年中国机动车保有量和道路交通事故总起数的变化曲线如图1-6所示。

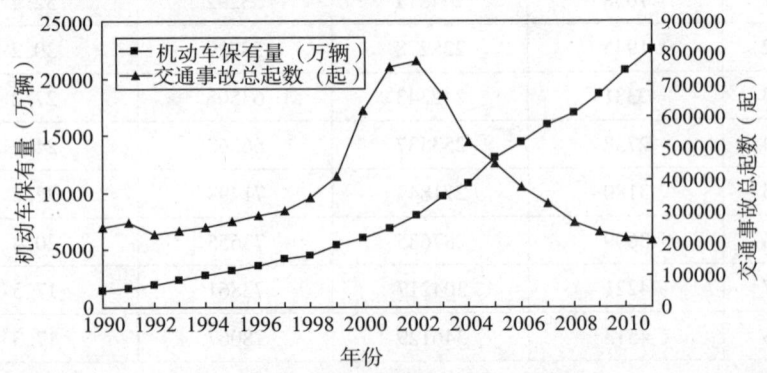

图1-6　1990—2011年中国机动车保有量和道路交通事故总起数的变化曲线

2004年我国道路交通事故死亡人数较2003年有小幅回升，因为2004年5月1日实行的《中华人民共和国道路交通安全法》对"交通事故"和"道路"进行了重新定义，在道路交通事故相关统计数据中增加了原来未被纳入统计范围的三类事故，使得2004年交通事故死亡人数统计口径变宽。

从表1-1可看出，中国的万车死亡率由1990年的33.4人/万车降至2011年的2.8人/万车，呈现快速下降态势。1990—2011年中国道路交通事故死亡人数和万车死亡率变化曲线如图1-7所示。

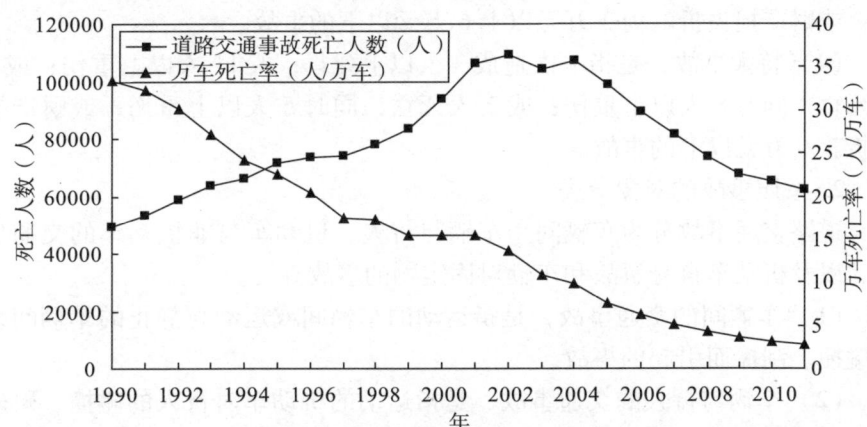

图1-7　1990—2011年中国道路交通事故死亡人数和万车死亡率变化曲线

就受伤人数而言，美国、欧盟国家等因道路交通事故受伤的人数比中国高得多，如2004年美国高达190万人，欧盟国家为130万人，而中国不到50万人，但是我国的交通事故死亡人数却要远远高于美国和欧盟国家。目前，发达国家的交通事故死亡人数和受伤人数比，均大大低于中国。其中，欧盟国家为1:29.5，美国是1:44.6，日本是1:101，而中国是1:4.5。

从以上图表可以看出，我国是世界上道路交通事故最多的国家之一，根据国家统计局公布的数据显示，尽管自2002年起，我国汽车交通事故发生数呈现持续减少态势，但情况仍然不容乐观。公安部交管局的统计数据显示，2016年全国共发生货车责任道路交通事故5.04万起，造成2.5万人死亡、4.68万人受伤，分别占汽车责任事故总量的30.5%、48.23%和27.81%，远高于货车保有量占汽车总量的比例。

二、道路交通事故的类型和特点

（一）道路交通事故的类型

根据分析的角度、方法不同，对道路交通事故的分类也不同。通常，道路交通事故分类主要有以下三种：

1. 按照事故后果分类

道路交通事故分为轻微事故、一般事故、重大事故和特大事故四类。

（1）轻微事故，是指一次造成1~2人轻伤；或财产损失折款对于机动车事故不足1000元，对于非机动车事故不足200元的事故。

（2）一般事故，是指一次造成1~2人重伤；或3人以上轻伤；或财产损失折款不足3万元的事故。

（3）重大事故，是指一次造成1~2人死亡；或3人以上10人以下重伤；或财产损失折款为3万元以上6万元以下的事故。

（4）特大事故，是指一次造成3人以上死亡；或11人以上重伤；或1人死亡，同时8人以上重伤；或2人死亡，同时5人以上重伤；或财产损失折款6万元以上的事故。

2. 按照事故的对象分类

道路交通事故分为车辆间、车辆与行人、机动车与非机动车的交通事故，以及机动车自身事故和车辆对固定物的事故五类。

（1）车辆间的交通事故，是指运动的车辆间或运动与静止的车辆间发生碰撞、刮擦而引起的事故。

（2）车辆与行人的交通事故，是指运动的机动车对行人的碰撞、碾轧和刮擦等事故。包括机动车闯入人行道及行人横穿道路时发生的交通事故。其中，碰撞和碾轧常导致行人重伤、致残或死亡。

（3）机动车与非机动车的交通事故。机动车是指以动力装置驱动或者牵引，上道路行驶的供人员乘用或者用于运送物品以及进行工程专项作业的车辆，如汽车、摩托车和拖拉机等。非机动车是指以人力或者畜力驱动上道行驶的交通工具，以及虽有动力主驱动但其最高时速、空车质量、外形尺寸符合有关国家标准的机动轮椅车、电动自行车等交通工具，如自行车、人力车、三轮车和畜力车等。在我国，机动车与非机动车的交通事故主要表现为机动车碾轧骑自行车人的事故。

（4）机动车自身事故。是指机动车在没有发生碰撞、刮擦的情况下由于自身原因导致的事故，如下坡时行驶速度太快或车辆转弯时发生翻车，或因天气或机械装置失灵而导致机动车翻车、坠入桥下或坠落江河等事故。

（5）车辆对固定物的事故，是指机动车与道路两侧的固定物相撞的事故。其中，固定物包括道路上的工程结构物、护栏，以及路肩上的灯杆、交通标志等。

3. 按照道路交通事故的形式分类

道路交通事故分为碰撞、碾轧、刮擦、翻车、坠车、爆炸、失火七种形式。道路交通事故的形式，是指在由交通事故参与者、车辆、道路三要素构成的道路交通系统中，因要素失控或不同要素间发生冲突所表现出来的具体形态。

（1）碰撞，对于道路交通系统，碰撞主要是指以一定的速度发生在机动车之间、机动车与非机动车之间、机动车与行人之间、非机动车之间、非机动车与行人之间以及车辆与其他物体之间的直接接触。根据机动车碰撞时接触部位的不同，碰撞分为正面碰撞、侧面碰撞和追尾碰撞等。

（2）碾轧，是指作为交通强者的机动车对交通弱者（骑车人或行人等）推碾或滚轧的现象。虽然许多交通事故中在碾轧之前已有碰撞现象发生，但习惯上都称之为碾轧。

（3）刮擦，是指相对而言的交通强者的侧面部分与他方接触，造成自身或他方损坏的现象。按照刮擦的对象不同，可分为车刮车、车刮物、车刮人。

（4）翻车，是指车辆在行驶中因侧向力的作用，使部分或全部车轮悬空导致车身着地的现象。车辆的一侧车轮离开地面的称为侧翻，车辆的全部车轮离开地面的称为滚翻。通常在车辆转弯过急时容易发生侧翻事故，而在道路与道路外侧存在明显坡度且具有一定高度差的区域易发生滚翻事故。

（5）坠车，是指车辆在山路、道桥、河道旁等特殊路段行驶时，由于车辆失控造成车辆整体跌落到与道路路面有一定高度差的道路以外区域的现象，如车辆坠崖、从高架桥上坠落、坠入山涧等。

（6）爆炸，是指由于将爆炸品带入车内，在行驶过程中因震动等引起其爆炸造成事故。

（7）失火，是指车辆在行驶过程中由于某种人为或技术上的原因引起火灾，即车辆发生燃烧的现象，如乘客使用明火，违法直流供油，发动机回火、电路系统短路等。

（二）道路交通事故的特点

道路交通事故具有突发性、随机性、频发性和不可复制性等特点。

1. 突发性

由于交通事故发生过程中，驾驶员从信息感知器官感知到危险景况到事故发生经历的时间极为短暂，往往短于驾驶员的反应时间与采取措施所需时间之和，这使得交通事故的发生表现出突发性的特点。

2. 随机性

道路交通系统中交通参与者的行为、车辆的性能及其运动状况、道路系统的设计与建设等都可能存在失误，其中某个失误可能引起系统内一系列的其他失误,从而引发危及整个系统安全运行的事故,而这些失误大多数都是随机的。由于事故的发生具有不确定性,而且受多种因素的影响,因此交通事故的发生具有很强的随机性。

3. 频发性

汽车工业的高速发展,推动了车辆及交通量的快速增加。由于人们的交通安全意识尚未与快速发展的道路交通运输相适应,加之交通管理滞后等原因,道路交通事故频发、伤亡人数不断增加则会成为必然。目前,我国每年发生道路交通事故约30万起,平均每天约800起。全世界每年因道路交通事故死亡的人数达100万人以上,道路交通事故已成为世界性的一大公害,被称为"永无休止的战争"。

4. 不可复制性

由于道路交通事故随机性和突发性的特点,使得道路交通事故具有不可复制性,也就是说现实中不可能有任意两起道路交通事故完全相同。这是因为对于在行车辆而言,任何一起道路交通事故发生的时间具有唯一性,加之道路上的交通环境时刻在改变,影响驾驶员行车的道路交通因素多且难以控制,从而不会有任意两起道路交通事故完全相同。

三、道路交通事故应急处置特点

道路交通事故的应急处置具有如下特点:

(一) 交通容易受阻

道路交通事故发生后,往往会引起人员围观和交通阻塞,造成交通秩序混乱,甚至可能引发新的车祸,这些情况都直接影响抢险救援力量的快速行动和投入。

(二) 险情隐患突出

道路交通事故发生后,往往会潜藏多种险情隐患,如车体内的油箱以及车载危险品都有可能发生爆炸而形成次生灾害,稍有不慎,都有可能危及抢险救援人员的生命安全。

(三) 救援作业复杂

交通事故应急救援是异常紧张而又复杂的救援行动。道路交通事故发生后,现场秩序混乱,会影响和妨碍救援作业的实施。例如,抢救火灾爆炸性车祸时,既要快速灭火,又要救人救物;既要紧急抢险,又要缜密排险;既要快速救助人员,又要认真清理货物,还要防止哄抢,这些都会使救援作业变得更加复杂困难。

(四) 组织协调难度大

道路交通事故应急处置是一项专业性很强的工作,单靠某个部门很难完成。尤其是应对复杂的重特大交通事故，其应急处置工作往往是多部门共同参与的系统工程。主要的救援人员来自交通管理部门和其他社会部门，包括市政、公安、应急管理、医疗救护、环保、通信等部门。如果没有集中统一的指挥，没有协调一致的行动，往往会导致救援行动迟缓，错过救援时间。

第二节 道路交通事故应急救援组织指挥的原则

随着我国应急救援理论的丰富和救援技术的发展，各项灾害事故应急救援系统的建立和完善日趋科学。道路交通事故应急救援系统就是其中的重要组成部分，由于道路交通事故应急救援需要调集多种社会资源，会与公安、应急管理、医疗救护、环卫、通信、环保等多部门密切合作，因此有必要进行集中统一指挥，以便协调调动各方救援力量，联合处置，科学、正确和高效地指导应急救援工作。

应急救援组织指挥原则是救援指挥员和指挥机构实施救援组织指挥活动应遵循的行为准则。其组织指挥工作应遵循和坚持如下基本原则：

一、政府领导，统一指挥

消防部队开展社会抢险救援，要始终坚持在当地党委、政府的统一领导下，与其他职能部门密切配合，通力协作，充分发挥主力军作用。

（一）政府领导

它是指在灾害事故应急救援工作中，成立以政府为主要领导的应急救援指挥机构，对救援工作进行统一领导。灾害事故的应急救援是一项涉及面广、专业性强的系统性工作，单靠某一个部门或救援队伍很难完成救援任务，必须组织社会各方面的救援力量，形成由地方政府领导的应急救援总指挥部，对应急救援工作实现坚强的领导和指挥。应急救援实践表明，当某地发生重特大道路交通事故时，应急救援都需要调集社会各行业的救援队伍参与处置，只有依靠政府的坚强领导，才能确保应急救援工作的顺利进行。

（二）统一指挥

它是指应急救援总指挥部对灾害事故应急救援工作实施全面的、高度的统一组织领导和指挥。大型的道路交通事故，应急救援的任务异常急迫和繁重，参加救援的政府部门和社会救援力量多，除消防部队外，还有公安有关警种、驻军、武警、民兵、医疗、急救、供水、供电、供气、运输等部门和单位，要使到场的各部门和各救援力量密切配合、协同作战，就必须在应急救援总指挥部的领导下，实施统一指挥，才能迅速有效地组织实施应急救援，提高抢险救灾的整体效能。

（三）协同配合

消防部队是应急救援的专业队伍，具有特殊的装备和严格的训练，消防部队指挥员在应急救援中，应积极了解灾害事故现场救援力量的部署情况，掌握各种救援力量的任务、组成及行动能力；要主动向友邻单位介绍本部队的任务及行动状况，必要时应向对方派出联络小组，为相互支援和协同配合提供条件。对已经明确的协作单位，应与其共同研究作业方案，商定协同方法，保证双方在相互了解对方要求与职责的前提下展开行动，努力形成相互支援、密切协同、功能互补的抢险救灾行动局面。

二、准确快速，科学决策

准确快速和科学决策是由灾害事故的突发性和危害性决定的。多数灾害事故的发生，事先没有明显的征兆，即使是有一定预警期的自然灾害，也很难准确预测其发生的具体时间和地点。灾害一旦发生，或危及人命，或国家、集体和个人的物资财产受到严重威胁和破坏，组织应急救援工作一分一秒都显得异常宝贵，并且应急指挥决策只有针对灾情及其变化，准确实施救援行动才有可能取得最佳效果。

（一）准确快速

它要求在应急指挥的各个环节都要充分了解灾情、准确判断，并迅速组织救援行动。救援行动要取得预期的效果，应急指挥必须首先缜密地组织现场侦察工作，准确掌握灾情。这是正确决策和施救的前提，而且灾情侦察必须贯穿于救援行动的全过程。行动前，需重点了解掌握灾害事故的类型、危害的范围和程度、发展的趋势及可能造成次生灾害或连发灾害的因素。行动过程中，应根据救援作业进展情况，有预见性地密切注视可能出现的新情况，做好各项应对准备。

在应急指挥中，准确与快速是互相依赖的。准确地判断灾情是快速决策和实施行动的前提条件，快速地行动是准确分析判断灾情的基本要求。

（二）科学决策

它要求指挥员在应急指挥中，应根据灾害事故现场的实际情况，分析判断灾情的主要方面，运用正确的决策思维方法和辅助决策手段，及时、果断、正确地作出救援行动决策并组织实施。

现场指挥员在任何复杂、艰苦、激烈及危急紧迫的情况下，都应临危不乱，保持沉着冷静，能够运用专业知识和经验，审时度势，善于在准确把握灾情的基础上，权衡利弊，抓住现场的主要方面。

围绕现场的主要方面，现场指挥员要以辩证思维与经验思维相结合、定性分析与定量分析相结合的方法，充分利用计算机辅助决策手段，对应急救援中诸多因素进行综合分析，研究制订多个行动方案，并进行评估，以提高指挥决策的科学性和时效性。

在现场的危急时刻，现场指挥员对提出的不同行动方案的分析比较要快，不能纠缠于过细的情节，在主要情况判断准确、基本措施到位、现场条件和救援力量可以实施的情况下，就应果断下定决心，选定方案，立即部署，展开救援行动。在随后救援过程中，注意不断地了解实施情况，对不完善处及时进行修正。

三、以人为本，保护生命

指挥员在组织实施救援行动中，必须通观全局，把握重点，依据灾情的轻重缓急决定救援力量的注入量与投入点。坚持"以人为本，保护生命"的原则，是每个指挥员必须慎重对待和准确把握的重要问题。

（一）以人为本

人类是社会的主体，人的生命是最宝贵的，是高于一切的财富。在灾害事故应急救援中，始终把减少灾害事故对人的伤害作为救援行动的首要目标，救人重于救物，保护好人民群众的生命权，是"以人为本"的具体体现。因此，救援行动的第一任务就是立即组织营救受害人员，组织撤离或者采取其他措施保护危害区域内的其他人员，尽全力保护人命，减少灾害事故造成的人员伤亡。

（二）保护生命

坚持以人为本，救命为要，关键在于对灾情、险情能否作出全面客观的分析判断。凡是危及生命和财产的灾情、险情都在紧急抢救之列，孰轻孰重、孰缓孰急，则需指挥员冷静分析、慎重权衡。指挥员在分析判断灾情、险情时，一定要摒弃主观臆断，不凭经验办事，从灾情实际出发，实事求是地采取应对措施，确实抓住灾害事故处置的关键所在。无论什么灾害事故，只要有人员被困或遇险，指挥员都应把救助生命放在首位来制定决策、部署力量和组织实施行动。

在救援行动中，快速、有序、高效地实施现场急救与安全转送伤员是降低伤亡率的关键。在重大灾害事故现场，指挥员应及时指导和组织群众采取各种措施进行自身防护，并迅速撤离出危险区或可能受到危害的区域。在撤离过程中，应积极组织群众开展自救和互救工作。加强现场紧急救护工作，注重对受害者的救治，及时抢救危重伤员、救援受困群众、妥善安置死亡人员、安抚在精神和心理上受到严重冲击的相关人员。

四、灵活指挥，因情施救

灾害事故的复杂性，往往导致救援行动难以按预案的阶段和步骤组织实施，这就要求现场指挥员要按照指挥部的总体意图和客观实际，遵循"灵活指挥，因情施救"的原则，灵活机动地实施指挥。

（一）灵活指挥

它要求指挥员能够密切注视灾情的发展及救援行动的进程，集中精力思考与解决带全局性、决定性的关键问题，确定下一步的行动方案，适时转换行动任务，及时调整力量的部署和行动保障，充分发挥抢险救援的最大效能；对于现场危险性大、险情复杂的重点抢救作业地段，主要指挥员要简化程序，尽量深入一线，靠前指挥，确保各种复杂情况能得到有效的处置。对于一般救援行动，指挥员应采取授权指挥，放手让下级指挥员根据具体情况灵活处理。

（二）因情施救

它要求针对灾情、险情的具体情况，因时、因地采取科学有效的抢救措施、方法和手段。灾害事故的发生，因时间、地点及其成因的不同，其危害表现出不同的形式和差异，必然导致抢救方式、方法上的不同。忽视这一点，救援行动必然收效甚微，甚至可能造成新的危害。

1. 现场指挥员必须随时了解和掌握灾情变化，周密组织救援行动

在救援力量的组织上，着力点要集中，功能要齐全，力求专业化、合成化。在作业手段的选择上，要讲究简便、实用和安全，迅速地完成抢险救援任务。在行动顺序的确定上，要坚持先易后难，先集中目标、后分散目标，以较短的时间取得较大的效益。

2. 注意消除关联险情，力避二次损害

二次损害主要是指因忽视关联险情，导致抢救作业失误，使受救人员或设施遭受新的损害。例如，在抢救被压在倒塌体下的人员时，倒塌体的再次坠落；在车祸抢救中车体再次滑落、倾覆的关联险情等。防止二次损害的发生，关键是要及时发现关联险情，并坚决消除其威胁。

3. 实事求是，力戒违背科学的盲目蛮干

当重大险情即将出现且现场力量已无能控制时，指挥员要坚持实事求是的原则，摒弃任何不切实际的幻想，果断地采取退避措施，力戒违背科学的盲目蛮干。任何违反科学、违背客观规律的抢救行为，只能招致更大的损失。

4. 要正确处理"人海战术"与"少而精"的关系

在大型抢险救援行动中，往往需要大量救援人员，以进行调集警戒、救人、疏散人员和物资保障等工作，有的还需动用军队、武警、医疗、救护等方面的救援力量。但是，处置行动要针对客观实际，尤其在特殊灾害事故场所，因潜在的危险性大，险情处置要求救援人员必须具备较高的业务素质和救援能力，不能盲目采用"人海战术"，救援人员要"少而精"。如果集中大批人员参与，会给现场险情控制带来很大困难，稍有不慎或险情突然恶化，将带来更大的损失。

五、预测事态，控制局面

任何客观事物的发展都有其自身的规律性。灾情的发展变化既有必然的方面，又包含着偶然的方面。只要认识和把握了灾情发展的规律性，指挥员就可以预测事态的发展变化，采取积极主动的措施，控制灾情发展的局面。

（一）预测事态

它是指现场指挥员通过事先的灾情侦察和分析判断，对现场可能发生的危险或不确定情况及其变化作出符合灾害事故发展规律的设想或结论。预测事态是应急指挥工作的重要环节，是现场指挥员把握和控制救援行动主动权的重要前提。

预测事态的方法，常用的有直觉判断法、案例类比法和灾情征候法。直觉判断法主要是指挥员依据实战经验和对相关灾害事故发展规律的认识，基于灾情状况分析预测其发展变化的趋势。案例类比法是指挥员根据以往灾害事故案例中的共同因素和类似现象来预测现场相似灾情的发展趋势。灾情征候法则是通过发现某种危险出现前的特征迹象分析判断某些重大险情发生的可能性。

（二）控制局面

现场指挥员应在预测事态的基础上，通过确定或调整救援行动的方向，快速反应、以变制变，时刻把握现场行动的主动权，控制灾害事故现场的全局。

把握灾害事故现场的全局，控制局面，现场指挥员就应围绕对全局有决定意义的现场主要方面，统筹使用救援力量，全面部署救援行动和组织行动保障；在行动实施中，及时发现可能存在的问题或薄弱环节，及时进行调整。

在围绕现场主要方面，解决好现场潜在主要险情的同时，现场指挥员要随时了解和掌握灾害事故的发展变化，尤其是一些潜在的小险情因条件变化而转变成主要险情，导致现场主要方面的变化。因此，现场指挥员应有敏锐的观察和调控能力，随着现场主要方面的变化，及时调整救援力量部署，加强各个局部行动的协调，确保对现场局面的严格控制。

六、防护到位，保障有力

现场指挥员在确保完成救援任务、保障国家和人民群众生命财产安全的同时，必须坚持"防护到位，保障有力"的原则，最大限度地确保救援人员和器材装备的安全和救援行动的各项保障。

（一）防护到位

灾害事故具有突发性、危险性和复杂性，不仅威胁人民群众的生命安全，也会对救援人员的人身安全造成严重威胁。因此，指挥员在应急救援的组织指挥中，必须重视各种险情危害，做好安全防范措施，做到准备工作、防护措施和安全管理三到位。

准备工作到位，要求指挥员了解和掌握灾害事故的危险特点及其处置与安全防护的措施和方法，制订符合实战要求的行动方案，行动前做好安全器材装备的检查，并强化救援人员的安全意识。

防护措施到位，要求指挥员及时准确地判断灾害事故发展趋势及危险程度，针对潜在险情，预先确定安全防护措施并在救援行动中严格加以落实。处置情况复杂、危险性大的险情时，必须遵循客观规律，讲究科学方法，杜绝盲目蛮干，确保救援人员安全。

安全管理到位，要求现场一线的指挥员应肩负救援行动的安全管理工作，强化对现场险情的监控，对救援人员安全防护器材使用情况进行检查，对抢险救援作业进行安全指导，以及在险情无法控制或即将发生前及时组织指导现场救援人员的安全撤离。

（二）保障有力

灾害事故发生后，灾情在一定时间内具有演变和扩展性，抢险救援作战往往要在极为艰难的条件下持续较长时间。保障有力就是要求现场指挥员为确保抢险救援任务的顺利完成提供全方位的及时保障。

灾害事故现场保障应以当地政府或事故单位为主体，以消防部队自身的保障体系为依托，各有关部门积极配合。各级指挥机构应根据救援行动的需要，紧急组织装备器材、救灾物资、运输、医疗救护、通信及食宿等保障；并随抢险救援的进展，及时进行筹措补充。物资调集要统一筹划、统一组织，坚持就地筹措为主，外地调运为辅，分清主次缓急，优先保障重点。

第三节　道路交通事故应急救援任务与处置程序

在道路交通事故现场，消防部队要抢救人员生命，扑灭火灾，参与控制和排除可能引起的泄漏、爆炸和毒害等次生灾害事故，协助公安部门，迅速恢复道路交通。因此，规范道路交通事故应急救援的任务和处置程序，有利于加强实战化训练，科学指导现场的应急救援工作。

一、道路交通事故应急救援任务

消防部队在道路交通事故应急处置中主要承担如下基本任务：

（一）抢救人员生命

抢救人员生命，是消防部队在执行应急救援任务中的首要责任，也是道路交通事故现场应急救援的主要任务。道路交通事故现场需要救援的人员既包括事故车辆内外被困人员和受伤人员，又包括可能受到次生灾害威胁或已经受到伤害的周边人员。在营救人员时，消防部队要与医疗救护人员密切合作，采取积极主动的措施对伤员进行救护，并把重伤人员送往具有抢救能力的医疗部门。

（二）防范和排除次生灾害

道路交通事故中，若事故车辆运载了危险化学品，则可能发生泄漏，从而引发火灾、爆炸或人员中毒及环境污染等次生灾害。因此消防部队在积极抢救人员生命的同时，要采取喷雾稀释、泡沫覆盖、扑灭火灾等措施，防范和排除可能引起的泄漏、爆炸和毒害等次生灾害事故，并协助公安部门尽快恢复交通。

二、道路交通事故应急救援处置程序

道路交通事故应急处置，是指救援人员在道路交通事故现场，运用各种救援器材装备，采取相应的技术手段和方法，营救被困人员、防止和处置道路交通事故引发的火灾、爆炸、人员中毒等次生灾害的过程。其应急救援行动应按如下基本程序实施：

（一）接警调度，赶赴现场

当接到道路交通事故的报警时，指挥中心要问清事故发生的时间、地点，以及事故类型、事故车辆数量、车载物品、人员被困及伤亡等情况。例如，接到高速公路发生交通事故的报警时，指挥中心要问清具体事故车辆的行驶方向、具体位置及最近出口位置及距离等。因为高速公路是全封闭的道路，一旦走错方向，就得绕道而错过最佳的救援时间。

当消防通信指挥中心接到一般车辆相撞事故的报警时，应按照出动计划迅速调派辖区中队抢险救援车、水罐车、泡沫车等车辆，以及破拆、起重、牵引、警戒、救生等器材装备。夜间交通事故处置应调派照明车或照明设备到场。对于重大交通事故或伴随化学灾害事故，应按照预案要求除调派辖区消防中队力量外，还应迅速调派邻近消防中队、特勤中队到场增援，并根据现场情况增派重型水罐车、泡沫车、防化洗消车辆及抢险救援器材和设备。视情况还应报请政府启动应急预案，调派公安、交通、安检、卫生、环保等力量协同处置，并调集吊车、牵引车、清障车到场参与处置。

消防责任区中队在出动途中，指挥员要时刻和指挥中心保持联系，及时掌握事故现场的发展变化情况，要注意行进的道路是否畅通，并选择合适的入口和行进方向，以最快的速度，在最短的时间内安全到达事故现场。

（二）控制事故现场

控制事故现场主要包括现场警戒，如设置警戒线和警戒标志；控制道路行车，实行交通疏导或管制，维护交通秩序，如封锁事故路段的交通，严禁无关车辆进入事故现场；看管人员和物资等，如隔离围观群众、严禁无关人员进入事故现场，防止发生哄抢等，以保证救援作业顺利进行，确保现场救援行动的安全。

事故现场外部交通疏导控制主要依靠公安交管部门来实施。一旦现场救援工作需要，要尽早通知公安交管部门安排警力，实施外部人员疏导和车辆管制，指挥经过现场的车辆绕行，靠近现场周围的停车站禁止停车等。

（三）现场侦察检测

道路交通事故救援力量到场后，指挥员要在第一时间了解和掌握与事故有关的各种情况，为行动方案的确定提供可靠的依据。了解掌握现场情况的方式有：到现场仔细查看并询问知情人。了解掌握现场情况主要包括伤亡人员情况，如被困人员的位置、数量和受伤人员的状况及受伤情况；事故车辆情况，如车辆的类型、车载物资情况、车体的稳定状况；险情状况，如油箱是否泄漏、车载物资起火、泄漏、燃烧和爆炸的可能性、事故现场是否有损坏的高压线、事故周围是否有滑坡和落石等。

如果发现实际情况较报警所描述的更为复杂和严重，要迅速向指挥中心报告情况，要求调集增援力量。

（四）分析判断，制订方案

在消防部门参与道路交通事故应急处置中，要始终坚持在政府的统一领导和指挥下，与其他部门密切配合，通力协作，充分发挥消防部门作为主力军的职能作用。消防队在道路交通事故现场的主要任务是抢救人员生命、扑灭火灾、控制和排除泄漏、爆炸、毒害等险情,协助公安部门,恢复道路交通。

根据现场侦检的情况,分析事故发生潜在险情的可能性,以确定排险方案;评估受伤人员的状况,以确定最佳的救助被困人员的方案;判断破拆的部位,以确定调集牵引车辆和其中车辆的必要。

一般现场设立侦检小组、警戒小组、排险小组、救人小组等战斗小组,以便实施救援工作。侦检人员对事故现场进行侦检,查明事故车辆的基本情况和被困人员的情况,以及是否有危险化学品泄漏和起火等;交警部门实施现场警戒、疏散事故地段滞留的驾乘人员;排险小组排除事故现场潜在险情;消防部门承担被困人员的施救任务。

(五)清除潜在险情

道路交通事故现场常出现车辆燃油泄漏,随时可能引起燃烧;现场设施损坏而倒塌、坠落危险;车载物品泄漏,随时可能引发爆炸、着火的危险;有毒有害物质泄漏,随时可能引起人员中毒危险等。因此,控制事故现场后,对于存在易燃易爆、有毒的气体或液体泄漏的,排险人员要禁止无关人员进入事故现场,防止泄漏物遇明火发生爆炸,及时采取措施有效控制有毒、有害物质的扩散。

(六)抢救人员

救援被困人员时应按照先急后缓的原则,对危重伤员,应先抬离车体再进行救治;对于被挤压的人员,应使用相应的抢险救援器材,采取锯、割、撬、扩、搬、拉、吊等方法,先破拆排除障碍,再将其救出。对于躯体、肢体损伤严重的伤员,应尽可能利用躯体或肢体固定气囊对其躯体或损伤部位进行固定,以防发生救助性伤害。

(七)清理事故现场

当人员、物资全部救出以后,应及时清理事故现场,尽快恢复交通秩序。清理事故现场主要有如下工作:

(1)详细记录、核查人数,查明死者身份,列出遗物清单;

(2)清除因车祸引起的路障,抢修遭破坏的路段,指挥疏导滞留车辆通行;

(3)与当地警方或当地政府有关部门移交遗物,并协同地方组织遗物和死者遗体转送;

(4)必要时协同交通部门对车祸现场进行勘查,查明事故原因;

(5)及时通知卫生防疫部门对车祸地域进行卫生防疫,并进行洗消和清理;

（6）有毒危险化学品泄漏处置后，应及时用洗消液对参战官兵、车辆、器材装备进行洗消。对于泄漏和火灾事故，要做好现场监护工作，防止因油品泄漏引发火灾或火灾复燃或爆炸；

（7）支队指挥员向现场救援的市政府和有关部门移交救援现场后，全体官兵受命撤离现场。

第二章　道路交通事故救援装备

交通事故救援装备是在交通事故中辅助消防员实施救援的必需装备，不同类型的事故现场应当配备使用相应的救援装备。交通事故救援装备根据不同的使用性质可分为个人防护装备、警戒器材、破拆器材、支撑器材、通信器材、照明器材、救生器材、侦检器材、堵漏器材、洗消及输转器材、抢险救援车辆等。本章主要介绍普通交通事故（不包含危险化学品类事故）常用的个人防护装备、破拆器材、支撑器材以及救生器材四类。

第一节　个人防护装备

一、抢险救援头盔

抢险救援头盔用于消防员执行抢险救援作业时佩戴使用，如图2-1（a）所示。

（一）技术性能

抢险救援头盔配有专用的防护面罩，半头盔式设计，有明显的反光标志，并具有冲击吸能性能、耐穿透性能、阻燃性能、热稳定性能、电绝缘性能、侧向刚性；下颌带可承受450N±5N拉力；总质量不大于0.8kg。

（二）注意事项

（1）佩戴前应检查抢险救援头盔各部件连接是否牢固，头盔是否有裂痕。

（2）佩戴应将下颌的扣带系紧。

（3）不要将头盔反放，不可摔砸或作他用。

二、救援手套

（一）技术性能

救援手套要有一定的阻燃性、耐热性、抗机械穿刺性，良好的耐磨性、抗切割性、耐撕裂性；戴上手套与未戴手套的拉重力比不小于80%。

（二）注意事项

（1）救援手套不可接触油类、腐蚀性物质等。

（2）应放置于通风干燥的室内，避免长时间暴晒。

（3）严禁与化学危险品共同存放，整箱存放时，应放置于木板或货架上，以防地面潮湿。

救援手套如图2-1（b）所示。

三、抢险救援靴

抢险救援靴是消防员在抢险救援作业时用于保护脚部、踝部和小腿部的防护装备，如图2-1（c）所示。

（一）技术性能

抢险救援靴结构分为三部分：靴帮、靴底和靴头。抢险救援靴的靴帮应当有良好的耐弯折性、防穿刺性、抗切割性、抗辐射热渗透性；靴头的技术要求要符合 HG 3081-1999 中 3.1.1、3.1.2 的规定；靴底应当有良好的抗穿刺性、防滑性、电绝缘性、阻燃性、热稳定性和防水渗透性，抢险救援靴总质量不能大于3kg。外观应符合 QB/T 1002-2005《皮鞋》标准。

（二）注意事项

使用时，要将裤腿套入靴筒内，拉链拉好并将尼龙搭扣粘牢；将过长的鞋带塞入靴筒内，防止在救援过程中出现勾、绊，发生危险。

图2-1 抢险救援头盔、救援手套、抢险救援靴

四、抢险救援服

抢险救援服是用于交通事故抢险救援作业时穿着的专用防护服，能够对消防员除其头部、手部、踝部和脚部之外的躯干提供保护，如图2-2所示。

（一）技术性能

具有强韧性，防止锐利物品的冲击、碰撞等。另外，还能够阻止化学物质对皮肤的伤害。有明显的反光标识，防静电性能好，重量不大于3kg。

（二）注意事项

（1）洗涤过程中，水温不可高于35℃，不可用柴油、汽油、煤油等进行洗涤，以免影响战斗服的性能。

（2）晾干时不得在高温下暴晒或火烤。

（3）应存放在透气、干燥、清洁的库房内，防止发生霉烂，不得与挥发腐蚀性物品接触。

（4）不得用于非灭火战斗场合。

图2-2 抢险救援服

五、护目镜

护目镜是消防员在抢险救援时用于保护眼部的防护装具，如图2-3(a)所示。

（一）技术性能

护目镜具有防飞溅物入眼内或冲击面部造成伤害的功能。同时能够防尘、防热、防紫外线辐射、防高强度冲击和防高速粒子冲出。

（二）注意事项

使用前应检查松紧带有无损坏，如有损坏禁止使用。

六、消防头盔

消防头盔能有效保护消防员自身头部、面部及颌部免受坠落物以及热辐射、火焰和侧向挤压造成的伤害。具有抗冲击、耐穿透、耐燃烧等性能,如图2-3(b)所示。

(一)技术性能

抗冲击:用5kg钢锤从1m高度自由下落冲击,头盔不变形。

耐穿透:用3kg钢锥从1m高度自由下落冲击,钢锥与头模不接触。

耐燃烧:帽壳用800℃火焰燃烧,10s内自行熄灭。

(二)注意事项

(1)有效保护面罩,防止面罩受损。

(2)在配备标准上,红色专为指挥员配备,豆绿色专为战斗员配备,黄色专为班长配备。

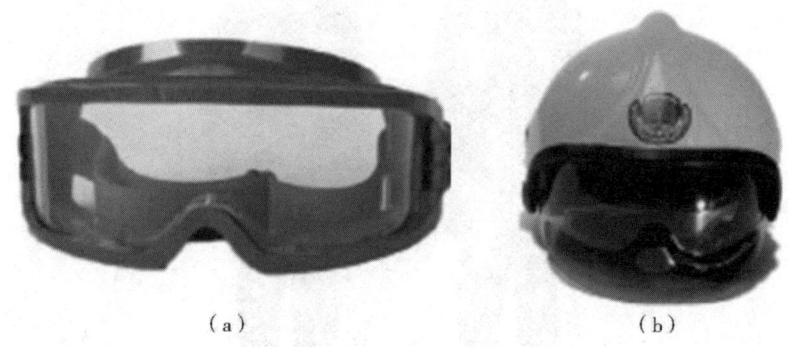

(a) (b)

图2-3 护目镜和消防头盔

七、灭火防护服

灭火防护服是保护消防人员除头部、颈部、手部、脚部以外的身体的防护服装,防护服由阻燃外层、防水透气层、隔热层、舒适层等多层织物复合制成。其为分体式,由上衣、裤子组成,颜色为藏蓝色,并设有明显反光标志带,如图2-4所示。

(一)技术参数

(1)阻燃性能:损毁长度≤100mm,续燃时间≤2s;

(2)断裂强力≥650N,撕破强力≥100N,接缝断裂强力≥650N;

(3)抗静水压性能:耐静水压≥17000Pa;

(4)抗湿性能:沾水等级不低于3级;

(5)透气性能:透气量≥5000g/$m^2$24h;

(6)热稳定性能:经1800℃±50℃试验后,沿经、纬方向尺寸变化率不大于5%，表面无明显变化；

（7）整体防护性能：热防护能力 TPP 值不小于 $28cal/cm^2$；

（8）服装重量：≤3.5kg。

（二）注意事项

在一般火灾状态下，可长时间灭火战斗，在危险状态下应采取水枪保护。在遇有化学危险品、毒气、病毒等生化物、放射物、不明危险气体和液体的特殊火灾时，应采取另外特殊防护。此外，还应避免与火焰、熔化的金属及锋利的物品直接接触。

图 2-4 灭火防护服

八、消防员灭火防护靴

消防员灭火防护胶靴是消防员在灭火现场进行消防作业时用于保护小腿部和足部免受伤害的防护装备，如图 2-5（a）所示。

（一）技术性能

消防员灭火防护靴具有良好的防水性、绝缘性、耐酸碱性、耐腐蚀性，并且防砸性能、抗穿刺性能、抗切割性能、电绝缘性能、隔热性能、抗热辐射渗透性能、防滑性能应符合国家标准，一双消防员灭火防护靴的质量小于3kg。

（二）使用范围

消防员灭火防护靴是消防员常规个人防护装备之一。穿着该靴可进入一般火场、事故现场进行灭火、救援工作。但在有强腐蚀性液体、气体存在的化学事故现场；有强渗透性军用毒剂、生物病毒存在的事故现场；带电的事故现场等，不能提供有效的保护，并严禁在上述场所使用。

（三）注意事项

（1）穿着人员在使用时应了解消防员灭火防护靴的主要性能及使用范围。

（2）使用前应检查防护靴是否完好。

（3）使用中防护靴不得与火焰及熔物直接接触；避免与尖锐物接触，防止被穿刺。

（4）每次使用后用清水冲洗，洗净后应放在阴凉、通风处晾干，不允许直接日晒。

（5）严禁用于带电、存在浓酸和浓碱等有强烈腐蚀性化学品的场所作业。

九、消防手套

主要用于扑救火灾和抢险救援过程中，保护消防人员手部和腕部安全，如图2-5（b）所示。

（一）技术性能

采用外层、防水层、隔热层、衬里四层结构，面料采用永久性阻燃纤维材料，具备阻燃、防水透气、防静电、舒适等性能。

（二）注意事项

（1）使用后及时清洗表面的腐蚀物。

（2）使用前必须认真检查有无破损。

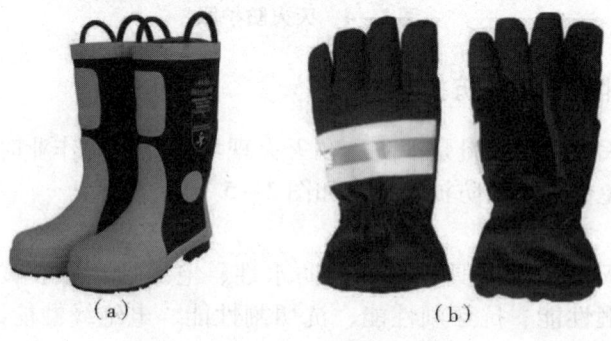

图2-5 灭火防护靴和消防手套

第二节 破拆与支撑器材

一、玻璃破碎器

玻璃破碎器是由玻璃破碎枪、组合式破拆斧和清洁配件组成。工作原理是利用玻璃破碎枪破拆玻璃的指定位置，然后使用组合式破拆斧进行局部切割，完成整个玻璃破拆工作。如图2-6所示。

（一）注意事项

（1）组合式破拆斧使用后，要检查锯片是否有断齿或裂纹。如果断齿破裂较多或锯片断裂应更换新锯片。

（2）玻璃破碎枪使用时方可装入弹药，不用时严禁将弹药装入枪内。

（二）维修保养

（1）组合式破拆斧使用后，应将锯片表面和破拆斧表面擦干净，涂上防锈油或机油防止锈蚀，并放于专用器材架，防止锯片断裂。

（2）玻璃破碎枪使用后应及时进行维护、保养，以确保在下次任务中能正常使用。

二、气动切割器

气动切割器是利用高压气体提供动力，通过活塞的高速运动推动刀头来对薄墙、车身、玻璃、橡胶轮胎等进行切割作业的专业破拆工具，如图2-7所示。

（一）操作程序

（1）将减压阀、气瓶、导管、刀具进行正确的连接。

（2）打开气瓶阀调整减压阀，控制输出压力为0.8~1.0MPa，打开开关，双手持刀具进行切割。

（3）操作结束后，检查器材，加注润滑油，将器材恢复战备状态。

（二）注意事项

（1）在操作时要佩戴好个人防护装备。

（2）在进行玻璃切割时，首先用榔头将玻璃砸开一个孔，其次用高速运动的刀片进行切割，刀尖不能碰撞金属，防止损坏刀片。

（3）在进行玻璃切割时，刀与所切割物体成45°角，并来回拉动刀片。

（4）在进行玻璃切割时，须防止爆破的碎片伤人。

（5）操作之前一定要将刀片拧紧，防止刀片飞出伤人。

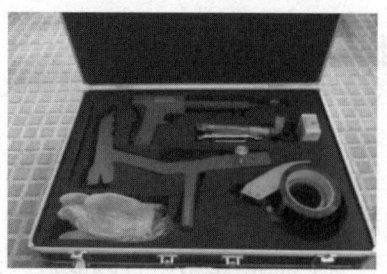 

图2-6 玻璃破碎器　　　　图2-7 气动切割器

三、无齿锯

无齿锯也称动力锯、砂轮切割锯，主要用于切割钢材或其他硬质材料及混凝土，如图2-8所示。

（一）技术参数

（1）齿轮转速：5500rpm；

（2）刀片直径：350cm；

（3）切割深度：8cm；

（4）功率：4.5kW；

（5）马力：6.1HP；

（6）油缸容积：1L；

（7）使用燃料：二冲程式机油、93号或97号汽油（混合油比例：25∶1）。

（二）注意事项

（1）定期对机器进行保养。

（2）在操作中必须佩戴好头盔、护目镜、手套和防护服。

（3）开始切割作业时，应逐渐提高锯片转速，缓慢平稳切入，不得强压锯片。

（4）仅能使用锯片的切割区域进行切割。

（5）切割时必须按直线移动，以免损伤锯片。

（6）保持适当的工作距离，禁止超过肩高使用无齿锯。

（7）机器不具备防爆功能，在运转中不能添加燃油，外溢油必须擦干。

四、液压剪切器

液压剪切器是一种以剪切圆钢、型材及线缆为主的专用抢险救援工具，用于破拆金属或非金属结构，如图2-9所示。

（一）技术参数

(1) 剪刀端部开口距离：≥150mm；

(2) 额定工作压力：63MPa；

(3) 最大剪断能力（Q235A）：Φ28mm 圆钢；

(4) 质量（工作状态）：≤12.5kg；

(5) 空载张开时间（机动泵供油）：<30s；

(6) 空载闭合时间（机动泵供油）：<25s。

（二）注意事项

(1) 剪切器只能剪切硬度不大于碳素结构钢 Q235 或硬度≤20 的材料，不允许剪切淬硬钢，否则会损坏刀具或造成崩出物伤人。为防止刀具损坏，操作时如果不清楚所剪切材料的硬度，应进行试剪，即剪切1~2mm 后退出刀具，察看切入情况，发现为淬硬材料时，应当停止作业，换用其他工具，如电弧切割机等。

(2) 剪切作业时，当剪刀端部刀口的侧向分离垂直距离大于3mm 时即应退刀，调整剪刀角度后重新进行剪切，否则将损坏刀具。

(3) 剪切作业时，尽可能使被剪切物件与剪刀平面垂直，以免剪刀因侧力而产生侧弯、损坏。

(4) 剪切作业时，应做好安全防护，防止被剪物飞出伤人。不得剪切两端都是自由端的物体。

(5) 剪切器中心销轴锁紧螺母的拧紧力矩为 150~180N.m。

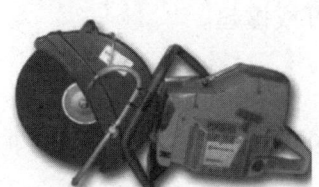 

图 2-8　无齿锯　　　　　图 2-9　液压剪切器

五、液压扩张器

液压扩张器是一种集扩张、牵拉和夹持功能于一体的专业抢险救援工具，在事故发生时用于撬开、支起起重物，分离金属和非金属构件，以解救受困者，如图 2-10 所示。

（一）技术参数

(1) 最大扩张距离：≥630mm；

(2) 额定工作压力：63MPa；

(3) 额定扩张力：≥45kN；

(4）最大扩张力：≥120kN；
(5）质量（可工作状态）：≤16.5kg；
(6）空载张开时间（机动泵供油）：<40s；
(7）空载闭合时间（机动泵供油）：<30s。

（二）注意事项

(1）液压锁体上的3个安全阀是扩张器安全工作的保证，不允许非专业维修人员进行调整。

(2）扩张器负载工作时，应使扩张头与可靠支点接触，尽可能用扩张头上的大圆弧进行扩张，以免滑脱发生危险。

(3）扩张器在做扩张或牵拉作业时，应注意工作对象的重心位置，以免在操作时工作对象倾覆造成意外伤害。

(4）扩张器是做扩张或夹持用的，一般不应做长期支撑用。当扩张器负载工作至破拆对象达到所需位置时，即应采取适当措施固定破拆对象，以防破拆对象复位而引发危险。

六、液压顶撑杆

液压顶撑杆是一种专用抢险救援器械，用于顶开或撑起金属或非金属结构，解救被困于危险环境中的受困者，如图2-11所示。

（一）工作原理

在高压液压油的推动下，初级活塞杆和次级活塞杆伸出，从而使带防滑齿的活动支撑和固定支撑将顶撑对象顶开或撑起。

（二）技术参数

(1）额定工作压力：63MPa；
(2）最大撑顶力：初级195kN，次级90kN；
(3）闭合长度：≤460mm；
(4）额定撑顶长度（闭合长度+行程）：初级>770mm，次级>1060mm；
(5）质量（工作状态）：≤15kg；
(6）空载顶出时间：≤50s；
(7）空载闭合时间：≤40s；
(8）作业覆盖范围：460~106mm。

（三）注意事项

(1）液压锁体上的安全阀是顶杆安全工作的保证，不允许非专业人员进行维修。

(2）固定支撑和活动支撑上带有防滑齿，在作用过程中，应使它们与顶撑对象接触牢靠，防止打滑，以免发生危险或损坏工具。

（3）由于顶撑杆的活塞行程较长，活塞杆伸出部分也较长，在使用过程中注意保护，避免硬物划伤，造成工具损坏。

（4）在顶撑杆负载过程中，应避免活塞杆受到侧向力失稳或使顶撑杆滑脱。

图 2-10　液压扩张器　　　　　图 2-11　液压顶撑杆

七、垫块

垫块用于抢险救援现场对结构进行支撑保护，如对事故车辆实施稳固，如图 2-12 所示。

（一）使用方法

根据缝隙大小选择合适的垫块或垫块组合，插入缝隙后完成支撑保护。

（二）注意事项

如果对正在顶升或扩张的结构实施支撑保护，要根据缝隙的变化随时调整垫块，防止支撑保护失效。

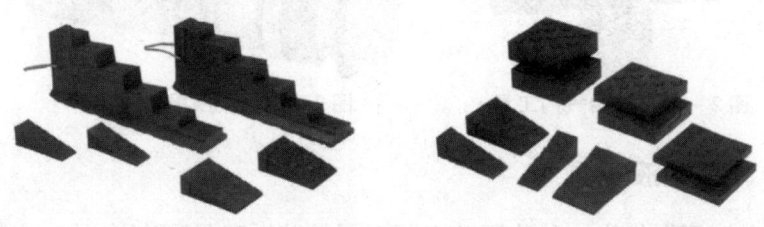

图 2-12　垫块

八、轮胎气门工具

轮胎气门工具用于抢险救援现场事故车辆快速放气，如图 2-13 所示。

（一）使用方法

利用工具尖锐部分按住车辆气门芯位置，可以做到持续快速释放轮胎压力。

（二）注意事项

不可将该工具作为砸撬工具使用，防止损坏。

九、液压重型支撑杆

重型支撑杆用于固定或支撑不稳定的结构，可广泛用于车辆救援、城市搜索与救援、沟渠救援、船舶损坏控制等，如图 2-14 所示。

（一）技术参数

(1) 最大工作压力：72MPa；

(2) 行程长度：252mm；

(3) 收缩长度：575mm；

(4) 质量：≤9.2kg；

(5) 配套延长杆长度：25cm、50cm、100cm。

（二）使用注意事项

(1) 应选择结构牢固点作为支撑杆的支点，连接重型支撑杆时要选择合适的底板、接头，安装紧固带，保证支撑稳固、可靠。

(2) 由于支撑杆的活塞行程较长，活塞杆伸出部分也较长，在使用过程中注意保护，避免硬物划伤，造成工具损坏。

(3) 在支撑杆负载过程中，要避免支撑杆受到侧向力失稳或使支撑杆滑脱。

图 2-13　轮胎气门工具

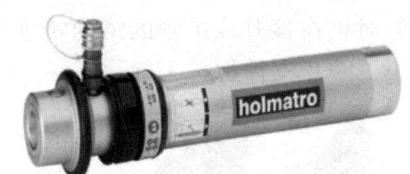
图 2-14　液压重型支撑杆

十、手动液压泵

手动液压泵作为一种液压动力源，可与破拆工具配套使用，通常低压输出压力为 6~8MPa，泵中的高低压自动转换阀根据外界负载的变化自动转变压力。低压时，泵的输出流量大，高压室手柄力自动成倍减小。如图 2-15 所示。

（一）技术参数

(1) 额定压力（高压压力）：63MPa；

(2) 高压输出流量：2×0.6L/min；

(3) 低压输出压力：≥10MPa；

(4) 低压输出流量：2×0.2L/min；

(5) 液压油油箱容量：10L；

(6) 质量（包括液压油）：≤10kg；
(7) 高压软管规格：标准配置为两套5m×2软管。

（二）注意事项

1. 油泵中的安全阀是系统安全工作的保证，不允许非专业维修人员进行调整。

2. 高、低压限压阀均在出厂前调整好，在使用过程中，不得随意调整。

3. 在手控开关阀关闭的情况下，特别是在出油管内有高压存在时，不允许调整或紧固油泵及配套工具的任何部位，调整和紧固工作应在松开手控开关阀的状态下进行，以免发生危险。

十一、机动液压泵

机动液压泵是常用的抢险救援工具动力源，高压、低压两级输出使其能根据外部负载的变化而自动转变输出压力。低压工作时，输出流量大，使配套工具在空载时快速运动，节省时间。在配套工具负载工作时，则自动转为高压工作。如图2-16所示。

（一）技术参数

(1) 泵额定工作转速：3200 ± 150rpm；
(2) 额定压力（高压压力）：63MPa；
(3) 高压输出流量：2×0.6L/min；
(4) 低压输出压力：≥10MPa；
(5) 低压输出流量：2×0.2L/min；
(6) 液压油油箱容量：10L；
(7) 质量（液压油、机油及汽油）：≤44kg；
(8) 尺寸（长×宽×高）：436mm×360mm×550mm；
(9) 高压软管规格：标准配置为两套5m×2软管。

（二）注意事项

1. 液压破拆工具液压部分的维修与调整应在指定维修部门由专业维修人员进行。

2. 定期检查设备各部位是否松动、损坏等，确定正常后方可继续使用。

3. 在机动泵存放和使用过程中，应注意防尘。定期清洁液压泵是保证其可靠工作并延长其使用寿命的必要条件。

4. 长期存放机动泵时，应放在无灰尘处。将油箱放空，拆下火花塞，往火花塞孔中加入一匙干净的润滑油，转动发动机，使润滑油均匀分布于摩擦表面,再装回火花塞,将机动液压泵用防尘罩盖好。

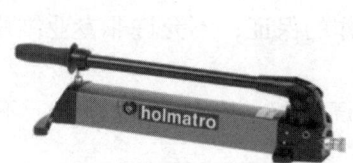
图2-15 手动液压泵

图2-16 机动液压泵

第三节 救生器材

一、躯体固定气囊

躯体固定气囊是一种集运送、保护灾害事故现场受伤人员的专用工具,如图2-17所示。

(一) 技术性能

由铝合金框架、聚乙烯外壳、四点锚定及专供搬动用的手抓带组成。主要通过手动负压装置,使气囊内的高分子颗粒得到最佳分配,能够快速、有效地根据患者的身体轮廓塑造成型,起到固定保护伤员的作用,并能被直升机吊送,且不妨碍X光透视。

(二) 注意事项

(1) 避免刺、割、划等外部损伤。

(2) 避免接触明火。

二、肢体固定气囊

肢体固定气囊用于包裹、固定伤员受伤的肢体,减少移动,避免二次伤害。适合水面、空中、洞穴、悬崖等各种特殊条件下救援。如图2-18所示。

(一) 技术参数

长、宽、厚:68cm、50cm、1cm。

(二) 注意事项

(1) 避免刺、割、划等外部损伤。

(2) 避免接触明火。

 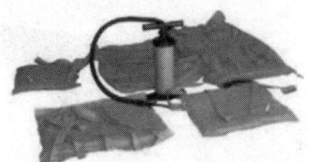

图 2–17　躯体固定气囊　　　　图 2–18　肢体固定气囊

三、伤员固定抬板

固定抬板采用"滚塑"一次成型工艺，坚固耐用。X 光、MRI、CT 穿透效果极佳。周边均匀开有提手口，可供多人同时提、扛、抬。可与头部固定器、颈托配合使用，避免伤员颈椎、胸椎及腰椎再次受到伤害。可浮于水面，抗碰撞性能强，表面经防污处理，适用于各种环境下的抢险工作，如图 2–19 所示。

图 2–19　伤员固定抬板

四、折叠式担架

折叠式担架重量轻、体积小，使用方便安全。主要用于医院、工厂、体育场馆、部队战地运送被救人员，如图 2–20 所示。

（一）技术参数

材料：折叠式担架骨架一般采用高强度铝合金材料制成，放置伤员的部分为帆布或皮革制成；

（1）净重：≤5.2kg；

（2）承重：≥120kg。

（二）注意事项

（1）不得用带油的布擦拭，避免长期暴晒在阳光下，以免损坏塑料材质。

（2）尽量避免使用利器刮割担架。

（3）使用后，担架、两侧的绑带、专用的平行吊带和垂直绳通常用中性洗涤剂或肥皂清洗干净。

（4）此担架只可用于地面救援使用，不可吊升使用。

图 2-20 折叠式担架

五、多功能担架

多功能担架一般由垂直吊绳、平行吊带、D形环、担架包装袋等组成。它体积小、重量轻，可单人操作，便于携带，可水平或垂直吊运。用于消防紧急救援、深井及狭窄空间救援、高空救助、地面一般救助、化学灾害事故现场救助等，如图2-21所示。

（一）技术性能

(1) 材料：由特殊复合材料制成；

(2) 净重：≤5.2kg；

(3) 承重：≥120kg；

(4) 耐温：-200℃~45℃。

（二）注意事项

(1) 不得用带油的布擦拭，避免长期暴晒在阳光下，以免损坏塑料材质。

(2) 尽量避免使用利器刮割担架。

(3) 严禁用吊环直接悬吊担架。

(4) 使用后，担架、两侧的绑带、专用的平行吊带和垂直吊绳通常用中性洗涤剂或肥皂清洗干净，以免损坏塑料材质。

(5) 在化学灾害事故现场使用后，担架必须严格按照化学洗消程序进行处理后保存；在有放射性物质场所使用后，使用过的绑带、专用平行吊带、垂直吊绳必须更换。

六、多功能躯体固定担架

多功能躯体固定担架主要用于灾害事故现场转运伤员，对受伤人员的全身（主要是头部、颈部、腰部以及四肢）进行保护，防止搬运时造成二次伤害，如图2-22所示。

（一）技术性能

多功能躯体固定担架主要由护头包布、护胸包布、护腰包布以及四肢固定包布组成。并且还可以在多功能躯体固定担架的最外层对全身进行二次保护。可在竖井内垂直搬运伤者，也可配合绳索组成"一点吊"担架，进行楼层伤者的救援。

（二）注意事项

（1）在进行保护过程中一定要严格按照操作方法进行伤者的搬运、保护。

（2）在被救者伤情不严重的情况下，要将其眼睛罩住，避免造成一些不必要的意外伤害。

（3）在水平运送过程中，救援人员必须避免因自身携带的金属或坚硬的工具对伤者，特别是伤者的头部造成二次伤害。

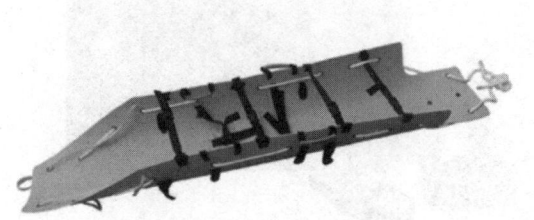
图 2-21　多功能担架

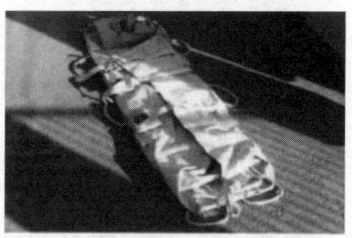
图 2-22　多功能躯体固定担架

七、医疗急救箱

医疗急救箱一般配置有医用洗涤剂、防水创可贴、医用消毒湿巾、弹性绷带、医用胶带、烧伤敷料、三角巾、安全别针、无菌纱布片、乳胶止血带、高分子急救夹板、医用剪刀、一次性乳胶手套、带单向阀的人工呼吸罩、急救毯、急救说明书、急救手册等常规外伤和化学伤害急救所需的敷料、药品和器械，如图 2-23 所示。

八、心肺复苏急救盒

心肺复苏急救盒，包括心肺复苏按压器与心肺复苏呼吸面罩两部分。其独特的优点和科学的构造能够保证心肺复苏术正确有效地实施，如图 2-24 所示。

心肺复苏急救盒的功能：

（1）在进行心肺复苏术时，按压器能帮助操作者给被救者胸部以正确的压力和频率，使心肺复苏变得简单。

（2）电池供电，易于操作。

（3）每分钟发出 100 个鸣音，帮助操作者进行胸部按压时掌握频率和节奏。

（4）指示灯对不同体重的人（从儿童到成年人）进行指示。

（5）按压器有压力过大指示灯，减少肋骨骨折刺伤肺部、伤害心脏的危险。

（6）面罩可自动包裹被救者鼻腔，使气流进入口和肺，适用于不同大小的脸型。

（7）面罩设有单向阀，气流不会倒流，避免了血液、呕吐物及分泌物的感染，且单向阀不含橡胶，可拆卸，易清洗，可重复使用。

（8）面罩为透明材料制作，便于观察被救者的出血、呕吐情况和唇色变化。

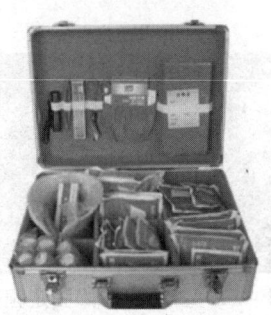

图 2-23　医疗急救箱

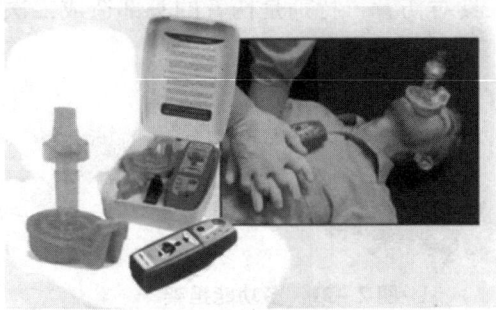

图 2-24　心肺复苏急救盒

第三章　汽车的基本结构与功能

第一节　汽车的分类和构成

一、汽车的分类

汽车的分类方法很多，常见的分类方法如按燃油类别分类、按汽车的用途分类、按发动机的位置分类、按车轮的驱动形式分类、按承载方式分类等。

（一）按汽车用途分类

汽车按用途分为两大类：一类是作为私人代步工具的乘用车；另一类是以商业运输为目的的商用车。

1. 乘用车

乘用车，是指在设计和技术特性上主要用于载运乘客及其随身行李、临时物品的汽车，包括驾驶员座位在内最多不超过9个座位，它可以牵引一辆挂车。乘用车的代表车型为轿车、小型客车、商务车等。

2. 商用车

商用车，是指在设计和技术特性上主要用于运送人员和货物的汽车，并且可以牵引挂车，乘用车不包括在内。商用车的代表车型为客车、货车等。

乘用车和商用车的具体分类如表3-1所示。

表 3-1　按汽车用途分类

汽车	乘用车		普通乘用车
			活顶乘用车
			敞篷车
			仓背乘用车
			旅行车
			多用途乘用车
			短头乘用车
			越野乘用车
			专用乘用车
	商用车	客车	小型客车
			城市客车
			长途客车
			旅游客车
			铰接客车
			无轨电车
			越野客车
			专用客车
		半挂牵引车	
		货车	普通货车
			多用途货车
			全挂牵引车
			越野货车
			专用作业车
			专用货车

（二）按汽车承载方式分类

按承载方式分类可分为三类：一是承载式车身汽车，即以车身作为承载的基础件，是无车架的汽车；典型代表车型为轿车、城市SUV等。二是非承载式车身汽车，即以车架作为承载基础件的汽车，典型代表车型为货车、专业越野车等。三是半承载式车身汽车，半承载式车身是一种介于非承载式车身与承载式车身之间的结构形式，它拥有独立完整的车架，并且车架与车身刚性连接，因此车身壳体可以承受部分载荷，典型代表车型有客车等。

二、汽车的基本结构和作用

汽车是由上万个零件组成的结构复杂的机器，根据其动力装置、运送对象和使用条件的不同，汽车的总体构造可以有很大差异，但它们的基本结构都是由发动机（动力系统）、底盘、车身和电气设备四大基本部分组成，如图3-1所示。

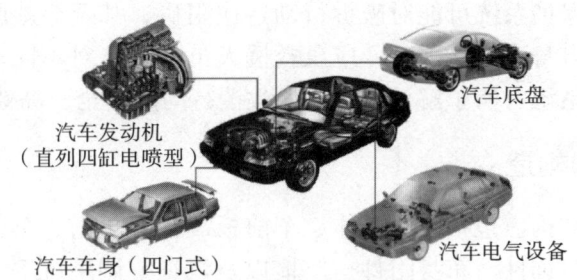

图3-1　汽车的基本结构

（一）汽车发动机

汽车发动机基本上为内燃发动机，即内燃机，最常见的内燃机是汽油机和柴油机。内燃机的作用是使燃料燃烧产生的热能转变为机械能，并为汽车行走及其他装置的工作提供动力。

（二）底盘

底盘用于接受发动机动力，使汽车正常行驶。根据各部分功用，底盘可以分为传动系、行驶系、转向系、制动系等几部分。

传动系用于将发动机输出的动力传给驱动车轮，驱动汽车行驶；行驶系由车架、车桥、悬挂和车轮等组成，主要作用是保持各部分的连接关系，支持全车重量，保证汽车正常行驶；转向系由转向盘、转向器、转向节、转向节臂、横拉杆等组成，基本作用是在驾驶员操纵下改变或保持汽车行驶方向；制动系有行车制动器和驻车制动器两种，主要作用是保证车辆行驶中减速及在最短时间内强制停车，以及在汽车停放时不致发生溜滑。

（三）车身

车身是驾驶员工作的场所，也是装载乘客和货物的位置，不同类型的汽车有不同形式的车身。车身应具有隔音、隔振、保温等功能，制造工艺性及密封性要好，应能为驾驶员及乘客提供安全而舒适的乘坐环境；其外形能保证汽车在高速行驶时受到的空气阻力较小，且造型美观。

（四）电气设备

汽车电气设备由蓄电池、发电机、调节器、起动机、点火系、仪表、照明装置、音响装置、雨刷等组成。电气设备的基本作用在于提供电能、转变电能、点燃可燃混合气、辅助驾驶等。

第二节　车身构造与被动式安全保护系统

在道路交通事故应急救援中，为营救被困于车内的人员，经常需要对车身进行破拆，以便开辟救援通道和创造营救空间。在此过程中，车辆自身具有的安全保护系统可能对破拆行动造成阻碍，甚至会威胁被困者和应急救援人员的自身安全。因此，应急救援人员有必要对不同车辆的车身结构和安全保护系统有所了解，以便确保救援行动的安全、高效。

一、车身构造

汽车车身结构应包括车身壳体、车前板制件、车门、车窗、车身外部装饰件和内部覆饰件、车身附件、座椅以及汽车空调系统等。在货车和专用汽车上，还包括货厢和其他设备。

（一）车身壳体

车身壳体是一切车身部件的安装基础，通常指纵、横梁和立柱等主要承力元件以及与其连接的板件共同组成的刚性空间结构。客车车身多数具有明显的骨架，而轿车车身和货车驾驶室则没有明显的骨架。车身壳体通常还包括在其上敷设的隔声、隔热、防振、防腐、密封等材料及涂层。

1. 车身壳体种类

车身壳体按照受力情况可分为非承载式车身，半承载式车身和承载式车身，如图3-2、图3-3、图3-4所示。

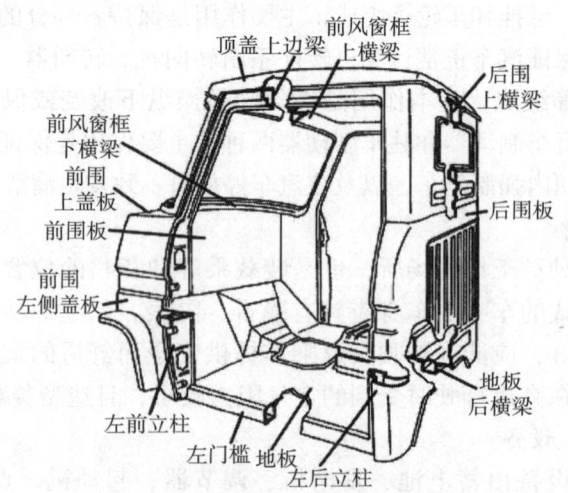

图3-2　解放CA1092型货车驾驶室壳体（非承载式车身）

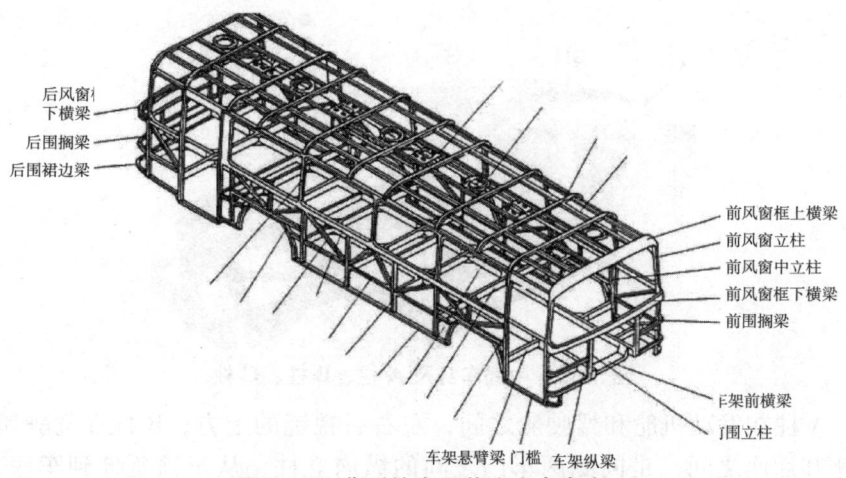

图3-3 典型的半承载式客车车身

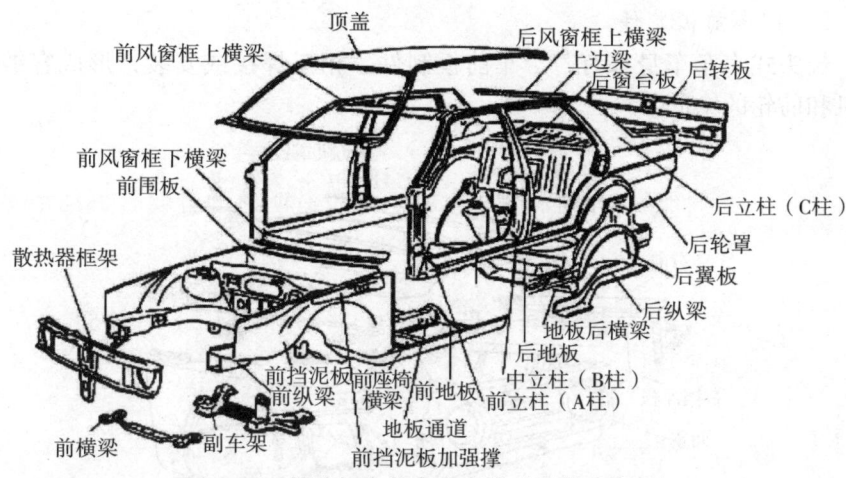

图3-4 捷达轿车的车身壳体（承载式车身）

2. 车身立柱

车身壳体包括车身的立柱，立柱包括A柱（前立柱）、B柱（中立柱）与C柱（后立柱）三种，如图3-5所示。A柱、B柱与C柱都是支撑车辆结构强度的主要部分，起着支撑风窗和车顶的作用，一般下部做的粗大，上部的截面尺寸需要考虑驾驶视野而缩小。

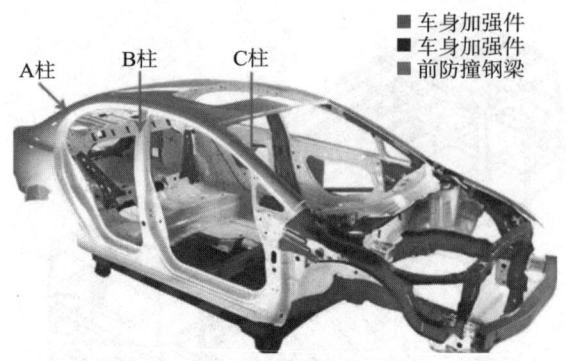

图3-5 中间车身及A柱、B柱、C柱

A柱在发动机舱和驾驶舱之间,左右后视镜的上方;B柱在驾驶舱的前座和后座之间,是同侧两车门之间的纵向立柱,从车顶延伸到车底部,从内侧看,安全带就在B柱上;C柱在后座头枕的两侧。

(二) 车前板制件

长头式汽车车身都有若干车前板制件,相互焊接或安装,形成容纳发动机和前轮的空间。

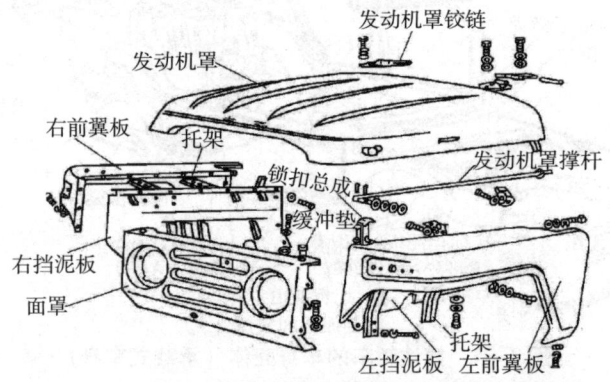

图3-6 北京BJ2020型轻型越野汽车的车前板制件

图3-6为北京BJ2020型轻型越野汽车的车前板制件。左挡泥板和右挡泥板上面各焊有两个托架。托架用螺栓固定在车架上。左前翼板、右前翼板以及面罩借助于螺钉和螺母相连接,并安装在托架及左、右挡泥板上。发动机罩通过其后部两个铰链安装在车身壳体的前围外盖板上,并借助于两个锁扣扣紧在左、右翼板上。

(三) 车门和车窗

车门是车身上重要的部件之一,通常按开启方法分为:顺开式、逆开式、水平滑移式、折叠式、上掀式、外摆式、旋翼式等。在有些大型客车上,还备有加速乘客撤离事故现场以及便于救援人员进入的安全门。

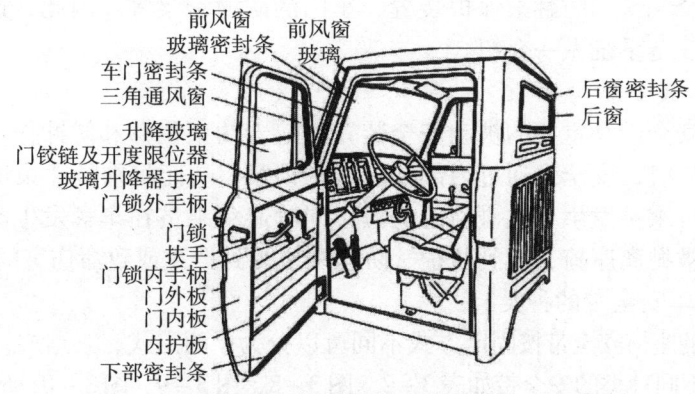

图 3-7 解放 CA1092 型货车驾驶室的车门及车窗

图 3-7 中，门内板是门的支撑基体，在其上装有三角通风窗、升降玻璃及其导轨、玻璃升降器手柄、门锁及其内手柄、门铰链及开度限位器、门外板及门锁外手柄等。

车门前部通过两个门铰链安装在车身上。图 3-7 中的门铰链上还装有开度限位器，用来限制车门的最大开度，同时还可使车门停留在某一开度。车门后部装有门锁，使门关闭时可以承受横向力和纵向力，并使门的后部在垂直方向上正确的定位。

汽车的前、后窗通常采用有利于视野而又美观的曲面玻璃。为便于自然通风，汽车的侧窗可上下移动或前后移动。侧窗玻璃采用茶色的隔热玻璃，可使室内保温并有安闲宁静的舒适感。

二、汽车安全防护系统

汽车安全防护系统主要分为两类，一类是主动式安全系统，另一类是被动式安全系统。主动式安全系统是为预防汽车发生事故，避免人员受到伤害而采取的安全设计，也称为主动安全设计；被动式安全系统则是为避免或减轻人员在车祸中受到伤害而采取的安全设计，也称为被动安全设计。主动安全性的高低决定了汽车事故发生概率的大小，而被动安全性的高低主要决定了事故后车内成员的受伤严重程度。

主动式安全系统包括 ABS（防抱死制动系统）、EBD（电子制动力分配系统）、TCS（牵引力控制系统）等。它们的特点是提高汽车的行驶稳定性，尽力防止车祸发生。其他像高位刹车灯、前后雾灯、后窗除雾灯等也是主动安全设计。被动式安全系统包括安全带、安全气囊、翻滚保护装置、车身的前后吸能区、车门防撞钢梁等安全设计，它们都是在车祸发生后才起作用的。相对而言，被动式安全系统对应急救援的影响较大，如未启动的安全气囊和防翻滚保护装置、车门的防撞钢梁等。因此,这里主要对被动式安全系统做一介绍。

（一）安全带

汽车安全带是重要的被动安全装置,起着约束位移和缓冲作用。当碰撞事故发生时,安全带通过内部锁止机构锁紧,从而将乘员"束缚"在座椅上,减少乘员发生二次碰撞的危险,同时避免乘员在车辆发生滚翻等危险情况下被抛离座椅,起到防护、防止乘员受到严重或致命伤害的作用。

1. 汽车安全带的种类

常见的座椅安全带按固定方式不同可以分为：两点式、三点式、四点式、自由式,不同种类的安全带如表3-2、图3-8、图3-9、图3-10所示。

表3-2 安全带的种类

安全带的种类	结构特点	优缺点和适用性
两点式安全带	两点式安全带与车体或座椅构架仅有两个固定点,软带从腰的两侧挂到腹部,形似腰带	使用方便,容易解脱,可防止乘员身体前移或从车内甩出。但乘员上体容易前倾,前座乘员头部会撞到仪表板或挡风玻璃上,这种安全带主要用于轿车后排座位上
三点式安全带	在两点式安全带的基础上增加了肩带,在靠近肩部的车体上有一个固定点	可同时防止乘员躯体前移和防止上半身前倾,增强了乘员的安全性,是目前使用最普遍的一种安全带
四点式安全带	四点式安全带包括两条竖向的吊带,可以束住车内乘员的胸腔,并在底部与横向安全带扣接	安全性更高,设计的出发点是在汽车发生滚翻时,四点式安全带可以将撞击力更均匀地分散掉,同时还可以将乘客牢牢地固定在座椅前,主要用于赛车座位上

图3-8 两点式安全带

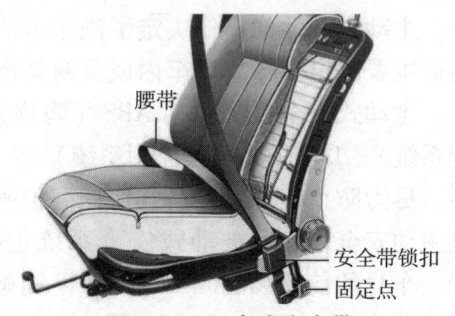

图3-9 三点式安全带

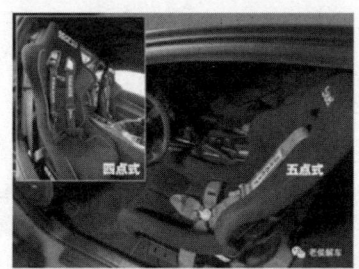

图 3-10　四点式安全带

2. 安全带的结构

安全带都由织带、安装固定件和卷收器等部件组成，如图 3-11 所示。

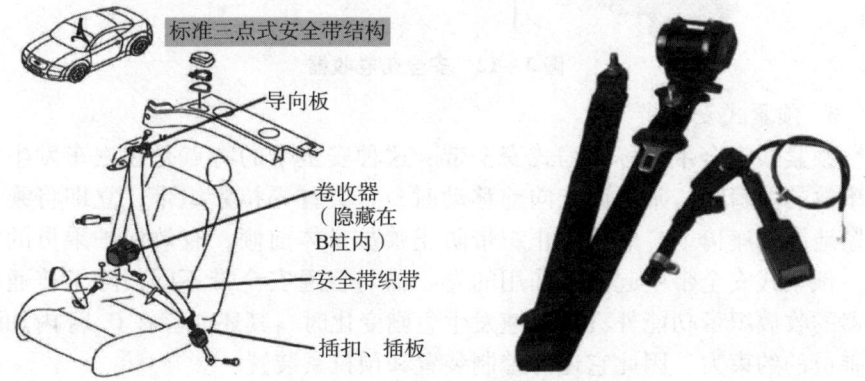

图 3-11　安全带结构

（1）织带

织带是构成安全带的主体，多用尼龙、聚酯、维尼纶等合成纤维原丝编织成宽约 50mm、厚约 1.2mm 的带子，具有足够的强度、延伸性能和吸收能量的性能。

（2）安装固定件

安装固定件是与车体或座椅构件相连接的耳片、插件和螺栓等，它们的安装位置和牢固性直接影响到安全带的保护效果和乘员的舒适感。

（3）卷收器

卷收器的作用是储存织带和锁止织带拉出，它是安全带系统中最复杂的机械件，如图 3-12 所示。卷收器与织带的一端相连，由内部的预紧弹簧来提供收紧织带的力矩，从而实现了安全带机械式自动调整长度的功能。无须自己手动来调整安全带的长度。

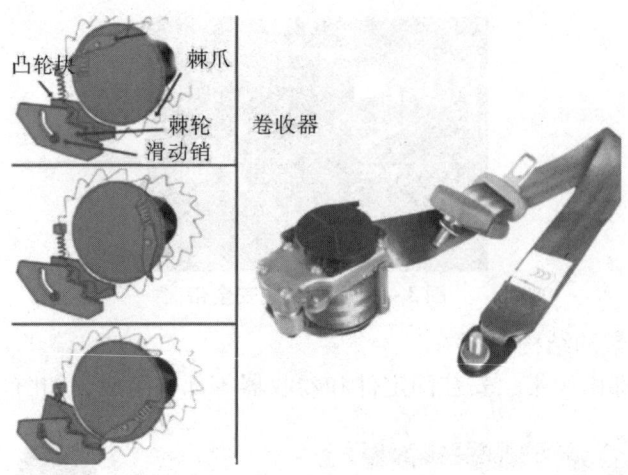

图3-12 安全带卷收器

3. 预紧式安全带

预紧式安全带也称预缩式安全带。这种安全带的特点是在汽车发生碰撞事故的一瞬间，乘员尚未向前移动时，它会首先拉紧织带，立即将乘员紧紧地绑在座椅上，然后锁止织带防止乘员身体前倾，有效保护乘员的安全。预紧式安全带中起主要作用的卷收器与普通安全带不同，除了普通卷收器的收放织带功能外，当车速发生急剧变化时，其还能够在0.1s内加强对乘员的约束力，因此它还有控制装置和预拉紧装置。

4. 安全带的新技术

（1）预收紧装置和拉力限制器。理想的安全带作用过程是：首先，及时收紧，在事故发生的第一时刻毫不犹豫地把人"按"在座椅上。其次，适度放松，待冲击力峰值过去，或人已能受到气囊的保护时，即适当放松安全带，避免因拉力过大而使人肋骨受伤。为实现这一过程，先进的安全带都带有预收紧装置和拉力限制器，分别负责瞬间绷紧安全带和冲击力峰值过后放松安全带。

（2）充气式安全带。充气式安全带是一种在发生突发事件时，胸、肩部织带会充满气体的安全带，如图3-13所示。其结构是将织带与人体的接触段设为充气段，充气段的一端有一个类似气囊中气体发生器的电子式充气装置。当车辆发生碰撞时，车辆的电子控制单元（ECU）会进行撞车严重度判别，若撞车严重度达到设计要求，ECU会发出指令，即点火电流，使预拉紧装置与充气装置先后作用，对乘员起到更好的保护作用。

（二）安全气囊

安全气囊一般安装在车内前方（正副驾驶位）、侧方（车内前排和后排）和车顶三个方向，如图3-14所示。在装有安全气囊系统的容器外部

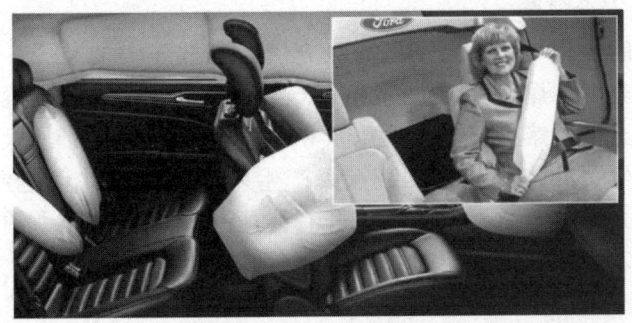

图 3-13 充气式安全带

都印有 Supplemental Restraint System（SRS）或 AIRBAG 的字样。气囊的作用是减轻汽车碰撞后，乘员因惯性发生二次碰撞时的伤害程度。

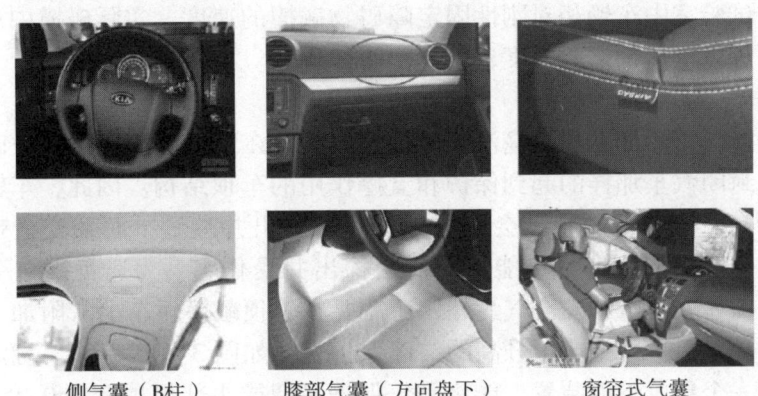

侧气囊（B柱）　　　膝部气囊（方向盘下）　　　窗帘式气囊

图 3-14 安全气囊的安装位置

1. 安全气囊的原理及结构

安全气囊主要是为了防止汽车碰撞时车内乘员和车内部件间发生碰撞而造成的伤害，它通常是作为安全带的辅助安全装置出现，两者共同作用，减轻人体所受冲击力，最终达到减轻乘员伤害程度的效果。

常用的汽车安全气囊系统由碰撞传感器、控制模块（ECU）、气体发生器及气囊等组成。安全气囊传感器一般也称碰撞传感器，主要用于检测碰撞时的加速度变化，并将碰撞信号传给气囊电脑，作为气囊电脑的触发信号。控制模块（ECU）对传感器发送的速度变化（或加速度）信息进行分析判断，如果所测的加速度、速度变化量或其他指标超过预定值（即真正发生了碰撞），则控制模块向气体发生器发出点火命令。大多数气囊控制模块（ECU）都安装在车身中部靠近挡把的位置。气体发生器可在较短的时间内（30ms 左右）产生大量的气体充满气囊。目前气体发生器主要有压缩气体式、烟火式和混合式（压缩气体式和烟火式相结合）三种类型。

2. 二级安全气囊

较新型的安全气囊加入了可分级充气或释放压力的装置，以防止碰撞后气囊全部充气，爆发力过大对人体产生伤害。分级点爆装置，即气体发生器分两级点爆，第一级产生约40%的气体容积，远低于最大压力，对人头部移动产生缓冲作用，第二级点爆产生剩余气体，并且达到最大压力。分级释放压力方式就是在气囊袋上开有泄压孔或可调节压力的孔，一开始压力达到设定极限，便能瞬时释放压力，以避免对乘客造成过大伤害。

3. 气囊起爆条件

安全气囊的打开需要合适的速度和碰撞角度。从理论上讲，只有车辆的正前方左、右约60°夹角的位置撞击在固定的物体上，速度高于30km/h，安全气囊才可能打开。这里所说的速度不是我们通常意义上所理解的车速，而是在试验室中车辆相对刚性固定障碍物碰撞的速度，实际碰撞中汽车的速度要等效于这个试验速度，气囊才能打开。

（三）翻滚保护装置

敞篷汽车，如软顶敞篷汽车、护栏汽车，在发生碰撞交通事故时缺少一个像封闭汽车那样的起到保护和支撑作用的车顶结构。因此，车辆翻滚时对没有系安全带的乘员会从侧风窗玻璃甩出并翻滚，而系安全带的乘员，其臂、头部、上身可能从车身内探出并受伤害。为避免乘员受到伤害，除依靠安全带和安全气囊外，还需要在软顶敞篷轿车上常附加一个可升起的翻滚保护弓架或可升高的头部保护套，如图3-15所示。翻滚保护系统有一个释放弹射装置，能将翻滚保护弓架或头部保护套在0.25s的时间内向上弹起，弹射距离最高可达265mm，之后会被牢牢锁住，可配合加强型前风挡边框保护所有乘员的安全。

图3-15 保护头部的弓架

第三节 危险化学品罐车介质和罐车结构

罐车是车体呈罐形的运输车辆，用来装运各种液体、液化气体和粉末状货物等，这些货物包括汽油、原油、各种黏油、植物油、液氨、酒精、水、各种酸碱类液体、水泥氧化铅粉等。公路运输罐车按用途可以分为油罐车、汽罐车、液罐车、粉罐车、水泥搅拌罐车、加油罐车等。由于危险化学品常以低温液体、液化气体的形式从生产地或供应站运往使用地点，因此本节主要介绍公路气体罐车的介质和罐车结构。

一、罐车介质

罐车内充装的介质是液化气体或低温液体，对罐车的技术要求应随所装液体的性质而定。因此，了解掌握气体的性质是操作罐车的基础，而气体分类也是构成罐车分类的基础。

（一）气体分类标准

根据压缩气体的物理状态和临界温度来进行分类，按其化学性质、燃烧性、毒性、腐蚀性进行分组，按 FTSC 编码标示每种气体的基本特性，以此作为分类依据，构成系统的综合分类。

气体的 FTSC 编码是按燃烧性、毒性、状态和腐蚀性的英文词组取首字母简称而来。FTSC 编码由四位数字按顺序组成，直接标示了每种气体的基本特性。

1. 燃烧性

根据燃烧的潜在危险性，分为不燃、助燃（氧化性）、可燃、自燃、强氧化性、分解或聚合六个类型（0~5）。

2. 毒性

根据接触毒性的途径和毒性大小，按急性毒性吸入 1h，半数致死量浓度 LC_{50} 分为无毒、毒、剧毒三个等级（1~3）。

3. 状态

根据瓶内充装气体的状态和在 20℃ 环境温度时瓶内压力的大小分为六个类型（1~6）。

4. 腐蚀性

根据气体不同的腐蚀性，分为无腐蚀、酸性腐蚀，即氢卤酸腐蚀、非氢卤酸腐蚀、碱性腐蚀四个类型（0~3）。

按我国气体行业的习惯，气体可分为单一气体和混合气体。

（二）罐车介质种类

1. 单一气体

《GB/T 16163-2012 瓶装气体分类》以临界温度为基准，将瓶装气体分为三大类：压缩气体和低温液化气体、液化气体（含高压液化气体和低压液化气体）、溶解气体。

（1）压缩气体和低温液化气体。临界温度低于等于 -50℃ 的气体为压缩气体。该组气体在通常充装和温度下储运时为气体。但经过低温处理，使之低于临界温度，就成为低温液化永久气体，简称低温液体，其储运的设备都须有绝热层。

压缩气体和低温液化气体一般可按以下三组分类：

A组：不燃无毒和不燃有毒气体，如氮、氩、氦等（不燃无毒）；三氟化硼（不燃有毒）。

B组：可燃无毒和可燃有毒气体，如氢、重氢、甲烷（易燃无毒）；一氧化碳（易燃有毒）。

C组：低温液化气体（深冷型），如氢、氩、氧、天然气。

（2）液化气体。

①高压液化气体：临界温度为 $-50℃\sim 65℃$ 的气体。该组气体在充装时为液态。在允许的工作温度下储运时，气体在瓶内的状态会随着环境温度的变化而变化，即低于或等于临界温度时，罐内介质为气液两态共存，高于临界温度时为气态。

高压液化气体一般可按以下三组分类：

A组：不燃无毒和不燃有毒气体，如二氧化碳（CO_2）、三氟甲烷（CHF_3）、六氟乙烷（C_2F_6）等为不燃无毒气体；氯化氢（HCl）为不燃有毒气体。

B组：可燃无毒和自燃有毒气体，如乙烷（C_2H_6）、乙烯（CH_2）等为可燃无毒气体；磷烷（磷化氢，PH_3）为自燃有毒气体。

C组：易分解或聚合的可燃气体，如氟乙烯（C_2H_3F）、乙硼烷（B_2H_6）。

②低压液化气体：临界温度大于65℃的气体。该组气体在充装、储运时，罐内气体为气液两相共存状态（主要是液态），液体密度随环境温度而变。

低压液化气体一般可按以下四组分类：

A组：不燃无毒和不燃有毒气体，如二氯氟甲烷（R-21）、氯二氟甲烷（R-22）、二氯二氟甲烷（R-12）、二氯四氟乙烷（R-114）等为不燃无毒气体；二氧化硫（SO_2）、碳酰二氯（光气，$COCl_2$）、硫酰氟（SO_2F_2）等为不燃有毒气体。

B组：可燃无毒和可燃有毒气体，如丙烷（C_3H_8）、丙烯（C_3H_6）、正丁烷（C_4H_{10}）、二甲醚（C_2H_6O）等为可燃无毒气体；氨（NH_3）、乙胺（$C_2H_5NH_2$）、甲胺（CH_3NH_2）等为可燃有毒（或剧毒）气体。

C组：易分解或聚合的可燃气体，如环氧乙烷（C_2H_4O）是易分解且有毒气体；氯乙烯（C_2H_3Cl）、氯三氟乙烯（C_2F_3Cl）等是易聚合有毒气体。

(3) 溶解气体。易分解或聚合的可燃气体。目前我国的只有一种 A 组，即溶解乙炔。由于其基本是以钢瓶装运，故不在本节所包含的范畴。

2. 混合气体

混合气体包括自然合成和人工制成的混合气体（二元或多元混合气体）。

混合气体的种类较多，本节只介绍液化石油气（LPG）和液化天然气（LNG）。

液化石油气是从油气田或在石油炼制过程中所取得的一部分碳氢化合物，如丙烷（C_3H_8）、丙烯（C_3H_6）、丁烷（C_4H_{10}）、丁烯（C_4H_8）等。主要成分的碳原子数为 3 个和 4 个。

液化天然气是一种在液态状态下的无色流体，其主要组分为甲烷，组分中可能含有少量的乙烷、丙烷、氮和通常存在于天然气中的其他组分。

二、罐车结构

（一）罐车的类型及特点

罐车，顾名思义由车和储液罐构成。其结构形式与特点，都是由车和储液罐这两大部分的特征来决定的。

按充装的介质类型，罐车可分为液化气体罐车、低温液体罐车。

1. 汽车罐车

汽车罐车按罐体形式可分为裸式罐车、保温层或绝热层罐车。裸式罐车，设计温度为 -20℃ ~50℃，也称为常温罐车；保温层或绝热层罐车，也称为低温罐车。

汽车罐车按车与储液罐的连接形式还可分为固定式汽车罐车、半挂式汽车罐车。

（1）常温汽车罐车。常称为液化气体罐车，按车与储液罐的连接形式，分为固定式常温汽车罐车（如图 3-16 所示）、半挂式常温汽车罐车（如图 3-17 所示）。

图 3-16　固定式常温汽车罐车

图 3-17　半挂式常温汽车罐车

常温汽车罐车，按运输的介质，分为液化石油气（LPG）、液氨、液氯、丙烯、环氧乙烷等常温汽车罐车。

①固定式常温汽车罐车。固定式常温汽车罐车，通常是指储液罐永久地牢牢固定在载重汽车的底盘梁上，一般都采用螺栓连接结构使储液罐与汽车底盘成为一个整体，它具有坚固、牢固、美观、稳定、安全等特性，其外形结构如图 3-18 所示。

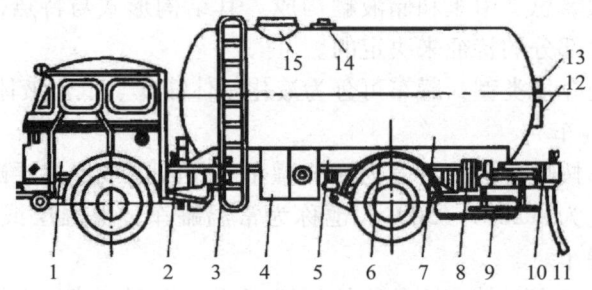

1-驾驶室；2-气路系统；3-梯子；4-阀门箱；5-支架；6-挡泥板；7-罐体；8-固定架；9-围栏；10-后保险杠尾灯；11-接地线；12-旋转式液面计；13-铭牌；14-内装式安全阀；15-人孔

图 3-18　SD450Y 型液化石油气汽车罐车

固定式常温汽车罐车，由于是专车（指汽车底盘）专用，所以在设计与制造中，可以根据汽车底盘的技术特点（如载重量、车梁长度、轴距、重心位置和外形尺寸等）进行整体设计。附件和有关装置能够得到比较合理的安排，外形也比较协调美观。更主要的是由于罐体直接落在大梁上，可以大大降低重心高度；具有较高的运行稳定性，提高了安全行驶速度。

固定式常温汽车罐车的设计根据中华人民共和国原劳动部《液化气体汽车罐车安全监察规程》及《液化气体运输车》等国家有关技术标准，在保持原车型主要技术性能的前提下对底架与管路系统作了修改。为防止罐车在装卸过程中由于管道破坏造成事故，在管路系统上还增设了紧急切断装置，如图 3-19 所示。当管路系统发生事故时，可用手摇泵上的卸压阀或设在罐车尾部的卸压阀卸掉油路压力将紧急切断阀关闭。

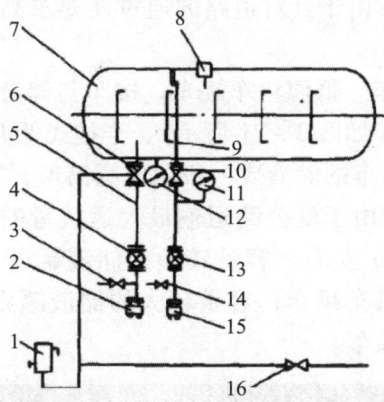

1－手摇泵；2－DN50 快装接头；3－放散管；4－DN50 球阀；5－液相管；6－DN50 紧急切断阀；7－罐体；8－安全阀；9－气相管；10－DN25 紧急切断阀；11－压力表；12－温度计；13－DN25 球阀；14－放散管；15－DN25 快装接头；16－卸压阀

图 3－19　汽车罐车的管路系统

用于汽车罐车的液位检测仪的种类很多，有拉杆式液位计、浮球式液位计和旋转管式液位计等。这类液位计与普通储罐上使用的玻璃板液位计相比，具有计量准确、安全可靠和不易损坏等优点，适用于汽车罐车的液位计量。

②半挂式常温汽车罐车。半挂式常温汽车罐车将罐体固定在拖挂式汽车底架上，它比较充分地利用了汽车承载能力及拖挂性能，又不受底架尺寸的限制，因而具有装载能力大、稳定性能好的优点，其外形结构如图 3－20 所示。

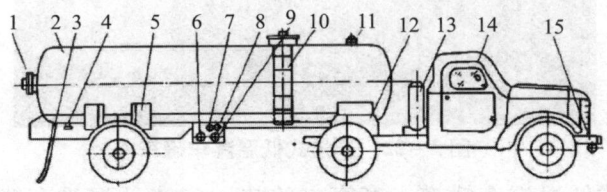

1－人孔、液位计；2－罐体；3－接地带；4－排污管；5－后支座；6－液相阀；7－温度计；8－压力表；9－气相管；10－梯子；11－安全阀；12－前支座；13－备用胎；14－驾驶室；15－消音器

图 3－20　半挂式液化石油气汽车罐车

半挂式常温汽车罐车由于其运载结构特点所定，能充分利用汽车的牵引性能，可以用功率相对小的汽车来牵引载重量较大的拖挂车，并能充分地利用汽车的剩余功率。根据汽车理论，拖挂运输不但能提高牵引车的利

用率，更重要的是大大提高了运载量，降低了燃料消耗量，运输成本能显著下降。当然，拖挂车由于其对道路的通过性要求高，所以不是任何地方都可能采用的。

（2）低温汽车罐车。低温汽车罐车，按车与储液罐的连接形式，分为固定式低温汽车罐车（如图3-21所示）、半挂式低温汽车罐车（如图3-22所示）。低温汽车罐车的储液罐一般做成圆筒形，容积通常为4~30m^3。少数可到200m^3。目前由于受公路运输最大运载量的限制，液氧、液氮车的容积一般只能到25m^3左右。容量较小的储液罐可直接装在汽车的车架上，即为固定式低温汽车罐车；容量较大的储液罐则制成专门的半挂车，即为半挂式低温汽车罐车。

图3-21 固定式低温汽车罐车

图3-22 半挂式低温汽车罐车

①固定式低温汽车罐车。高真空绝热固定式低温汽车罐车由汽车底盘、车载低温液体储罐及附件等构成，如图3-23所示。低温液体储罐由罐体、安全附件、管路系统和操作箱组成。整车外形尺寸为9650mm×2500mm×3325mm（长×宽×高），整车后双桥两侧挡泥板上设置了自增压汽化器和工具箱，工具箱内存放装卸液用金属软管。整车两侧设置安全防护栏杆，同时在储罐前部左侧设置灭火器支架，车后部设置安全防护装置，兼作操作踏板，在大梁尾部配导静电拖地带。

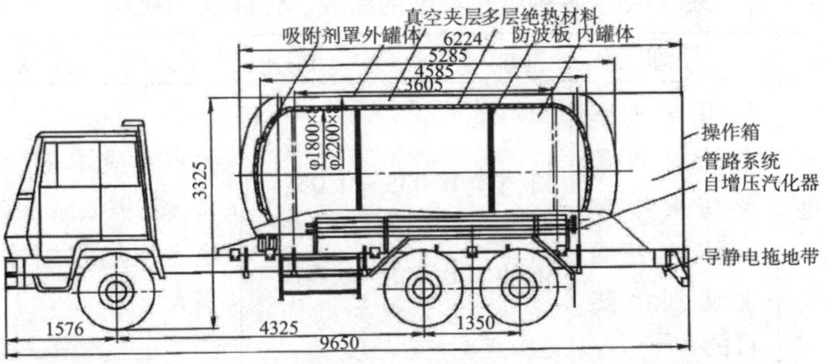

图 3-23 高真空绝热固定式低温汽车罐车结构示意

②半挂式低温汽车罐车。高真空多层绝热半挂式低温汽车罐车如图 3-24 所示，主要由罐体、阀门仪表箱、增压器、输液管和车架等组成。

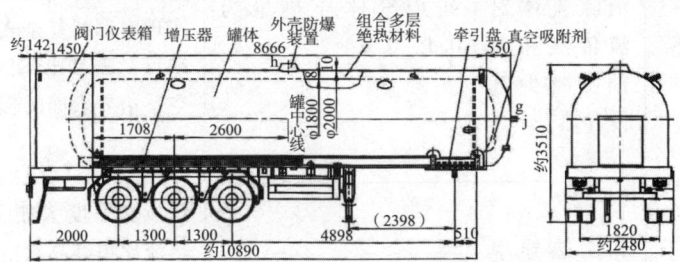

图 3-24 高真空多层绝热半挂式低温汽车罐车结构示意

罐体由内胆和外套两大部件组成。内胆材质为低碳或超低碳不锈钢，外套材质为容器专用钢板。内胆封头的一侧设有吸附室，外筒上部设有防爆装置，夹层为高真空多层绝热材料。

阀门仪表箱为箱式结构，设置在罐体外套封头的一侧（汽车尾部），内装设压力表、液位计、安全阀、放空阀、增压阀、液体进出口阀及真空检测和封结阀等。

增压器为翅片管式结构，安装在阀门仪表箱底或车体的左侧，排放液体时作内升压之用。

按储罐绝热形式，低温汽车罐车分为堆积绝热、高真空绝热、真空粉末（纤维）绝热和高真空多层绝热（含多屏绝热）低温汽车罐车。

从理论上分析，临界温度大于50℃的气体用罐车运输时，罐体都需要包覆保温层；在广义上，这类罐车都是低温液体罐车。但每种绝热方式的原理、性能和优缺点又各不相同，具体见表 3-3。因此，针对运输介质的品种不同，要选择不同的保冷形式。选择的原则是绝热可靠，施工工艺简单。例如，液态乙烯、液态二氧化碳可用聚氨酯发泡、真空玻璃纤维包扎、真空粉末绝热；液氧、液氮、液氩使用真空粉末或高真空多层绝热；液化天然气使用真空纤维绝热；液氢、液氦使用高真空多层绝热。

表 3-3 各种绝热类型的原理、性能及优缺点

序号	类型	原理	性能 [W/(m²·K)]	优缺点
1	堆积绝热	利用导热率小的材料包覆在被绝热物体的表面上达到绝热目的	纤维类 0.035~0.05；粉末类 0.0185~0.064；泡沫类 0.028~0.064	优点：成本低，机械强度高，不需要刚性真空夹套；缺点：热收缩率大，热导率大
2	高真空绝热	绝热空间抽成高真空后消除气体对流传热和大幅度减少气体导热	残余气体导热量为 0.1~0.2	优点：热流较许多小厚度的绝热小，预冷损失小，容易实现对形状复杂表面绝热；缺点：需要长期保持高真空，边界表面的辐射率要小
3	真空粉末（纤维）绝热	利用热导率很低的粉末或纤维填在不高的真空下，即可消除气体对流传热	10^{-3}~10^{-2}	优点：厚度大于 10mm 时，热流比单纯高真空小；真空度比多层绝热要求低，真空获得较容易，易于对复杂形状进行绝热；缺点：在振动负荷下和反复热循环中粉末会沉降压实。抽空时须用真空过滤器，外露大气时应防潮
4	高真空多层绝热	利用在真空下气体传热甚低的情况，采用多层反射屏减少辐射传热，达到高效绝热目的	10^{-5}~10^{-4}	优点：在所有绝热中性能最好，低重量，预冷损失比真空粉末小，稳定性也比真空粉末好（无沉降压实问题）；缺点：单位容积的成本高，难于对复杂形状绝热，真空度要求高，存在平行方向的导热问题

2. 罐式集装箱

罐式集装箱，具有装卸方便、灵活、可运、可储存的特点，可以方便地利用汽车、火车和船舶等运输工具，实现公路、铁路和水路（含海洋与

内河运输）等的联合运输，使货物快速便捷地运送给用户，在国际贸易中的需求也不断增加。

罐式集装箱也同汽车罐车一样，分为常温、低温罐式集装箱两种，如图3-25、图3-26所示。

图3-25 常温罐式集装箱

图3-26 低温罐式集装箱

（二）罐车的基本要求

罐车与其他受压设备一样，对设计与制造的要求也必须是结构先进、经济合理、安全可靠、经久耐用且美观大方。罐车主要是由罐体、安全附件和运输车辆（汽车底盘或铁路底架）组成。它不仅是一个移动式压力容器设备，而且大都是一部完整的车辆。所以设计和制造一部性能良好的罐车，首先必须符合《移动式压力容器安全技术监察规程》的要求，同时又要符合公路和铁路运输，乃至水路运输（含海洋与内河运输）等有关规定和要求。

1. 安全可靠

罐车充装和运输的介质绝大部分是易燃、易爆以及有毒的，其在工作温度下都具有一定的压力。这就要求罐车的储液罐能够经受储存介质在储存和运输过程中可能出现的最高压力，在最高工作压力下罐车罐体不得有破裂或变形，也就是说，要有足够的强度和刚度。同时，罐体以及各连接部位要密封可靠，只有这样，才能满足罐车的安全要求。

罐车罐体的安全可靠性，除设计与制造的罐体应具备足够的强度和刚度外，主要靠在罐体上配置的各种必要的安全附件来保证。例如，为预防超压，要求有安全阀来保证泄压；为防止超载，要有液面计或流量计来控制充装介质的容积或重量；为保证运行的安全，汽车底盘具有足够的稳定性，且连接部位要有足够的坚固性，以预防车辆部分与罐体部分开或发生翻车事故。

对低温罐车，为保证正常的储运时间，内外罐之间须保持一定的真空度。

2. 经济合理

任何设备都要讲经济性，罐车同样要考虑经济价值。不过它的经济性，是建立在安全性的基础之上的。当然，安全性也有一定的限度，对于罐车来讲，不可能要求它在任何情况下都不发生问题。我们只能力求保证罐体在正常运输时可能出现的最高压力下安全可靠。否则，罐车将毫无经济价值。

罐车的经济性还体现在罐体的设计上，主要是罐体和安全附件的自重要尽可能减轻，要求在设计罐体时要以最少的用料、最小的壁厚，获得最大的充装容积。目前，罐体材料一般多用强度级别较高的低合金钢（我国多用16MnR钢，国外所用材料强度级别更高）。这样可以尽可能地减小罐体的壁厚，又保证具有良好的焊接性能，能够经受运输过程中的振动与冲击力。

3. 经久耐用

若用户较多，则罐车几乎每天都要进行装卸作业，有时甚至一天就进行几次作业。其使用的方便、性能的可靠和耐用的程度，都是罐车设计与制造的一个主要指标。

由于罐车经常进行装卸运输，所以对其各种安全装置，如液面计、安全阀、紧急切断装置等要求便于操作、便于观察。各种阀门既要保证开关灵活，还要求严格密封不漏，而且要能够经久耐用，才能保证运输作业经常持久地进行。罐车罐体是一个密封性能要求特别高的压力容器，其充装介质不允许与空气混合，所以在罐体泄漏时不能进行开罐止漏，这就要求各安全附件、操作阀门、管路等必须经常处于良好状态。罐车的使用是否方便，各种操作装置是否能经久耐用（耐磨损、耐腐蚀），也直接关系到罐车使用的安全。有不少事故就是由于操作部分的不方便或不能耐磨损和耐腐蚀而造成的。

4. 外形美观

罐车是一种运输的特种车辆，经常在市内街道或城市之间的公路、铁路上行驶，其外形是否美观，与其他车辆、建筑物、景物是否协调，是设计和制造时必须考虑的因素。国外的气体罐车，从外形到色泽等方面都非常讲究，国内的罐车，也已逐步淘汰了那些外形差、没有设计感的车辆。

5. 方便检修

为了保证罐车的使用安全，必须对罐体、车辆和附件进行经常或定期的维护检修。根据《压力容器安全技术监察规程》《液化气体汽车罐车安全监察规程》《液化气体铁路罐车安全管理规程》《国际铁路危险货物运输规则》《国际海运危险货物规则》《国际集装箱安全公约》等要求，罐车除必须加强日常的维护保养工作外，必须每年进行一次内外表面检查，安全阀调试及各种安全附件的检查；定期进行全面检查和各项性能测定，每6年至少进行一次耐压试验。因此，方便检修也是罐车设计制造中必须重视的一项基本要求。

6. 行驶稳定

罐车的行驶稳定也是罐车安全可靠的重要指标，一般对罐车要求尽量做到保持汽车底盘原有的特性，如牵引性能、制动性能、稳定性能、操作性能、燃料经济性能、通过性能等，特别重要的是稳定性能。上述性能的任何改变，都会影响到罐车的安全性能和经济价值。

除此之外，还要求罐车的成本较低，零部件的标准化和通用化程度高等。总之，对罐车的结构设计与制造，其要求是多方面的，要综合考虑，才能设计和制造出具有一定水平的安全可靠的气体罐车。

（三）罐车的主要部件及其作用

罐车要进行正常运输及装卸作业，并确保安全可靠，必须具备各种基本部件和安全附件，简述如下。

1. 汽车罐车的主要部件及其作用

（1）底盘。底盘是罐车的承载和行驶部分。底盘的技术性能，如牵引和载重能力、制动转变性能、轴距以及重心位置等，都直接关系和影响罐车的安全性与经济性。一辆性能良好的罐车，不仅是指罐体或安全附件的性能好坏，其中也包括汽车底盘的性能。

（2）罐体。罐体是罐车上用来储存液体的容器。能够在规定的介质压力和介质温度下安全工作。在罐车上都应设置安全阀、液面计和紧急切断阀门，才能保证槽车安全、可靠和正常地进行装卸运输作业。罐体设有液相和气相进出口，并配置操作阀门。常温罐车的罐体通常还开设人孔，以便制造人员和检修人员出入。罐体内部一般还设置防波浪隔板，用来减轻运行时液体介质对罐体的冲击，增加罐车运行的稳定性。

在大型槽车的罐体上，还应增设排污孔或排污阀接孔。

（3）安全阀。安全阀是设置在罐车罐体上最重要的安全附件。其主要作用是当罐内介质超压时自动泄压。

罐车储罐在正常的气温下运输时，其介质的饱和蒸气压不会超过安全阀的开启压力，因安全阀的起跳压力一般在使用过程中调整为罐体最高工作压力的1~1.1倍，所以在罐体不超温、不超压、不超装的情况下安全阀是严密关闭的。当罐体的工作温度因长时间暴晒或火灾等原因急剧上升，而使罐内的压力超过开启压力时，安全阀便自动起跳，储存的介质便迅速气化逸出，罐体压力下降。当压力降至设计压力以下便自动回座关阀，以此来排除罐体异常超压危险，保证罐车的安全。

罐车应选用内装式安全阀，其目的是避免罐车在运输过程中对安全阀的外部造成机械损伤（因安全阀超高而发生碰断）。但更重要的一点是要求用全启形式，使安全阀在异常的情况下有足够的起跳高度（开启高度与阀座喉部直径之比应小于1/4），节流作用小，从而保证足够的排放面积，并保证在危险情况下（如火灾等），能使罐内压力下降，避免发生爆炸事故。

（4）液面计。液面计是罐车罐体上的又一重要安全装置，它用来观察与控制罐车充装液体的量（容积或重量）。

罐车罐体是一个密闭容器，不通过液面指示装置用肉眼是不可能观察到罐内液体量变化的。确定罐内充装液体的量，是确保罐车安全操作的需要。

罐车罐体在充装时是绝不允许充满全部容积的，必须留出液体膨胀所需的空间，否则会因温升、液体膨胀力过大而产生破裂。所以，罐车在充装时必须严格控制充装量，其方法可以用称重法或流量计等控制，也可以用液面计进行直接观测。因此，要求罐车上必须设有一套灵敏、可靠并具有足够的精度和牢固结构的液面计（不得使用玻璃板式液面计）。

（5）装卸阀门。要使罐车进行正常的装卸作业，灵敏、可靠的装卸阀门是必不可少的。装卸阀门是指液相和气相进出阀门。对部分液化气体，只有在装卸过程保持好罐车罐体与固定储罐之间的压力平衡，才能控制装卸工作以最低的压差进行作业，节省装卸动力，提高装卸速度，所以要在罐车罐体与地面储罐之间装气相平衡管路。罐车的气相装卸阀门就是为连接气相管路而设置的。

（6）紧急切断阀。紧急切断阀是罐车必不可少的安全附件，它设置在罐体下部的气相管和液相管口处，其主要作用如下：

①当罐车的装卸球阀发生故障，泄漏已无法控制时，可用紧急切断阀进行关闭止漏。

②装卸作业过程中，当发生火灾或装卸管道破裂等其他意外事故，操作人员又无法靠近操作去关闭装卸阀门时，可以通过远控操作，关闭紧急切断阀，以制止继续泄漏。

③紧急切断阀的操作装置还装有易熔断关闭装置。卸液时如果发生大面积的火灾，操作人员已无法靠近罐车去采取任何措施关闭阀门止漏时，熔断关闭装置中的易熔合金会因火焰烘烤而熔化（要求熔融温度为70℃±5℃），从而自动关闭紧急切断阀制止泄漏。

④罐车在运输过程中，如果发生管道和阀门的严重损坏（如撞击或翻车等意外事故），瞬间大量液体外流，操作人员来不及或者无法控制时，紧急切断阀内的过流关闭装置，在高速液流的作用下，能自动关闭阀门止漏。

（7）其他附件。罐车其他附件如压力表、温度计、装卸管、消除静电装置、灭火器材和液泵等，也都是罐车所不可缺少的部件，这里不再详细介绍。

2. 罐式集装箱的主要部件及其作用

罐式集装箱主要分为框架和罐体两部分。

（1）框架。罐式集装箱要承受运输过程中的惯性力，还要承受吊卸过程中重力作用，因此框架结构的安全与否至关重要。通常罐式集装箱框架结构为带底部鞍座的框架结构，这种结构比较成熟，安全性高，但框架材料质量大。因此，有些罐式集装箱将罐体本身作为梁的一部分，从而使框架结构轻便，并具有安全高效和储存容量大的优点，此种框架结构如图3-27所示。

图3-27　罐式集装箱的框架结构

（2）罐体。为减少罐体在运输过程中承受液体的冲击振动，常在罐体内部设置2块防波板。根据《国际海运危险货物规则》的要求，罐体不允许有液面以下开口，因此所有开口接管均集中布置在罐顶，并设置了保护装置。罐底部设置了集液槽，卸料管伸入槽内，保证物料能够排净，温度计安装在封头处。罐式集装箱设置的管口如下：

①液相口：设置在容器顶部，为液体物料的装卸口。通过液相管连通到罐体底部的集液槽。液相口应设有紧急切断装置，紧急切断装置应包括紧急切断阀、截止阀及盲封装置，紧急切断阀应具备过流、限温及远距离控制功能。

②气相口：设置在容器顶部，为气相物料进、出口兼作氮封口。气相口应设有紧急切断装置，紧急切断装置应包括紧急切断阀，截止阀及盲封装置，紧急切断阀应具备过流、限温及远距离控制功能。

③备用口：设置在容器顶部，并应装设球阀及盲封装置。

④温度计口：装设在罐体后封头下部（M20×1.5）。

⑤液位计口：设置在罐体顶部，并在液位计附近设置液位高度与体积对照表。

⑥安全阀口：设在罐体顶中部。按《国际海运危险货物规则》的要求，应采用内置式安全阀与前置爆破片串联形式，在安全阀与爆破片之间的气相空间应设置平衡压力表。当罐箱完全卷入火灾时，其减压装置排出能力应将罐内的压力限制在不高于排放压力的120%以下。安全阀的开启压力按《压力容器安全技术监察规程》的要求取1.05倍的设计压力，即1.05MPa，爆破片的设计爆破压力按《国际海运危险货物规则》的要求取1.1倍的安全阀开启压力，即1.26MPa（绝压）。

⑦设备压力表口：设置在罐体顶部，用以测量储存介质压力，压力表精度等级1.5，量程为-0.1~2.5MPa。

⑧平衡压力表：设置在罐体顶部，用以测量安全阀与爆破片之间气体压力，应确保安全阀与爆破片之间无压力，精度等级1.5，量程为-0.1~2.5MPa。

⑨人孔：选用人孔规格为DN500mm。为减轻罐箱的整体质量，人孔盖选用了带法兰凸形封头结构。

所有阀件、管路系统及紧固件材料均为奥氏体不锈钢。所有垫片、密封件材料均为聚四氟乙烯。

三、典型危险化学品罐车结构

（一）液化石油气汽车罐车类型及结构

液化石油气汽车罐车是用于运输液化石油气的特种车辆，罐体的设计压力为1.8~2.2MPa，设计温度为50℃，目前国内使用的主要有液化石油气半挂式汽车罐车和液化石油气固定式汽车罐车两种。如图3-28、图3-29所示。

1-罐体；2-安全阀；3-人孔；4-液位计；5-阀门箱；6-前支座
图3-28　液化石油气半挂式汽车罐车

1-液位计；2-安全阀；3-罐体；4-阀门箱；5-人孔；6-接地线
图3-29　液化石油气固定式汽车罐车

按照功能来划分，液化石油气汽车罐车主要包括底盘、罐体、装卸系统与安全附件四个部分。

罐体上有人孔、装卸管路、安全阀、液位计、梯子和平台等，部分罐内设有防波隔板。罐体下部焊有固定装置，用固定卡、螺栓或拉杆等与车身固定牢靠，防止移位。

装卸系统主要包括液相和气相的进出口阀门及管路，如图3-30所示。

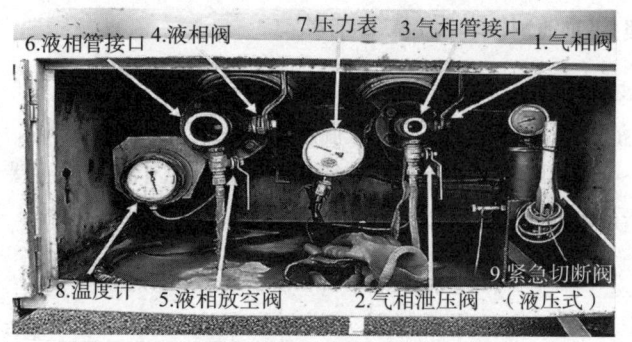

图 3-30 装卸系统

安全附件主要包括紧急切断阀、消除静电装置、安全泄放装置、液位计、压力表、温度计等。

紧急切断阀常用的有液压式、机械式两种，如图 3-31 所示。液化石油气汽车罐车上配用的紧急切断阀，一般为液压式紧急切断阀。液压式紧急切断阀由紧急切断阀手摇泵、控制管路组成。装卸罐车时，用手摇泵加压，通过液压油路传递压力，将紧急切断阀开启。当事故发生时，通过手摇泵关闭紧急切断阀，或开启设在车尾部的泄压阀来关闭紧急切断阀。

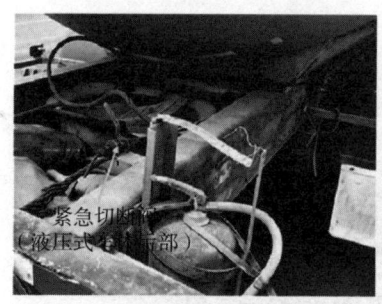
（a）液压式紧急切断阀

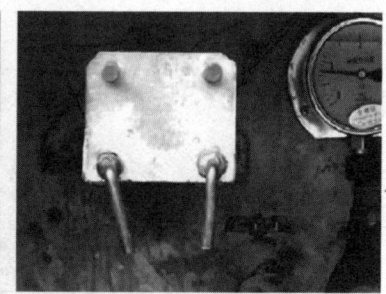
（b）机械式紧急切断阀

图 3-31 紧急切断阀

当液化石油气从管口、喷嘴或破损处高速喷出时易产生静电。据试验，液化石油气喷出时产生的静电电压最高可达数千伏。为了及时消除静电，汽车罐车在其罐体尾部和阀门箱内均设有接地线，与罐体、管路相通，可将静电导入大地。在装卸作业及处置事故时，接地线必须与装卸柱地线相接，或插入现场地面。如图 3-32 所示。

图 3-32 消除静电装置

液化石油气汽车罐车上的液位计是用来观察与控制罐车充装液体量（容积或重量）的装置，一般设于罐车尾部，常用的有螺旋式、浮筒式、滑管式，如图 3-33 所示。当罐车倾翻角度大于 30°时，液位计会失灵，即无法根据其判断液位。

图 3-33 液位计

液化石油气汽车罐车上的安全泄放装置，由安全阀与爆破片串联组合并与罐体气相相通，设置在罐体上方。安全阀有凸起式和下凹式两种，如图 3-34 所示。因为结构轻便紧凑、灵敏度较高以及对振动敏感性小等优点，目前罐车一般选用下凹式弹簧安全阀。

（a）凸起式安全阀　　　　　　（b）下凹式安全阀

图 3-34 安全泄放装置

压力表和温度计均位于汽车罐车一侧下端的阀门箱内,便于在装卸车时进行观察。压力表是为了测量罐内介质压力而设的装置,如果压力表不准或失灵,罐车极易发生事故。在事故处置过程中,处置人员要根据压力表来确定罐体内部受压状态,以采取必要的应对措施。

温度计是用来监测罐内介质温度的装置。在事故处置过程中,温度的控制有时比压力更加严格。因为液化石油气的体积膨胀系数是同温度水的10~16倍,当温度升高到罐体设计安全系数值时,安全阀会频繁跳起。压力表和温度计如图3-35所示。

1-压力表;2-针型阀;3-温度计

图3-35 压力表和温度计

(二)压缩天然气汽车罐车类型及结构

压缩天然气(CNG)汽车罐车,如CNG长管拖车主要由半挂车、框架、大容积无缝钢瓶、前端安全舱、后端操作舱五大部分组成。CNG长管拖车的燃料分为两种:一种为柴油,另一种为压缩天然气。CNG长管拖车如图3-36所示。

图3-36 CNG长管拖车

CNG长管拖车的安全附件包括:安全阀、爆破片、压力表、液面计、温度计、紧急切断装置、管接头、人孔、管道阀门、导静电装置等。如图3-37所示。

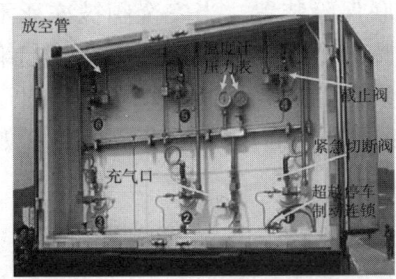

图 3-37 CNG 长管拖车的安全附件

（三）液化天然气汽车罐车类型及结构

液化天然气（LNG）汽车罐车的液罐通过 U 形副梁固定在汽车底盘上，增压蒸发器置于车的右侧，管路控制系统集中布置在后操作箱内。液罐为真空粉末绝热卧式夹套容器，双层结构，由内胆和外壳套合而成。如图 3-38、图 3-39 所示。

图 3-38 LNG 罐车

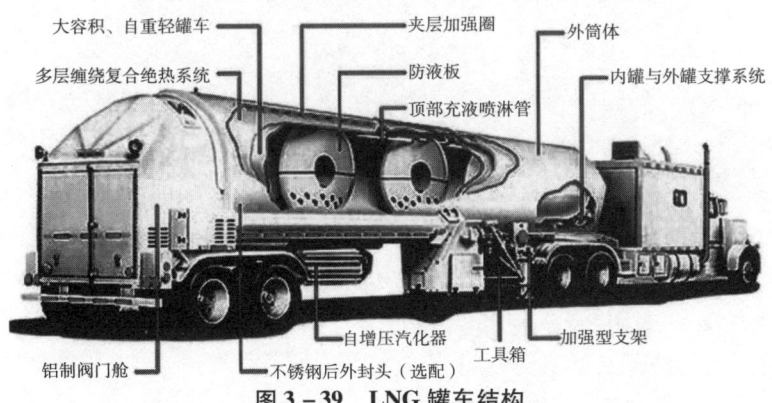

图 3-39 LNG 罐车结构

LNG 罐车的管路操作系统集中设置在罐体后部的操作舱内，由液位计、紧急切断阀、低温截止阀、安全保险装置及管路导管、阻火器等组成。

罐车管路上装有安全阀、爆破片双联保险装置，当安全阀被冻死不能正常工作时，压力将持续升高，使爆破片起爆而排气泄压，爆破片起第二道保险作用。罐车前部和后操作箱内分别设置紧急切断阀，当罐车附近发生突发性事故时，可迅速关闭紧急切断阀，将罐车移至安全地点。如图3-40所示。

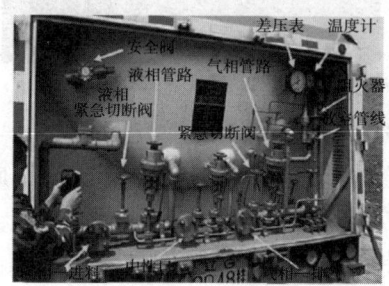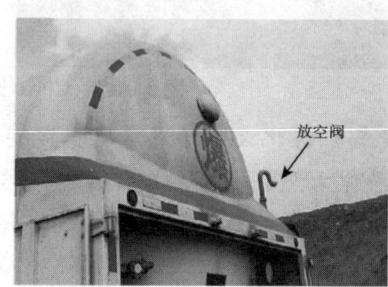

图3-40　LNG罐车管路操作系统

第四章 道路交通事故应急救援技术和方法

第一节 现场安全与控制

一、安全隐患

道路交通事故往往会潜藏多种险情隐患,如不良气象条件可能诱发二次交通事故、车载燃油以及车载危险品有可能发生燃烧爆炸或有毒物质泄漏等,稍有不慎,都有可能危及人的生命安全。应急救援人员必须了解事故现场潜在的险情,采取恰当的措施排除安全隐患,为事故救援创造一个安全、有利的作业环境。

下面以普通道路交通事故为例,对来自周边环境、事故车辆、救援装备及伤员等方面的安全隐患进行说明,并给出基本的应对措施,具体操作可参看本章相关内容的论述。

(一)周边环境的安全隐患

周边环境的安全隐患是指天气、地形、周边设施等对道路交通事故应急救援的潜在危害,具体安全隐患如表4-1所示:

表4-1 周边环境的安全隐患

隐患种类	事故类型	主要应对措施
不利气象条件	二次交通事故	区域控制、警示车辆成45°停放
不稳定的山体、建筑物或树木	坠落、垮塌导致车辆、人员受损	选择恰当的停车位置、对不稳定的结构采取支撑等稳固措施
地面不平直	事故车辆滑动、翻滚	车体稳固
电力系统损坏	触电	使用仪器进行检测,协调电力部门断电

(二)事故车辆的安全隐患

事故车辆的泄漏物或破损的部件可能对被困人员和救援人员造成危害,具体安全隐患如表4-2所示。

表4-2 事故车辆潜在的安全隐患

隐患种类	事故类型	主要应对措施
燃油等液体泄漏	火灾或爆炸	仪器检测浓度、覆盖燃油降低蒸发或对火灾进行扑救
破碎的玻璃	割伤人员或器材管线	作业前佩戴个人防护装备;清除碎片,并对玻璃碎片进行集中控制
车体锋利的边缘	割伤人员或器材管线	操作前佩戴个人防护装备,使用保护毯覆盖锋利的边缘
车辆不稳定	事故车辆滑动、翻滚	车体稳固
未启动的安全保护系统(安全气囊或翻滚保护系统)	意外启动导致人员伤亡	断电或采取保护措施

(三)救援装备的安全隐患

救援装备的摆放位置不当或使用维护不当也可能诱发安全事故,危及人员安全,具体安全隐患如表4-3所示。

表4-3 救援装备潜在的安全隐患

不利因素	事故类型	主要应对措施
救援车辆停靠位置选择不当	二次交通事故或影响救援作业	选择恰当的停车位置
救援器材使用或维护不当	人员伤亡	操作前佩戴个人防护装备;按规程进行操作;安全员进行监控作业;加强维护保养
破拆飞溅的碎片	人员伤亡	救援人员佩戴个人防护装备;伤员采取保护措施,如伤员保护毯;按规程进行操作

(四)伤员的安全隐患

事故车辆内部的被困人员也可能对自身或救援人员造成伤害,具体安全隐患如表4-4所示。

表4-4 伤员潜在的安全隐患

不利因素	事故类型	主要应对措施
伤员体液	感染救援人员	在救援手套内佩戴医疗救护手套
伤员不配合	伤员二次伤害	心理安抚

二、车辆编成和人员的构成

（一）车辆编成

车辆事故救援应优先调集抢险救援车和泡沫水罐车，特殊情况下可增加其他类型车辆；并及时通知公安、救护等社会单位到场协助救援。

（二）人员构成

任何灾害事故现场的救援都应以团队的形式进行施救，团队中的每个救援人员都应明确自身的职责、任务和目标，这样才能确保整个团队高效地实施救援工作。

道路交通事故可能是一起简单的人员被困事件，也可能是一起蕴含危化品泄漏、火灾或爆炸的复杂事件，指挥员应根据灾害事故的类型、波及范围、处置任务的划分来具体确定行动小组的人数和职责任务的划分。

针对一起简单的人员受困情况，理想的救援人员数量应为5~6人，分别为现场指挥员、救援人员、设备协调人员、医疗救护人员、安全员，不同人员的任务和职责如表4-5所示。

表4-5 道路交通事故应急救援团队人员构成

团队角色	任务和职责	备注
现场指挥员	负责制订救援方案，分配任务，监督救援方案的执行，并根据现场的情况思考下一步计划；与公安、医疗等部门协调配合，做好救援工作	由有经验的人员担任，指挥员应处于事故现场后面，确保能通视整个事故现场
救援人员（2名）	2名救援人员协同工作，操作各种破拆、支撑设备，创建救援通道、开辟营救空间，解救被困人员	作业要保证现场安全，要求具备大量的实际救援技巧
设备协调人员	负责准备救援所需工具，并向前方运送。在人力短缺时，设备协调员要协助救援人员共同完成任务	现场应建立工具准备区，设备协调员要将工具集中放置于该区域

（续表）

团队角色	任务和职责	备注
医疗救护人员	与受困人员保持联系，告诉他们在救援过程中发生的情况，并提供现场医疗救护。也可在必要时向团队中的其他人提供帮助	要具备丰富的现场医疗技术和经验
安全员	评估现场，对发现的事故隐患进行排除；对进入救援区的人员进行安全检查，监督其救援行动是否合理、安全；将观测到的险情及时向指挥员报告，情况紧急时，可以直接向受威胁区域的救援人员发出警报，督促其立即撤离，并向指挥员报告	如人员不充足，很多情况下指挥员同时担负安全员的职责

三、区域控制

消防部队到达道路交通事故现场后，应首先会同交警、路政人员控制事发现场，并根据事故性质、规模进行区域划分，为顺利完成救援任务创造条件。通常，普通道路交通事故现场可划分为警戒区、准备区和救援区三个区域。

（一）警戒区

交通事故现场警戒区是在交通事故现场划定的禁止无关车辆和人员进入的区域。需要特别说明的是，在进行道路交通事故应急救援时，建立警戒区域优先于其他任何应急处置措施，特别是消防部队先于交警到达事故路段时，一定要首先建立警戒，划定警戒区。此外，为确保警戒区的安全，应在交通事故现场警戒区上游设置交通事故现场预警区，预警区是对来车示警并限速行驶的区域。

1. 警戒距离

警戒区和预警区的设置应综合考虑气象、地形等因素，在事故点的上下游划定适当的警戒距离，如在夜间、雨雪、雾霾等能见度不良的天气条件下，应增大警戒区范围。根据《GA/T 1044.1—2012 道路交通事故现场安全防护规范》的有关规定，警戒区和预警区的设置如表4-6和表4-7所示。

表4-6 警戒区设置

	白天			夜间、雨雪、雾霾等能见度不良天气条件		
	警戒区起始位置（m）	警戒区结束位置（m）	临时通行车道限速（km/h）	警戒区起始位置（m）	警戒区结束位置（m）	临时通行车道限速（km/h）
直线路段	上游：200	下游：50	40	上游：500	下游：50	20
弯道路段	上游：500	下游：50	20	上游：500	下游：50	20
隧道路段	上游：500	下游：50	20	上游：500	下游：50	20
匝道	上游：200	下游：50	20	上游：500	下游：50	20
坡道下坡	上游：500	下游：50	20	上游：500	下游：50	20
收费路段	上游：200	下游：50	20	上游：500	下游：50	20

夜间、雨雪、雾霾等能见度不良天气条件下，应增大警戒区范围，降低临时通行车道车辆限速值，有条件的可以开启音响警示设备。

表4-7 预警区设置

	白天			夜间、雨雪、雾霾等能见度不良天气条件		
	警戒区上游预警标志位置（m）	预警区限速（km/h）	警戒区上游100m处预警限速（km/h）	警戒区上游预警标志位置（m）	预警区限速（km/h）	警戒区上游100m处预警限速（km/h）
直线路段	400	80	40	500	80	40
弯道路段	400	80	40	500	80	40
隧道路段	500	80	40	500	80	40
匝道	400	80	40	500	80	40
坡道下坡	500	80	40	500	80	40
收费路段	400	80	40	500	80	20

夜间、雨雪、雾霾等能见度不良天气条件下，应增加预警路段长度，降低预警路段车辆限速值，有条件的可以开启音响警示设备。

2. 警戒标志的设置

在警戒区前端从左侧（或右侧）护栏处至事故占用车道外侧车道分隔

标线，沿约45°斜线，每隔1.5~2m放置1个锥形交通路标。占用车道外侧车道分隔标线上应从来车方向起，每间隔10~20m放置一个锥形交通路标。在交通事故现场锥形交通路标上由前至后，设置车辆闯入报警设备。在警戒区前段，锥形交通路标后2~3m处，面向来车方向，设置警示标志，对临时通行车道限速。

预警区应设置在交通事故现场警戒区上游，预警区前方及警戒区上游100m处应设置预警标志，预警标志设置在预警区相应位置的应急车道内，面向来车方向。夜间（日落后15min至日出前15min）、雨雪、雾霾天气等能见度不良天气条件下，预警标志应开启主动发光装置。

3. 不同路段警戒的设置

警戒区和预警区要根据路段的变化进行调整，直线路段、弯曲路段、隧道路段、匝道路段、坡道下坡路段、收费站路段的警戒设置如图4-1至图4-6所示。

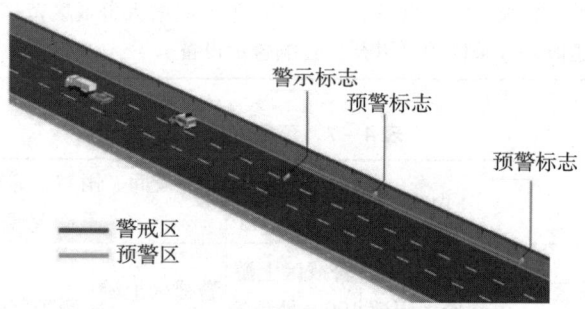

图4-1 直线路段警戒区、预警区设置

当事故地点距弯道距离小于500m时，且弯道区域视线不良时，警戒区应设置在弯道前方。当事故地点距弯道距离大于500m小于1000m时，且弯道区域视线不良时，预警标志应设置在弯道前方。

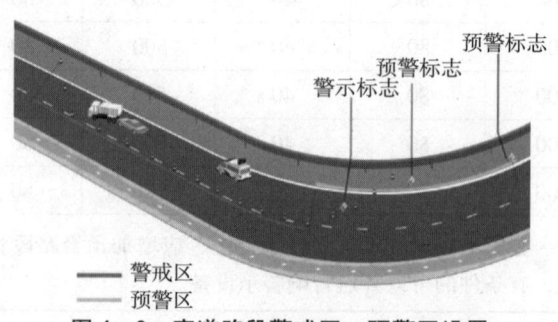

图4-2 弯道路段警戒区、预警区设置

隧道路段发生交通事故，原则上应在隧道进口处立即封闭道路，避免更大事故发生。隧道路段发生交通事故，有条件开放通行车道时，应在隧道入口醒目安全位置设置警示标志。

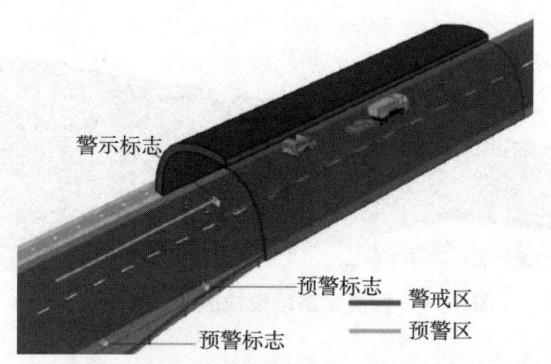

图4-3　隧道路段警戒区、预警区设置

入口匝道路段发生交通事故需要封闭匝道时，应在匝道入口设置警示标志，并在进入收费站前设置警示标志提前告知。入口匝道路段发生交通事故，有条件开放通行车道时，应在进入收费站前设置警示标志提前告知并按相关要求限速通行。

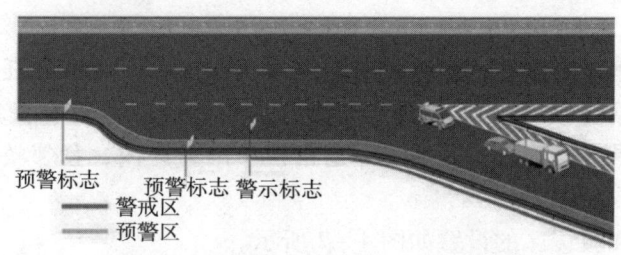

图4-4　匝道路段警戒区、预警区设置

当事故地点距坡顶距离小于500m，应在坡顶前来车方向设置警戒区。当事故地点距坡顶距离大于500m小于1000m，应在坡顶前来车方向设置预警区。

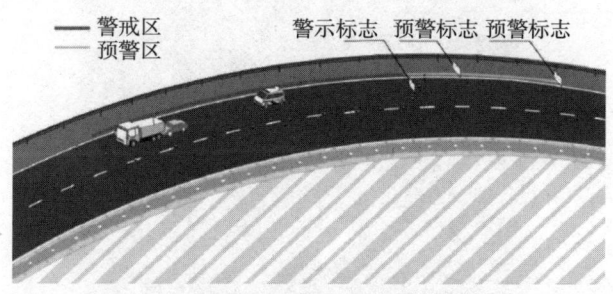

图4-5　坡道路段警戒区、预警区设置

当事故地点发生在驶出收费站分流过渡路段,应封闭相应及相邻收费口并在收费口前设置警示标志,并在相应收费口至高速公路入口范围内设立警戒区。

图4-6 收费站路段警戒区、预警区设置

(二)准备区

以事故车辆为中心,事故车辆外围5~10m为准备区。要严格控制进入准备区的救援人员数量,非救援人员严禁入内。各类救援车辆应依次停放在准备区外,开启警示灯,夜间还应开启小光灯和示廓灯。救援过程中产生的废件应集中摆放,为避免废件对救援人员造成行动障碍,废件倾倒处通常在紧邻准备区的外侧设置。

(三)救援区

以事故车辆为中心,事故外围3~5m为救援区,无救援任务的人员不应入内。根据受损车辆及被困人员情况,将专用救援器材摆放至相应地点,设置工具准备区。工具准备区通常位于准备区内,紧邻救援区,以便于救援人员取用。

准备区和救援区的设置如图4-7所示。

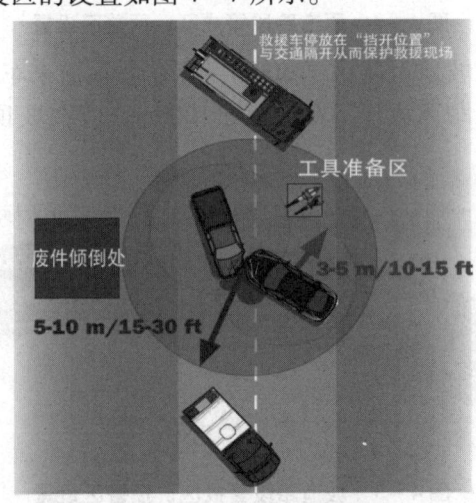

图4-7 准备区和救援区

四、车辆停靠

救援力量到场后,应根据现场情况选择合适的停车位置,消防车应停在锥形警戒区域内侧靠近事故车辆处。开启警灯或反光箭头的警示车辆应停放在事故现场后方的来车方向,提醒后续车流发生了事故;此外,警示车辆应与道路中心线成45°停放,起到缓冲、保护作用,以保护事故现场的救援人员和伤员。具体停放位置可根据路况和事故点位置进行选择,如图4-8至图4-10所示。

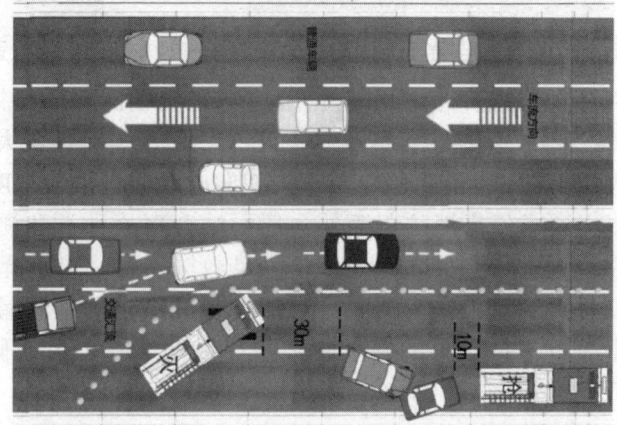

图4-8 事故点位于有隔离栏的双向车道的慢车道时车辆的停靠位置

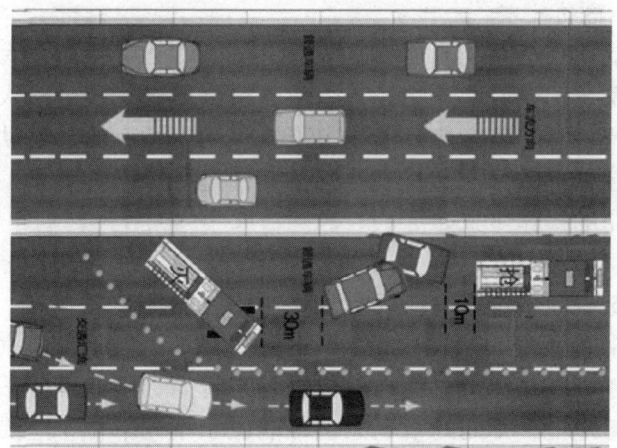

图4-9 事故点位于有隔离栏的双向车道的快车道时车辆的停靠位置

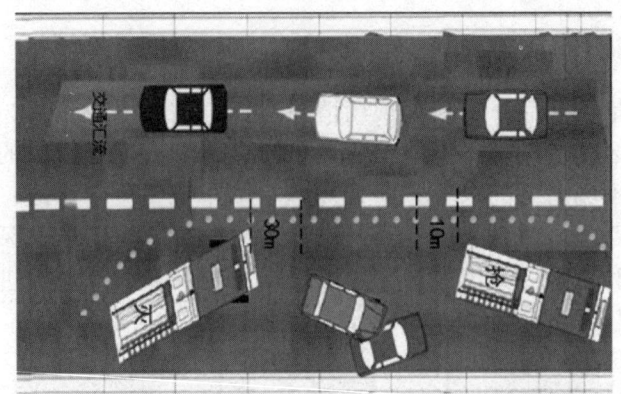

图 4-10　事故点位于无隔离栏的双向车道时车辆的停靠位置

在图 4-8 的情况下，消防车前轮胎应与车头朝向成顺时针最大角度；在图 4-9 的情况下，消防车前轮胎应与车头朝向成逆时针最大角度；在图 4-10 的情况下，消防车前轮胎应与车头朝向成顺时针最大角度。

除按照以上要求停靠消防车辆外，还要结合事故种类和规模、现场环境对车辆停靠位置进行调整。例如，要满足救援需要，可选择停靠于水源附近、停靠在救援绞盘工作范围内；对于存在危险化学品泄漏的事故，消防车辆要与事故点保持足够的安全距离，尽量停靠在上风或侧上风方向，避免停靠在低洼地带。

五、电路及安全气囊的处理

（一）电路的处理

汽车被动式安全系统主要依靠电力运行，切断电路能很大程度上避免被动式安全系统的误启动。此外，切断电路也可进一步消除火源，避免燃烧事故。需要注意的是，如果救援中需要移动电动座椅、电动方向盘、电动车窗（天窗或车顶）等，应在电路切断前进行操作。

切断电路的操作步骤如下：

1. 确定蓄电池的位置

通常，蓄电池多位于发动机舱，此外还可能处于后备厢、轮毂、车架旁侧、后排乘客座椅下等部位，如图 4-11 所示。由于目前汽车使用的电气设备种类越来越多，对电力的需求也越来越高，因此部分车辆可能不仅仅只有一块蓄电池，不同的蓄电池也可能位于不同部位，这要求救援人员对车体进行细致的侦查，以便明确蓄电池的位置。

2. 拔出钥匙防止车辆重新启动

拔出钥匙，将车辆钥匙装入信号屏蔽袋或放置到遥控范围之外，防止车辆重新启动。

 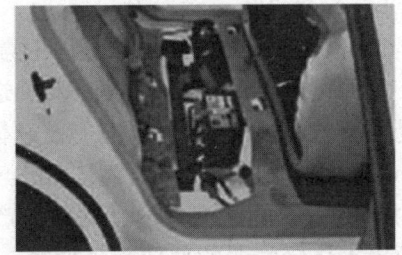

图 4-11　蓄电池的位置

3. 切断蓄电池负极

国家标准规定：汽车蓄电池均采用负极车身搭铁。如果切断正极，车辆电源线与车身接触时都可能造成线路短路，因此事故救援前建议先断掉蓄电池的负极连接线，使用绝缘胶布包裹负极连接线接头或直接剪断部分连接线，防止电路重新连接。如图 4-12 所示。

图 4-12　切断蓄电池负极

车辆碰撞后，若发动机舱盖无法打开，则救援人员无法分离蓄电池负极接头。这时可以选择关闭车内保险丝盒的开关进行断电处理，如图4-13 所示。但请注意：车内保险丝盒只能断掉大部分用电设备电源，不是全部。

 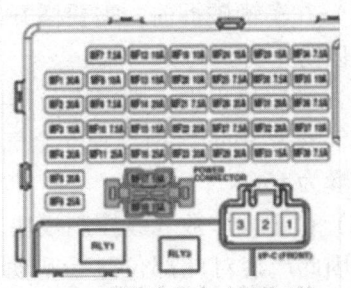

驾驶席室内（开关型）　　　　驾驶席室内（插拔型）

图 4-13　车内保险丝盒

(二) 安全气囊的处理

安全气囊可能在救援的过程中意外打开，这不但对乘员起不到保护作用，反而可能会对乘员和救援人员造成冲击，加重碰撞伤害。原因有二：一是安全气囊展开时产生的灼热气体会灼伤人员；二是据计算，若汽车以60km的时速行驶，突然的撞击会令车辆在0.2s之内停下，而气囊则会以大约300km/h的速度弹出，由此所产生的撞击力约有180kg，这会给头部、颈部等人体较脆弱的部位带来伤害。

虽然电路断电可以很大程度上避免安全气囊的意外打开，但为了安全起见，可以进一步采用安全气囊固定带等装备对安全气囊进行控制。具备操作步骤如下：

（1）检查并确认未打开的安全气囊数量及位置。

（2）对于主驾驶位的安全气囊可加装安全气囊固定带进行保护；其他位置可使用坚硬的保护器材尽可能保护车内人员，如图4-14所示。

图4-14 使用安全气囊固定带进行保护

（3）在车辆破拆前，需要撬开内饰，检查安全气囊位置，告知其他救援人员以防止剪到高压气瓶。

（4）救援过程中，救援人员需与安全气囊保持安全距离：驾驶座正前方安全气囊为30cm，副驾驶安全气囊为75cm，侧安全气囊为30cm，膝盖安全气囊为15cm。

（5）由于大多数气囊控制模块（ECU）都安装在车身中部靠近挡把的位置，因此严禁对此部位进行破拆或以此部位作为支撑点进行扩张或顶升，以防止安全气囊的意外启动。

第二节　车辆稳固技术

车辆稳固技术是指使用木楔、千斤顶、支撑顶杆、绳索等稳固器材或手动稳定处于不稳定状态车辆的方法。通过车辆的固定，既可以减少救援行动过程中的车体晃动，防止给被困人员带来二次伤害，也可以避免因不利地形导致的车辆滑动或翻滚，消除潜在威胁，提高救援行动效率。

车辆稳固是解救被困人员的前期准备工作，是救援行动过程中的一个非常重要的环节，无论事故车辆是否位于不利的地形下，均需预先对车辆实施稳固，以减少不受控制的移动。

一、稳固技术的分类

根据车辆与地面接触的形式，稳定方法分为正立车辆稳定、侧翻车辆稳定、仰翻车辆稳定、欲坠落车辆稳定四种；根据稳定点的形式分为三点支撑稳定、四点支撑稳定和六点支撑稳定，如图4-15所示；按照稳定器材的类型分类，稳定方法有木楔稳定、绳索稳定、千斤顶稳定、支撑顶杆稳定、起重车辆稳定、起重气垫稳定等；根据使用固定垫块的长短，可分为短足稳固（使用短的楔形或方形垫块）和长足稳固（使用长的梯形垫块），如图4-16、图4-17所示。

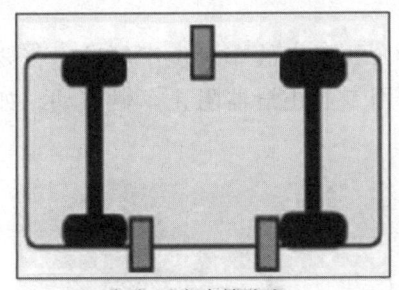
（a）三点支撑稳定

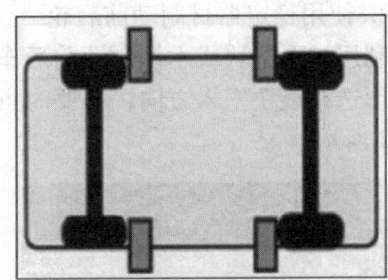
（b）四点支撑稳定

图4-15　根据稳定点的形式分类

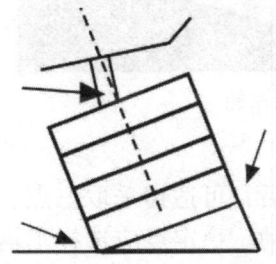

图4-16　短足稳固

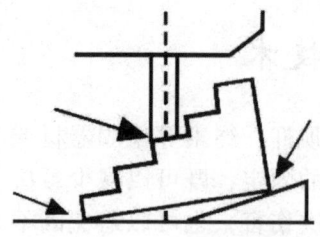  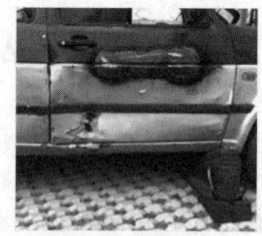

图 4-17　长足稳固

二、车辆稳固

（一）稳定正立车辆

正立车辆既包括处于平直路面的车辆，也包括处于斜坡路面的车辆。正立车辆的不稳定性主要来自车辆的四个车轮，由于车轮是圆的，与地的接触面积又小，因此在自重或外力作用下，极易向前或向后移动；此外在救援行动中可能由于救援器材的使用导致车辆出现左右的晃动。因此，对正立车辆要控制其前后及左右的移动。

稳定正立车辆的具体操作方法如下：

1. 启动制动系统

如果能进入事故车辆，应首先将发动机熄火，将遥控钥匙置于遥控范围外；其次可将档位推至 P 档，并拉紧手制动器。

2. 使用稳定器材制动前后轮

利用楔形垫块或木楔制动前后车轮，如果事故车辆位于斜坡上，要根据地形选择垫块塞入方向，必要时可使用专业止滑器阻止车辆移动，如图 4-18 所示。

图 4-18　利用楔形垫块制动前后车轮

3. 使用稳定器材稳定底盘

为进一步稳固车辆，在控制车辆的前后移动后，可适情采取三点、四点或六点支撑系统稳定底盘，控制车辆的左右晃动。稳定点应选择车辆底盘的牢固位置，一般为车身 A 柱、B 柱、C 柱与车底的连接处，具体稳定点的位置如图 4-19 所示。

具体选择哪一个稳定点，除考虑稳固车辆外，还应考虑下一步的破拆作业。如果事故车辆需采用顶升仪表盘的操作，则需要在作业面一侧的 B 柱下放置垫块。

图 4-19　正立车辆稳定底盘示意图

选择合适的垫块或不同垫块的组合塞入稳定点，注意在塞入时不要用脚蹬踹垫块，以防车辆晃动对被困人员造成二次伤害。在需要作业的车体一侧，宜采用短足稳固，无须作业的一侧可采用长足稳固。

4. 进一步稳固

如果需要进一步稳固事故车辆，可根据需要可以将梯形垫块倒置，放于车辆前后或结构部位下方，作为辅助支撑。如图 4-20 所示。

图 4-20　在车辆前后进行支撑

5. 轮胎放气

使用放气工具对轮胎进行放气，使车辆压实在固定垫块上，防止车辆组件被移除后，由于车重减轻带来不受控制的移动，进而给被困人员带来二次伤害，如图 4-21 所示。最后仔细检查垫块的牢固性和车体的稳定性，适情做出调整。

（二）稳定侧翻车辆

车辆侧翻时处于一种极其不稳定的状态，侧翻车辆不稳定的原因主要有两个：一是车辆侧面与地接触，而车辆侧面不平整，车辆处于非稳定状态；二是侧翻车辆的重心较高，在受外力的情况下有可能发生翻滚。为了

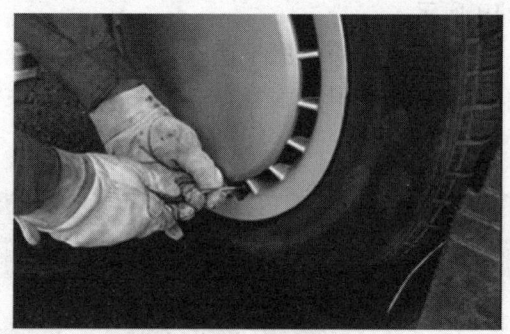

图 4-21 轮胎放气

防止救援过程中车辆晃动或者翻倒，侧翻车辆的稳定主要是通过在地面和车辆之间放置垫块进行固定，再用支撑顶杆支撑车辆来控制重心过高带来的不稳定性。

稳定侧翻车辆的具体操作方法如下：

1. 在车顶和底部处塞入垫块

在事故车辆顶部一侧贴近地面位置选择两个稳定点，插入木楔或垫块，防止车辆进一步倾斜和晃动。稳定点一般选择在车身 A 柱、B 柱和 C 柱的触地侧，这两处相对比较结实，能够承受较大的外力作用；在底盘一侧贴地的两个车轮附近也要插入合适的垫块，增加车轮处的平稳性，防止车轮滚动，确保侧翻车辆的稳定。如图 4-22（a）所示。

2. 选择支撑点并组装支撑顶杆

可选择在车辆底盘或车顶一侧使用支撑顶杆对车辆进行固定，但由于车顶一侧为作业面，为避免妨碍救援作业，侧翻车辆多在底盘处进行支撑稳固。

在底盘上选择一两个坚固的支撑点，选择支撑点时，优先选择高位支撑点，并要避开需要作业的部位。将支撑顶杆顶端平稳地放置在支撑点处，并连接接头、底板、紧固带等附件，为增强支撑顶杆在地面上的稳定性，防止支撑受力后底板不受控制的滑动，可预先收紧紧固带。紧固带与车辆底盘的连击点应位于低位，这样做主要是让支撑顶杆与车辆构成一个稳定三角形，让支撑顶杆和车辆连接成一个整体，避免支撑顶杆与地面接触处产生不可控制的移动，进一步确保车辆的稳定。

3. 用支撑顶杆对车体进行稳固

使用液压、气动或手动方式使支撑顶杆延长并受力支撑住车体，调节紧固带、垫块等部件，确保稳固安全，如图 4-22（b）所示。侧翻车辆稳定方法示意图如图 4-23 所示。

如果现场没有专业的支撑顶杆，可在现场选取木方或金属杆等对车辆进行支撑稳固，如图4-24所示。

（a）车顶触地侧插入垫块

（b）使用支撑顶杆支撑车体

图4-22 使用垫块和支撑顶杆进行固定

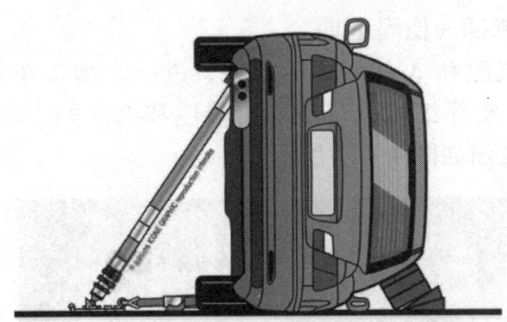

图4-23 侧翻车辆的稳定方法示意图

图4-24 使用木方或金属杆对侧翻车辆进行稳固

（三）稳定仰翻车辆

仰翻车辆的稳定性也很差，这主要是因为车辆的重心集中于车辆前部，导致仰翻车辆后半部悬空，当后半部受外力作用时，极易前后晃动。为了防止救援过程中车辆前后晃动，主要通过在仰翻车辆前后放置垫块或支撑顶杆等器材来稳固车辆，并控制重心过高带来的不稳定性。

1. 在车辆后部插入稳固工具

仰翻车辆宜采用四点支撑系统进行稳固，救援人员应该先在车顶后部两侧和地面之间分别插入垫块，也可以用两个千斤顶或支撑顶杆代替垫块。稳定点应选择牢固可靠的部位，如车身 A 柱、C 柱与车顶的连接处，车门的车窗处，后备厢等部位，如图 4-25 所示。

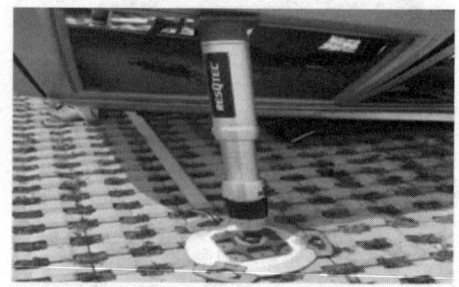

图 4-25　仰翻车辆后部的支撑稳固

2. 在车辆前部插入稳固工具

随后在发动机舱和 A 柱间添加垫块，进一步增加车体稳定性，如图 4-26 所示。最后要仔细检查垫块的牢固性和汽车的平稳性，适情调整。稳定仰翻车辆示意图如图 4-27 所示。

图 4-26　仰翻车辆前部的支撑稳固

图 4-27　稳定仰翻车辆示意图

（四）其他状态下的车辆稳固

1. 欲坠落车辆稳固

欲坠落车辆的稳定性最差，车辆部分处于悬空状态，没有足够的支撑面支撑车辆,而且没有有利的稳定条件。欲坠落车辆稳定的难度最大,需要充分结合救援的环境特点或者调用起重车辆进行稳定。如果路边有稳定的大树、巨石、大型车辆等可提供支撑的物体,可以结合绳索、钢缆稳定车辆,稳定点的位置一定注意不要选择在破拆部位或不牢固处,如图4-28所示。

2. 相互叠压车辆的稳固

当两部或多部车辆相互叠压时,如图4-29所示,可根据车辆的状态和移动方向将车辆捆绑在一起,并使用垫块、支撑顶杆、绳索、紧固带和链条等进行稳定,防止车辆向任何方向移动。

图4-28 欲坠落车辆的稳固

图4-29 相互叠压车辆的稳固

3. 手动稳固

在紧急情况下可采取双手暂时稳固车辆,如被困人员有生命危险,必须立刻进行急救时。如图4-30所示。

图4-30 手动稳固

车辆稳固是解救被困人员的前期准备工作,是救援工作中的重要一环,必须予以重视。由于发生道路交通事故的原因多样,事故形态多变,因此事故发生后车辆的具体形态可能不止有正立、侧翻和仰翻三种类型。救援人员需要结合现场车辆的结构、状况、完整性和地形等基本情况,具体分析车辆受外力作用后可能诱发的移动,进而采取有针对性的稳固措施。当随车携带的专业器材无法满足要求时,除请求增援外,要积极想办法,利用现场的其他非专业器材或装备对车辆实施固定。

第三节 车辆破拆技术

汽车发生交通事故后,驾乘人员遭受撞击后可能受到严重伤害,救援时需要平稳转移才可能避免二次受伤;即便驾乘人员未受到伤害,也可能因车体严重变形而无法逃离。不论是平稳转移伤员还是解救被困人员,都需要接近车内人员并创建一个较大的救援空间。因此,应急救援人员要掌握汽车部件的破拆方法,能够使用金属切割器、扩张器、液压撑杆等工具,对汽车的主要部位进行破拆。

一、破拆的作用

对车体的不同部位实施破拆主要是为了开辟救援通道或拓宽救援空间。开辟救援通道是为了接近被困者,以便于对被困者实施现场救护,并为被困者或救援人员的进出创造通道;拓宽救援空间是为了使被困人员解困,便于搬移,同时也是为了担架等救护器材便于在现场使用。不同的破拆具有不同的效果,其作用如表4-8所示。

表4-8 不同车体破拆技术的主要作用

破拆作用	破拆技术种类
开辟救援通道	破拆玻璃、破拆汽车门、拆除汽车车顶
拓宽救援空间	拆除汽车车顶、顶升仪表盘、剪切方向盘、剪切座椅、调节方向盘或座椅、拆除头枕

二、破拆前的准备工作

(一)支撑固定车辆

对正立车辆要在支撑稳固后,放掉轮胎气;对侧翻或仰翻车辆,要先通过各种方法支撑固定车辆,防止车辆移动和抖动,保护被困人员和救援人员。

(二)排除隐患

进行车辆破拆前,首先要切断车内电瓶电源,预防电路起火、车辆安全系统意外启动;使用液压切割、扩张等破拆工具破拆车体时,必要时应使用水枪掩护,防止金属碰撞产生火花,引起汽油蒸气爆炸,引起火灾;检查是否有尚未启动的安全气囊,若遇有安全气囊未启动,要采取预防措施(用安全气囊固定带把方向盘锁紧),避免被困人员二次受伤。

(三)制订破拆方案

对人员受伤被困的车辆,要根据不同类型制订方案,根据需要进行破拆。最大限度地提供救援空间，受伤人员要害部位要在可靠固定的情况下外移，创造最好条件把伤员解救出来。

三、破拆汽车玻璃

破拆玻璃是为了创建接近车内被困人员的通道，这样医疗救护人员就可进入车内对被困者施救。此外，破拆车辆的金属结构（如车门及立柱等）往往会导致车窗破碎，因此为防止不受控制的玻璃碎片影响救援，也需要首先对车窗玻璃予以拆除。在破拆玻璃前，救援人员需做好呼吸保护，佩戴相应防护等级的口罩，防止将玻璃微小碎片及玻璃粉尘吸入肺部。

具体操作可使用玻璃破碎器、玻璃切割锯以及气动切割刀等器材，采用撬、砸、捅等动作进行破拆。玻璃破拆后，要刮除车窗边上的碎玻璃片，防止救人行动时刺伤人员。

（一）破拆侧窗玻璃

应首先选择远离车内被困人员的侧窗玻璃进行破拆，如果无法规避车内被困人员，则最初的破拆点宜在被困者背部位置，并远离被困者的头部。拆除侧窗玻璃的步骤如下：

1. 检查车窗玻璃

破拆前检查车窗是否可下降，应尽可能将车窗下降到底；如不能则准备破拆玻璃，首先检查玻璃是否安装保护膜，若未安装需在玻璃上贴上胶带，胶带会防止玻璃飞溅。如图4-31所示。

图4-31　粘贴胶带

2. 采取预先保护措施

破拆前，要为被困人员盖上毯子或衣物，也可以在车窗和玻璃间放置软保护隔板，这样既可防止伤员受到玻璃碎片伤害，又能尽量保持被困人员的体温；将玻璃毯或整理箱平放在临近窗户的地面，玻璃毯要足够大，能够接住掉落的玻璃碎片。预先保护措施如图4-32所示。

图4-32 预先保护措施

3. 打破玻璃

在车窗表面粘贴透明胶带，这有助于防止破碎的玻璃飞溅，如果车窗已经贴膜可省略此步骤；然后使用玻璃破碎器或其他尖锐物体撞击车窗角落，砸开车窗（在打破玻璃之前应对伤员和其他救援人员进行提醒）。通过软保护隔板向外推挤车窗玻璃，将所有玻璃推到地面的玻璃毯上或收集到整理箱中。打破玻璃如图4-33所示。

 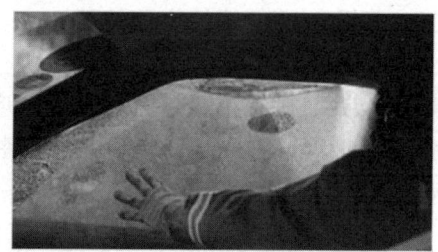

图4-33 打破玻璃

4. 清除窗框剩余玻璃

使用钳工工具清除窗框处剩余玻璃。禁止徒手直接清除玻璃，防止手上沾染玻璃碎片及玻璃粉尘。

5. 清理现场

移动玻璃毯或整理箱至下一块需要破拆的玻璃邻近地面处，继续展开作业；作业完毕后将破碎玻璃移至废墟倾倒处。如果人员充裕，立即对车内和地面的碎玻璃进行清理。

清除窗框剩余玻璃和清理现场如图4-34所示。

图 4-34　清除玻璃和清理现场

（二）破拆挡风玻璃

挡风玻璃多为夹层玻璃，无法使用玻璃破碎器，因此需要使用玻璃切割锯对挡风玻璃进行切割。与破拆侧窗玻璃相同，救援人员同样要首先做好个人防护才能实施作业。拆除挡风玻璃的步骤如下：

1. 破拆前要为伤员盖上毯子进行保护，或采用软保护隔板进行隔离保护；在破拆作业前应给予伤员及救援人员口头提醒。

2. 使用玻璃切割锯撞击挡风玻璃中间砸出导向孔，旋转玻璃切割锯，使导向孔变大。

3. 使用玻璃切割锯，从导向孔向两侧分别切割，延伸至 A 柱（或挡风玻璃底部），直至完全拆除挡风玻璃。

破拆挡风玻璃过程如图 4-35、图 4-36 所示。

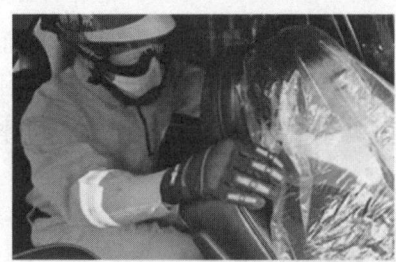

图 4-35　伤员保护和创建导向孔

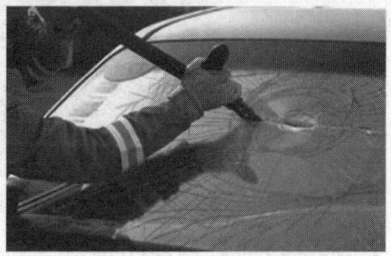

图 4-36　切割挡风玻璃

破拆汽车玻璃通常是为下一步的救援创造条件,因此应根据救援方案的需要选择具体的破拆部位和数量,如无必要可不必破拆所有汽车玻璃,特别是在不良的气象条件下,汽车玻璃有助于被困人员,特别是伤者保持体温,维持生命体征。

四、破拆汽车车门

只要条件允许,应首先选择破拆汽车车门,因为车门是人员上下车最方便的出入口。并且,汽车发生事故时,往往导致车门变形,也需要破拆车门救出被困人员。具体操作可使用机动(液压)扩张器、剪切器、撬棍、铁铤等工具,采用扩张、剪切、撬、砸、捅等动作进行破拆。在破拆汽车门前,救援人员需做好防护措施,佩戴抢险救援服、手套、头盔、护目镜等装备。

(一)打开闭合线

打开闭合线的目的在于创造一个缝隙,以便扩张器、剪切器等器材深入内部进一步实施扩张或剪切。打开闭合线的方法有很多,如果车门变形不大,可通过车钥匙或车门把手开门;如果车门变形较大或无法从外部开启车门,则考虑使用破拆的方法人工创建闭合线。人工创建闭合线的方法主要有以下几种:

1. 挤压前翼子板创建闭合线

使用扩张器在前翼子板最高点处进行挤压,使前翼子板变形,从而在前翼子板和前车门间创建闭合线。使用扩张器时应尽可能靠近 A 柱,且扩张器上臂与引擎盖保持水平以防止滑动,避免下臂接触悬架弹簧。挤压前翼子板创建闭合线如图 4-37 所示。

图 4-37 挤压前翼子板创建闭合线

2. 移除转向灯创建闭合线

如果事故车辆前翼子板装有转向灯,可首先破拆掉转向灯,然后将铁铤或撬棍插入孔中撬动前翼子板(若无转向灯,可插入前翼子板和前门之间的缝隙）创建闭合线。移除转向灯创建闭合线如图4-38所示。

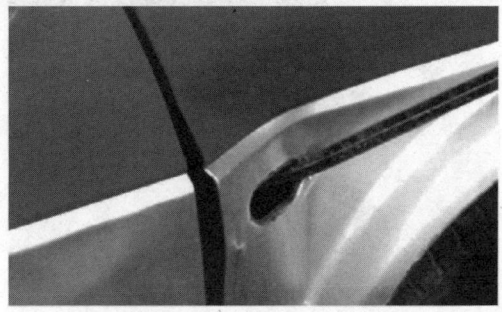

图4-38　移除转向灯创建闭合线

3. 扩张车窗创建闭合线

在破拆侧窗玻璃后，可将扩张器垂直放于车窗中，并从车顶线扩张至内部车门板，通过扩张使车门变形，在车锁一侧创建闭合线；也可以将扩张器置于车窗窗沿前角处，对A柱进行扩张，使铰链处产生闭合线。在操作前，要首先检查车门附近是否有安全气囊，选择的扩张点应避开安全气囊；在操作中应尽量避开车内人员，同时防止扩张器滑入车内。扩张车窗创建闭合线如图4-39所示。

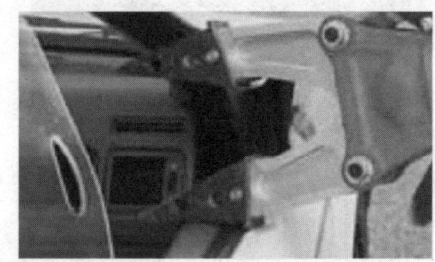

图4-39　扩张车窗创建闭合线

4. 挤压车门创建闭合线

在破拆侧窗玻璃后，可将扩张器置于车窗后部，通过挤压使车门变形，在车锁一侧创建闭合线。在操作前，同样要首先检查车门附近是否有安全气囊，选择的挤压点应避开安全气囊；在操作中应尽量避开车内人员。挤压车门创建闭合线如图4-40所示。

图4-40 挤压车门创建闭合线

5. 挤压车底部导轨板创建闭合线

仰翻车辆如需拆除车门,可以使用扩张器挤压车底部导轨板来创建闭合线。如有必要,可进一步使用扩张器夹住车门底部金属并向下折叠以增加闭合线的开口。挤压车底部导轨板创建闭合线如图4-41所示。

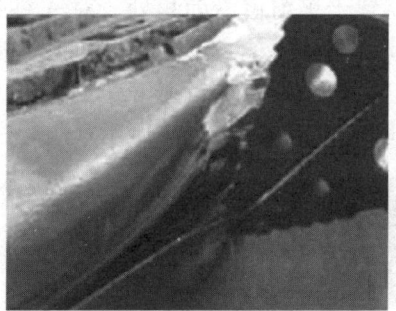

图4-41 挤压车底部导轨板创建闭合线

(二)拆除车门

当车门变形不大,特别是通过车钥匙和车门把手可以开启时,只需要打开车门到最大角度,从内部对车铰链进行剪切即可拆除车门。当车门变形严重时,则要根据创建闭合线位置的不同,使用扩张器和剪切器在车门不同部位进行多次扩张或剪切,最终将车门拆除。这里以挤压前翼子板创建闭合线后的操作为例,说明拆除车门的主要步骤。

1. 前车门的破拆

(1) 扩大闭合线的开口。挤压前翼子板创建闭合线后,可利用扩张器对闭合线进一步扩张,使前翼子板向前移动,以增大开口空间,这可能需要多次操作。为便于操作,也可以先用剪切器对挤压的翼子板进行剪切,然后再使用扩张器扩大闭合线空间,使车门铰链完全暴露出来。扩大闭合线的开口如图4-42所示。

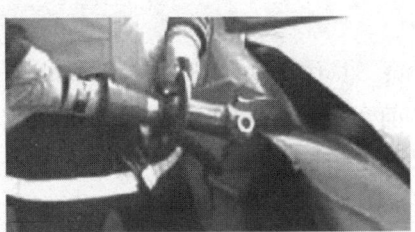 

图 4-42　扩大闭合线的开口

（2）破拆车门铰链和限位器。将扩张器分别放置在上下铰链处，通过扩张扯断上下铰链和车门限位器；也可首先利用扩张器扩张车门的上下铰链和限位器，为使用剪切器创造空间，再使用剪切器剪断铰链和限位器。实施破拆时救援人员要随时将自己置于大角度空间，避免将自己置于器材和车体间的狭小空间，以便在突发危险情况时及时撤离。破拆车门铰链和限位器如图 4-43 所示。

图 4-43　破拆车门铰链和限位器

（3）破拆车门锁。使用扩张器在车门锁位置继续进行扩张，为下一步使用剪切器剪切车锁创造空间。如果扩张可使车锁断开，应考虑继续使用扩张器，缩短救援时间。破拆车门锁如图 4-44（a）所示。

（4）覆盖锋利边缘。拆除的车门运送到废弃物倾倒处，使用锐边保护罩盖住锋利的边缘，防止伤及人员。覆盖锋利边缘如图 4-44（b）所示。

 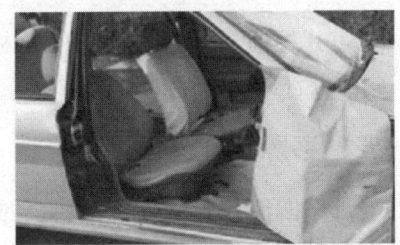

（a）破拆车门锁　　　　　　　　（b）覆盖锋利边缘

图 4-44　破拆车门锁和覆盖锋利边缘

2. 后车门的破拆

可采取不同的方法对后车门进行拆除，具体方法如下：

（1）破拆铰链和车锁拆除后车门。前车门拆除后，可使用扩张器或剪切器对后车门的铰链和车锁分别实施破拆来拆除后车门，具体方法可参见前车门的破拆。破拆铰链和车锁拆除后车门如图4-45所示。

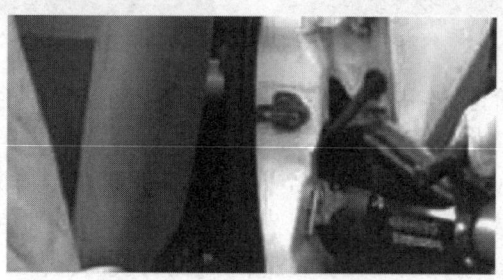

图4-45　破拆铰链和车锁拆除后车门

（2）剪切B柱拆除后车门。前车门拆除后，应用剪切器在后车门开口处对B柱底部进行深入切割，再将扩张器的一侧尖端置于车座底部，另一侧置于B柱底部，向外扩张使B柱底部脱离车底。然后再对B柱顶部进行剪切，完全截断B柱。最后向后翻转后车门，如有必要可再次使用扩张器破拆后车门车锁。拆除完毕后，用锐边保护罩盖住锋利的边缘部分。剪切B柱拆除后车门如图4-46所示。

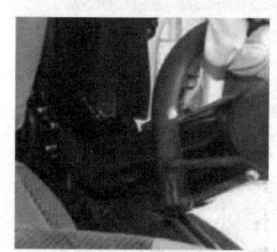  

图4-46　剪切B柱拆除后车门

剪切B柱前要剥离B柱的车辆内饰，避开安全气囊和预紧式安全带。实施扩张时要注意扩张点的牢固情况，如果扩张点破损，需要及时进行调整。

五、移除汽车车顶

当汽车四面都无法靠近破拆，或车内被困人员无法横向拉出，或者车辆发生侧翻，移除车门不便时，可以通过破拆汽车车顶实施救人。移除车顶的好处在于可以创造较大的操作空间，便于脊柱板等救护器材的使用。移除车顶的方式有三种，分别是完全移除车顶、前翻车顶、侧翻车顶等，可根据现场的情况具体选择拆除方式。

(一) 完全移除车顶

完全移除车顶，即通过剪切事故车辆的 A 柱、B 柱、C 柱以及破拆前后挡风玻璃来实现车顶的完全移除。完全移除车顶的步骤如下：

1. 破拆玻璃，对内部人员实施保护

在剪切 A 柱、B 柱、C 柱之前，如上所示需要对车辆两侧的车窗和后挡风玻璃进行破拆；破拆前要为被困人员盖上毯子或衣物，也可以在车窗和玻璃间放置软保护隔板对人员进行保护。

2. 查找安全气囊，标识剪切位置

车窗破拆后，应首先剥离 A 柱、B 柱、C 柱的车辆内饰，查找内部是否装有安全气囊，在立柱上选择的剪切位置应避开安全气囊，防止发生危险。为明确剪切位置，可在车身立柱上标出剪切点，以便于操作。车辆立柱内部安装的安全气囊组件如图 4-47 所示。

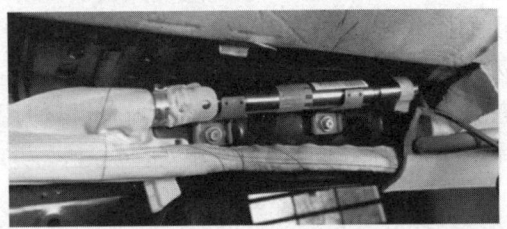

图 4-47 车辆立柱内部安装的安全气囊组件

3. 剪切 A 柱和破拆挡风玻璃

使用剪切器对所有 A 柱实施剪切，为避免残留的 A 柱可能对后续救援的影响，尽可能在 A 柱的底部实施剪切；之后，以两根 A 柱的剪切点为连线，在挡风玻璃上进行切割。剪切 A 柱和破拆挡风玻璃如图 4-48 所示。

图 4-48 剪切 A 柱和破拆挡风玻璃

4. 剪切其余立柱

使用同样的方法对其余的所有立柱实施剪切，并尽可能在立柱的底部实施剪切作业。在完全剪切所有立柱之前，应预留保护人员对车顶进行扶持，防止车顶在剪断后向下塌落。

5. 清理现场

剪切完毕后，将车顶送至废墟倾倒处，应用锐边保护罩对尖锐处实施保护。移除车顶并对尖锐处实施保护如图 4-49 所示。

图 4-49　移除车顶并对尖锐处实施保护

（二）前翻车顶

前翻车顶的优势在于不必剪切 A 柱和破拆前挡风玻璃即可创建较大作业空间，前翻车顶的操作步骤如下：

1. 破拆玻璃和剪切 B 柱、C 柱

如前所示，首先破拆车窗玻璃和后挡风玻璃，再使用剪切器截断所有 B 柱、C 柱，选择的剪切位置同样要避开安全气囊，并尽可能选择立柱底部。

2. 剪切翻折切口

在两侧 A 柱顶部车顶处各剪开 1 个切口，两个切口要左右对称，以便于向前翻折。剪切翻折切口如图 4-50 所示。

图 4-50　剪切翻折切口

3. 向前翻折车顶

在任一 C 柱上部区域系上绳索，利用绳索牵引或人工向前翻折车顶，在翻折过程中可在切口处放置横棒来辅助操作；车顶折叠后要利用绳索对车顶进行固定，防止车顶移动复位。向前翻折车顶如图 4-51 所示。

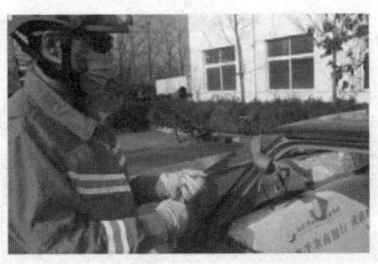 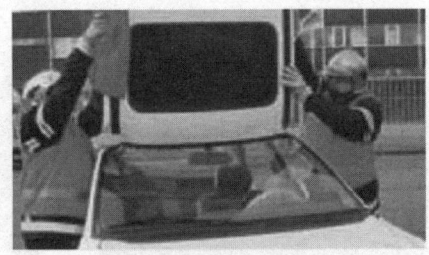

图 4-51　向前翻折车顶

4. 清理现场

剪切完毕后，应用锐边保护罩对尖锐处实施保护。

(三) 侧翻车顶

侧翻车顶主要用于侧翻车辆的救援，侧翻车顶的主要操作步骤如下：

1. 破拆玻璃和剪切上部的 A 柱、B 柱、C 柱

如前所示，先破拆侧翻车辆上部的车窗和后挡风玻璃，再使用剪切器对车辆上部的 A 柱、B 柱、C 柱进行剪切。为避免车顶侧翻后残留立柱形成障碍物，剪切位置应尽量靠近车顶。如图 4-52（a）所示。

2. 切割前挡风玻璃

参照前述方法切割前挡风玻璃，为方便考虑，应以一定角度进行切割。如图 4-52（b）所示。

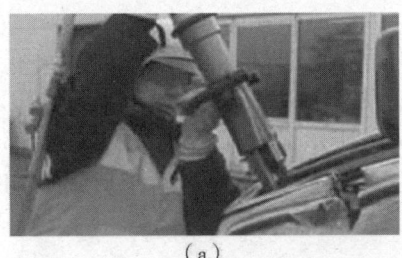 

（a）　　　　　　　　　　（b）

图 4-52　剪切上部立柱和破拆前挡风玻璃

3. 剪切翻折口

在靠近地面一侧的车顶剪切 2 个切口，两个切口对称且切口平行并靠近车顶纵梁。

4. 预先安装绳索和支撑块

在已经切除的 B 柱上部区域系上绳索已便翻折车顶，将垫块放在车顶翻折位置形成水平工作平台，如图 4-53 所示。

图 4-53　建立水平工作平台和系绳索

5. 侧翻车顶和清理现场

利用绳索牵引或人工向侧面翻折车顶，最后用锐边保护罩覆盖锐利边缘。

六、顶升仪表盘

车辆撞击后，正副驾驶人员可能被变形的方向盘或仪表盘卡住，为解救人员除可采取破拆方向盘或座椅外，还可采用顶升仪表盘这一救援技术。顶升仪表盘的主要目的在于拓展救援空间，顶升的方式主要有顶杆向前转动仪表板和扩张器向上并向前推离仪表板两种形式。

（一）顶杆向前转动仪表板

使用顶杆向前转动仪表板的操作步骤如下：

1. 预先安放垫块和顶杆

如前所示，首先拆除前车门和车门密封条，并在 B 柱根部与车底连接处安放垫块，作为顶杆底部的支撑点；为增加顶杆的稳固性，可在 B 柱底部预先安放顶杆支架，如图 4-54（a）所示；将顶杆放于 B 柱底部和 A 柱中间部分之间，并以较小压力进行固定，防止仪表盘由于后续剪切操作而塌落，如图 4-54（b）所示。

 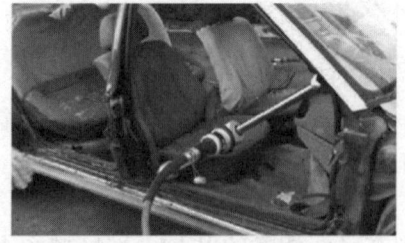

（a）在B柱安放垫块和顶杆支架　　　　（b）固定顶杆

图 4-54　安放垫块、顶杆支架和固定顶杆

2. 对 A 柱进行释放性剪切

使用剪切器在 A 柱底座上以大约 45°的角度开一个切口，再剪断 A 柱

上半部，这一操作的目的在于破坏车身整体结构，也称为释放性剪切。如果车身结构强度大，无法使用顶杆在车体一侧进行顶升，则有必要对车体另一侧的 A 柱同样实施释放性剪切，并安装第二根顶杆。对 A 柱进行释放性剪切，如图 4-55 所示。

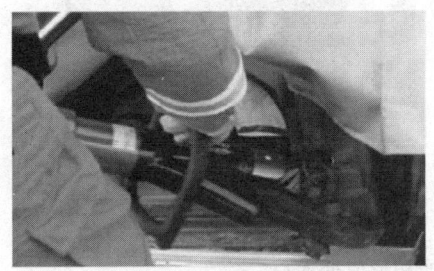 

图 4-55　对 A 柱进行释放性剪切

3. 延伸顶杆推离仪表盘

控制顶杆向前延伸推离仪表盘，操作中注意顶杆上下支撑点的变化，如有变化立即调整。推离仪表盘后，A 柱底座切口会被打开，插入楔子以确保顶杆停止滑动时仪表盘不会回弹。延伸顶杆推离仪表盘，如图 4-56 所示。

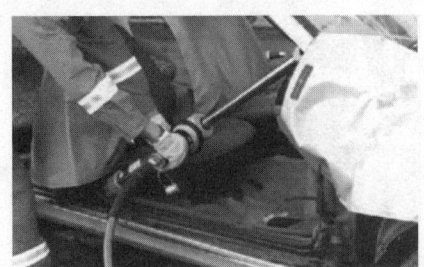 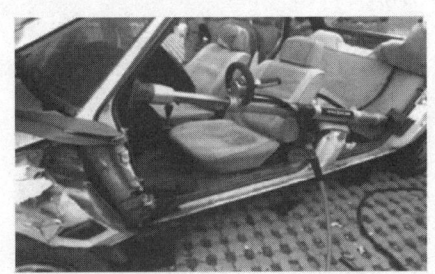

图 4-56　延伸顶杆推离仪表盘

（二）扩张器向上并向前推离仪表板

使用扩张器向上并向前推离仪表板的操作步骤如下：

1. 在翼子板上剪切楔形槽

如前所示，使用扩张器挤压前翼子板后，应用剪切器在内翼中隔板和悬架之间剪切一个楔形槽，为下一步实施扩张消除约束，如图 4-57（a）所示。剪切前要注意观察剪切部位的结构，避免剪切到车体其他部件，如减震弹簧。

2. 在 A 柱底部创造插入点

在 A 柱根部车底处安放垫块，作为下一步实施扩张的支撑点；使用剪切器在 A 柱底座上剪切 2 个切口，第 1 个切口尽可能低，第 2 个切口尽可能高，使用扩张器将此部分向外折叠，从而在 A 柱底部形成一个插入点，如图 4-57（b）所示。再次利用剪切器切断 A 柱上半部分。操作中要注意剪切器转动方向，防止转向乘客。

（a）翼子板上剪切楔形槽　　　　　（b）在A柱底部创造插入点

图 4-57　剪切楔形槽和形成插入点

3. 应用扩张器推离仪表板

将扩张器塞入插入点，控制扩张器向外扩张，并逐渐向上、向前推离仪表盘，操作中注意扩张器上下支撑点的变化，如有变化立即调整，如图 4-58（a）所示。如果在车体一侧使用扩张器推离仪表盘的效果不佳，可在车体另一侧使用顶杆向前转动仪表板来辅助拓宽空间，如 4-58（b）所示。

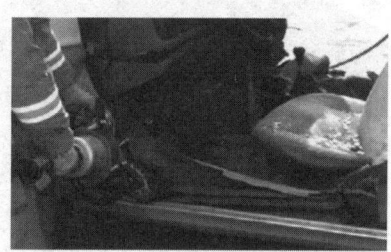 

（a）扩张器推离仪表盘　　　　　（b）顶杆辅助推离

图 4-58　扩张器推离仪表盘和使用顶杆辅助拓宽空间

七、拆除座椅

拆除座椅可以有效扩大救援空间，拆除座椅的操作步骤如下：

1. 拆卸座椅上装饰物

先卸下座椅上的装饰物，利用座椅调节装置，将靠背放置水平。

2. 移除座椅靠背

如座椅调节装置损坏，则剪切靠背两侧根部，移除座椅靠背。

3. 剪切座椅框架

使用万向剪切钳对座椅框架进行剪切，移除座椅。

拆除座椅如图4-59所示。

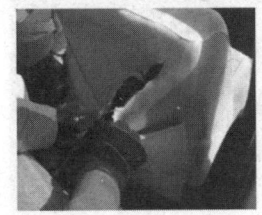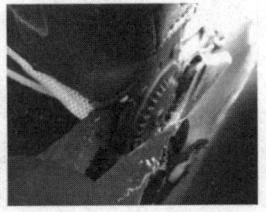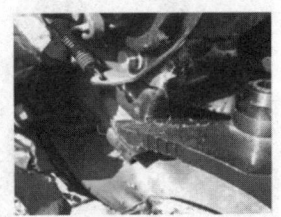

图4-59 拆除座椅

八、拆除方向盘

当方向盘不能调节时，可考虑拆除或牵引方向盘来拓宽救援空间。如考虑拆除方向盘，可使用剪切器对方向盘杆的根部进行剪切，切忌对方向盘的轮圈进行剪切，因为这样可能产生尖锐物，对人员的安全造成威胁，如图4-60所示。

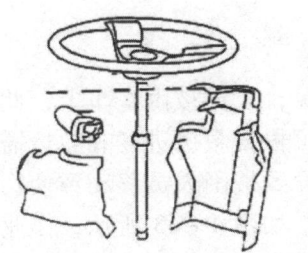

图4-60 剪切方向盘

九、牵引拓宽空间

如果车体变形不大，还可使用牵引的方法来拓宽空间，但进行牵引时要选择坚固的锚点，牵引机构采用非储能装置连接，如牵引杆或牵引链；牵引绳在牵引张力作用下储存较大能量，如果瞬间松脱，可能造成意外伤害。此外，牵引操作要缓慢进行，以防发生意外。

十、其他拓宽空间的方法

其他拓宽空间的方法包括：移除车内物品、调节方向盘和座椅位置、放平座椅、去除头枕等。在移除车内物品时要特别注意车内个人物品，要对车主的个人物品进行严格保管。如果是电动调节的方向盘和座椅，要在断电前予以调节。如图4-61、图4-62所示。

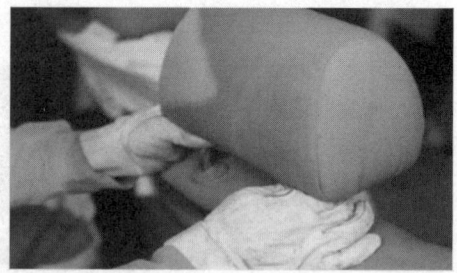

图4-61 移除物品和头枕

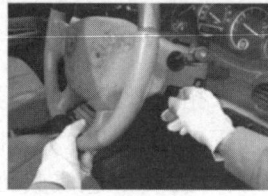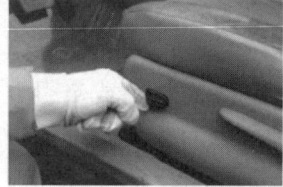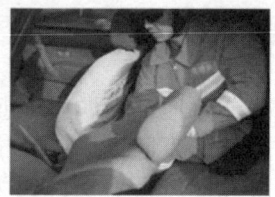

图4-62 调节方向盘和座椅

十一、切割安全带

车辆因撞击导致安全带系统失灵，人员被困在车上，此时就需要对安全带进行切割。何时切割安全带，可根据救援进度和救援需求决定，不要盲目对安全带进行切割，这样可能导致被困人员移动致使伤情扩大。使用V形切割刀斜向切割可割断安全带，如图4-63所示，作业时要注意不要误伤其他人员。

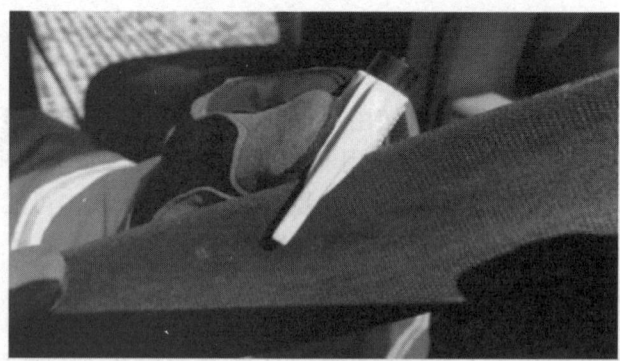

图4-63 切割安全带

第四节 重型车辆救援技术

重型车辆这里是指重型卡车或客车，之前提及的各种救援技术虽然同样适用于重型车辆，但由于重型车辆车体巨大，结构和车体强度与家庭乘用车辆有很大不同，因此涉及的救援技术应用与家庭乘用车辆有很大区别。

一、关闭引擎及车体固定

（一）车辆引擎的关闭

可通过旋转车钥匙并拔出来关闭引擎，对于车体变形严重，无法拔出车钥匙的重型车辆还可使用二氧化碳灭火器来关闭引擎，即通过在引擎进气口或相应部位喷射二氧化碳使发动机缺氧关闭。如图4-64所示。

图4-64 引擎进气口

除以上方法外，还可通过阻断进油管路来迫使发动机停车。如图4-65（a）所示，可看到油箱上通往发动机的管路，对管路进行阻断，如图4-65（b）所示，然后即可关闭引擎。

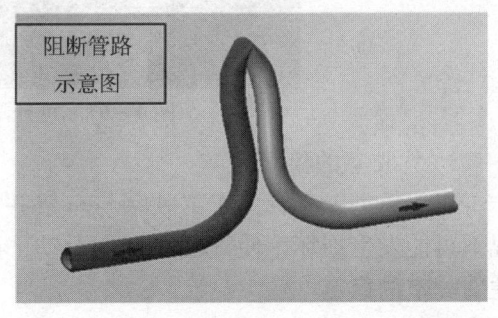

图4-65 阻断进油管示意图

（二）车身的稳固

1. 使用垫块或轮档稳固车身

同前述车体稳固的方法相似，除使用刹车系统外，还需要在车轮塞入大的垫块或专业的轮档来固定车辆，必要时可使用支撑杆来辅助支撑。如图 4-66 所示。

图 4-66　使用轮档及支撑杆对车身进行固定

2. 可升降车轴的稳固

一些重型卡车安装有可升降车轴，如图 4-67 所示，目的是在运载重量巨大的货物时降下车轮，减小对地面的压强；而在空载或运输量较小的时候升起车轮减少轮胎损耗。若事故车辆存在此种可升降车轴，应当将其降至地面或者于下部塞上垫块使该处轮胎处于稳定状态，防止其在救援过程中产生晃动影响整体稳定性。

图 4-67　可升降车轴

3. 驾驶室的稳固

对于重型卡车，由于驾驶室与车架并非刚性连接，连接部分在事故情况下可能发生损坏，使驾驶室产生滑动，因此在重型卡车救援中要专门关注驾驶室的稳定。

在实施驾驶室的稳固工作时，可使用安全绳或紧固带越过驾驶室顶部，将安全绳或紧固带捆绑在车轮后收紧，使驾驶室被压实在车架上；如果车门可以开启，也可将安全绳或紧固带穿过驾驶室捆绑在车轮上收紧，如图 4-68 所示。在救援装备条件允许的情况下，如仅靠安全绳或紧固带还不能完全将驾驶室固定时，应使用支撑杆对驾驶室进行额外固定。

图 4-68　稳固驾驶室

4. 其他稳固措施

一般情况下，只需要做到以上几步便可以稳固车身，而一旦发生后方货箱部分脱离车体的情况时，务必先对货箱部分进行固定，可采用解除牵引车与货箱车连接的方法，直接消除货箱对车体的施力条件；如果存在连接部位变形严重，或是驾驶室后移严重等无法解除连接的情况，应在货箱可能倾倒的方向设置液压支撑杆，并在另一方向捆绑安全绳连接到现场附近的固定点，使货箱处于相对稳定的状态。

5. 侧翻或仰翻重型车辆的稳固

侧翻的重型车辆，如果处在非坚固支撑路面，建议先采用撑杆或固定链进行稳固，再进行救援，如图 4-69 所示；仰翻的重型车辆，需要对车架、发动机进行支撑或者吊挂，避免车身成为承重体，在切割过程中，车身刚度降低，导致结构变弱，对救援过程产生附加伤害。具体方法请参考前面章节论述。

图 4-69　侧翻车辆稳固

（三）切断电源

与家庭乘用车一样，可以通过切断蓄电池的负极连接线来切断电源。由于部分重型车辆设置了电源总开关，在切断蓄电池连线前，可首先关闭电源总开关，为下一步作业提供安全保障。如图4-70所示，左图为电源总开关处于开启状态，右图为电源总开关处于关闭状态。

图4-70 关闭电源总开关

二、降低（抬高）作业高度

重型车辆，特别是重型卡车的驾驶位水平面较高，不利于施救。因此降低（抬高）作业高度有利于减少车身高度对救援带来的阻碍，便于救援人员接近驾驶室进行救援作业。调整作业高度有两种方法，一是利用卡车自身部件降低作业高度，二是利用外部平台抬高作业高度。

（一）降低作业高度

利用卡车自身部件降低作业高度的操作方法主要有给空气悬挂放气和给轮胎放气两种。在对空气悬挂进行放气操作时，只要切断风箱与阀门之间的进气管就能将空气悬挂中的气体放出，降低车身高度，如图4-71所示。不建议使用尖锐器材刺破风箱的方法进行放气，因为这可能导致风箱爆破并可能有碎片飞出。在给轮胎放气时，最好应用工具对气门芯进行操作放气，不建议用匕首等尖锐物直接刺破，因为直接刺破可能引发爆炸，给救援人员造成伤害。

图4-71 对空气悬挂进行放气操作

（二）抬高作业高度

降低作业高度可能导致车辆不受控制的移动，进而威胁被困人员的安全。因此，除考虑降低作业高度外，可利用外部平台提升作业高度。最为简单的做法是利用各种操作平台抬高作业高度。救援中可以使用的操作平台有很多，譬如卡车或者水罐消防车背后的升降门、小货车的货架、云梯车的车斗、小型脚手架等。

三、车体破拆技术

正面碰撞后，如果变形小，可以采用直接牵引或切割部分后牵引。牵引操作与前述要求相同，牵引机构宜采用非储能装置连接，比如牵引杆、或牵引链，不宜使用牵引绳。牵引时所选锚点要牢固，牵引要缓慢进行。

（一）开辟救援通道

与之前论述的技术方法类似，重型车辆可通过破拆玻璃、破拆车门等方式开辟救援通道，此外还可以通风窗、天窗等作为救援通道，如图4－72所示。

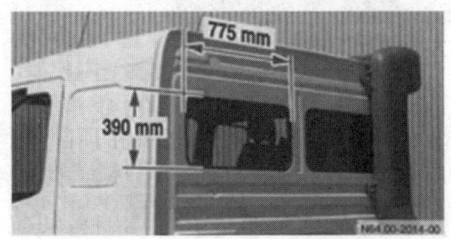

图4－72　通风窗和天窗

破拆玻璃或车门时要强调的一点是，重型车辆的车窗玻璃及车门较重，且又处于较高位置，存在坠落危险，因此需要安排人员进行保护。此外，破拆车门前还可对车门进行固定，即使用安全绳一端绑住车门顶端，另一端绕过车顶在另一侧进行固定，如图4－73所示。

图4－73　固定车门

（二）拓宽救援空间

1. 调节方向盘和座椅

与家庭乘用车类似，救援中应首先考虑利用车辆自身的功能来拓宽救援空间，如通过调节方向盘或座椅的位置来扩大空间，如图 4-74 所示。对于电动控制的方向盘和座椅，应在断电前进行调节。

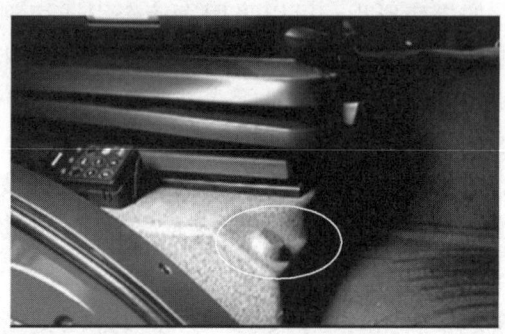

图 4-74　方向盘调节装置

2. 扩张顶杆拓宽空间

（1）释放性剪切。推离仪表盘前，同样需要对 A 柱底部和顶部进行释放性剪切。有些车辆的驾驶室设计安全度较高，难以剪切。为便于事故后的应急救援，部分车辆在随车的救援指南中明确提及了具体的剪切位置，以便于消防员现场实施救援。如图 4-75 所示，奔驰某款重卡在 A 柱顶端或距上 1/3 处（无加固板）以及 A 柱底部或车门踏板处（靠近边框 20cm，无加固板）进行剪切比较便利。

 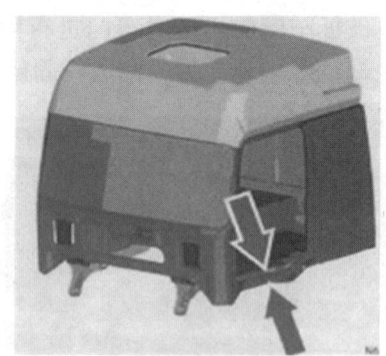

图 4-75　奔驰某款重卡标识的剪切位置

如果没有救援指南，除可在 A 柱底部和顶部实施释放性剪切外，还可在车大灯附近的交叉体处实施释放性剪切，以进一步破坏驾驶室的整体性，消减结构强度。破拆部位如图 4-76 所示。

第四章 道路交通事故应急救援技术和方法

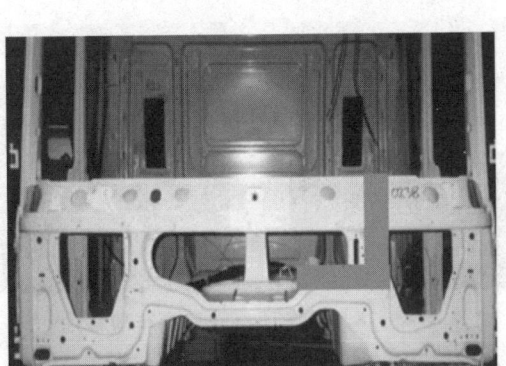

图 4-76 交叉体的破拆部位

（2）扩张顶杆。根据需要，顶杆可以如前所述倾斜放置，也可水平放置或垂直放置进行扩张。倾斜放置和水平放置多用于推离仪表盘，垂直放置多用于推离车顶，如图 4-77 所示。

图 4-77 顶杆安放位置

3. 移除车顶

移除车顶主要用于重型卡车的救援，可通过剪切 A 柱或剪切所有立柱实现半车顶或全车顶的移除。注意由于重型卡车的车顶较重，剪切前应使用吊车对车顶进行牵引固定，剪切后进行牵引吊离，如图 4-78 所示。

图4-78 半车顶移除和全车顶移除

4. 剪切方向盘

如果方向盘无法调节,可剪断方向盘拓宽救援空间,具体方法请参见第三节相关内容。

四、顶升技术

顶升技术主要用于营救被困于车下的人员或其他事故车辆,这里以侧翻事故和骑压事故为例,说明顶升技术在重型车辆交通事故中的应用。

（一）侧翻车辆的顶升

当被困人员被侧翻车辆埋压在底部时,要通过顶升侧翻车辆创造救援空间才能接近被困人员进行营救。具体操作方法如下:

1. 评估现场情况

在救援前,首先要确定被困人员的位置及数量、侧翻车辆的重心及重量以及顶升的高度及顶升的位置。

2. 对车底部进行固定

在车底一侧,首先,对贴地侧的车轮进行固定,每个轮胎使用两个楔形块成V字形塞入。其次,使用两个支撑杆进一步稳定,注意使用固定带。支撑杆与汽车底盘的固定要成V字形。对车底部的固定如图4-79所示。

图4-79 对车底部进行固定

3. 在车头及车尾进行顶升

转到车顶一侧,在贴地侧的车头及车尾使用起重气垫顶升车辆,如图

4-80 所示。在顶升过程中，要注意使用楔形垫块进行伴随支撑（随着顶升高度的增加，不断塞入楔形垫块保持支撑），防止因顶升失稳造成事故。

图 4-80　顶升车头及车尾并进行跟随顶升

4. 调节支撑杆

在车底一侧，随着起重气垫将车顶逐步顶升，车底侧的支撑杆需要不断缓慢下降，以保证既能支撑车底，也不至于对车顶侧的顶升作业造成影响，如图 4-81 所示。直至达到顶升高度后，在车顶和车底两侧分别固定好垫块和支撑杆，完成顶升作业。

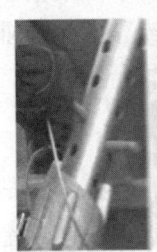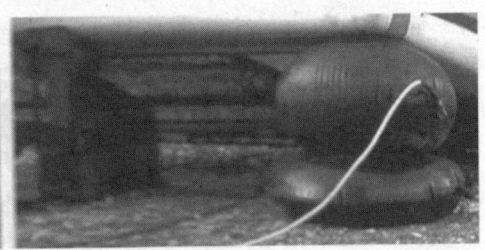

图 4-81　调节支撑杆

（二）骑压车辆的顶升

当两辆车发生事故，呈骑压状态时，可首先对上部车辆进行顶升、固定，进而转移下部车辆来进行救援。具体操作方法如下：

1. 评估现场情况

在救援前，首先要确定被困人员的位置及数量、车辆的重心及重量以及顶升的高度及顶升的位置。

2. 对事故车辆进行稳固

确定支撑点，综合使用垫块、支撑杆等装备对两辆事故车辆进行固定，防止车辆发生不受控制的移动。

3. 实施顶升

使用起重气垫对上部车辆实施顶升，顶升过程中要使用支撑杆对上部车辆伴随支撑，防止因顶升失稳造成事故，如图 4-82 所示。

图4-82 顶升车辆并进行伴随支撑

4. 转移下部车辆

达到顶升高度后,对上部车辆进行固定,确保安全后可对下部车辆进行转移并进一步采取其他营救措施。

五、车辆解抱死技术

抱死系统是一种制动装置,又称应急制动系统。根据国际标准化组织的汽车行业标准,汽车应当具有三种制动系统,即行车制动、驻车制动、应急制动。近年来,在我国大、中型载货汽车及客车和专用车上都安装有抱死系统。在道路交通事故救援过程中,经常会遇到车辆抱死的情况,若不及时解除则车辆无法移动,往往造成堵漏、输转等救援作业无法进行,严重影响救援工作。

(一)抱死系统简介

1. 抱死系统的作用

抱死系统的基本功能是在汽车行车、驻车制动失效的情况下仍可将车轮阻滞、抱死,以保证动态汽车及时减速直至停车;同时也起到静态汽车制动气压未达起步下限标准则不能起步的安全作用,从而避免交通事故的发生。

2. 储能弹簧制动器工作及其原理

目前国内生产的大、中型汽车通常采用的应急制动装置,多是一种名为"储能弹簧制动器"(俗称断气刹)的装置。储能弹簧制动器还可作驻车制动系统的动力装置,提高驻车制动效能,简化驻车制动系统结构。储能弹簧制动器是一个复合制动气室,它由主制动气(分)室和停车制动气(分)室组成,如图4-83所示。主制动气室采用常规式膜片制动结构,停车制动气室采用弹簧储能放气制动装置。停车制动气室充气压力通过管路进入气室,作用在活塞上,与弹簧的推力形成相反作用。

主制动气室用于行车制动,停车制动气室用于驻车制动,两者作用于同一制动器上。制动时,驾驶员踩下脚制动踏板,操纵脚制动双腔总阀将气体输入主制动气室,压缩空气作用在皮碗上产生推力,通过推力盘和推杆将推力作用到制动器上,从而产生制动。解除制动时,主制动气室内气体排入大气，推杆在回力弹簧作用下回到原位，从而解除制动。驻车制动时，驾驶员操纵手制动阀，将气体从停车制动气室排入大气，在储能弹簧作用下，活塞带动导管作用在皮碗和推力盘上，由推杆将推力输出到制动器，产生制动。相反，将气体输入停车制动气室，产生推力压缩储能弹簧，则可解除制动。此外，在无气源的情况下，可调整螺杆将活塞锁在后端，也可解除驻车制动。

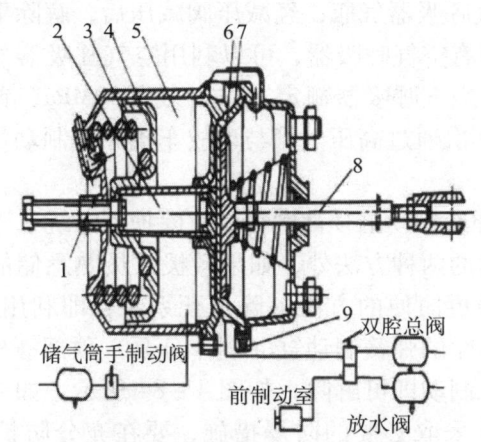

1-螺杆；2-导杆；3-储能弹簧；4-活塞；5-储能制动室；
6-推力盘；7-皮碗；8-推杆；9-卡箍

图4-83 储能弹簧制动气室结构

（二）抱死系统的解除方法

1. 启动车辆，松手刹

通过启动车辆，松手刹解除抱死系统的方法操作非常简便快捷。但是，启动车辆时尾气排放口会产生火花，容易造成意外燃烧爆炸事故，因此使用此方法解除抱死系统，要注意以下几个条件：交通事故发生后车辆损毁不严重，仍然能够正常启动，而且应急制动系统管路不漏气，储气筒压力大于600kPa。这是通过启动车辆，松手刹解除抱死系统的前提。在没有易燃、易爆气体泄漏的情况下，采用此法最为安全，此时启动车辆不会发生燃烧爆炸事故。有易燃、易爆气体泄漏时，在采取必要的措施后，才能进行此操作。首先要在车辆尾气排放口安装防火罩，消除火源；其次利用喷雾水枪驱散稀释易燃、易爆气体，使车辆周围可燃气体的浓度降低，并使用可燃气体检测仪器检测周围气体浓度，通常可燃气体浓度在20%以下，此时启动车辆是安全的，在确保安全后方可启动车辆，解除抱死系统。

2. 利用其他气瓶压力，解除抱死系统

如果现场情况不允许通过启动车辆解除抱死系统，可以考虑利用其他气瓶压力，解除抱死系统，这种方法有以下两种情况。

（1）使用同类型槽罐汽车的气泵解除事故车辆的抱死系统。事故车辆在交通事故中损毁严重，不能正常启动，此时，可以使用同类型槽罐汽车的气泵，通过高压气管与事故车辆停车制动气室相连接，经气泵加压解除抱死。如果有易燃、易爆危险化学品泄漏，要适当增加高压连接导管长度，加大两车距离，使非事故槽罐汽车停在安全区域内，然后再进行相关作业。

（2）使用空气呼吸器气瓶，经减压阀减压后，解除事故车辆的抱死系统。消防部队配备有空气呼吸器，可以利用空气呼吸器气瓶内的高压气体来解除抱死系统。空气呼吸器额定工作压力为30MPa，首先经减压器减至稍大于600kPa，其次通过高压气管与事故车辆停车制动气室相连接，从而解除抱死系统。

3. 通过旋出弹簧制动缸顶部螺栓，解除抱死系统

除了前面所述的两种方法外，如果救援人员熟悉储能弹簧制动器的结构，可以利用一种更简便的方法解除抱死系统，即利用24mm梅花扳手，将中、后桥两侧车轮的弹簧制动缸（刹车分泵）顶部螺栓全部旋出，使弹簧储能装置失效，制动即可解除，如图4-84所示。如果有易燃、易爆气体泄漏时，要注意采取必要的防爆措施，要在充分防护和开花水流掩护下，使用无火花专用工具进行操作。

图4-84 弹簧制动的解除

第五节 汽车火灾扑救

一、汽车火灾的特点

汽车上除了油箱、油路外，其他部件（如轮胎、内部装修设施等）也是可燃物，车上还设有电器和其他电源，很容易发生火灾。常见的汽车着

火部位也因车辆种类不同而异，小汽车着火部位经常在发动机油气路之间，也就是引擎盖内；大型货车的起火部位通常是轮胎；危险化学品槽车的起火部位一般为槽罐泄漏口或者输转部位等。汽车发生火灾后，其主要特点是：

（一）火灾蔓延迅速

汽车火灾荷载大，运载的可燃物资、车内装饰材料、轮胎、木质车厢板和座椅等燃烧后，火势会很快蔓延至全车，特别是燃油箱破裂后燃油流淌，能迅速扩大火势。

（二）易发生爆炸

汽车猛烈燃烧时，轮胎受热易发生爆炸；汽车燃油（气）箱被火烘烤后也容易发生爆炸；货运物资中如果有易燃、易爆危险化学物品时，发生爆炸的危险性更大。爆炸不仅威胁人员安全，还会导致火势扩大。

（三）易造成人员伤亡

汽车车门关闭后，内部形成一个完整的密闭空间，人员活动范围小，加之汽车车门普遍较窄且数量较少，在满员时若遇紧急情况，不利于车厢内人员及时疏散撤出。当汽车由于碰撞、颠覆等原因发生火灾时，有时车门被挤压变形，或因车辆倾覆，车门被堵，乘客、驾驶员更难疏散出来，从而导致伤亡。

（四）易造成交通堵塞

行驶在城区内的车辆发生火灾时，容易造成交通堵塞。汽车火灾发生在高速公路上，由于出口少，往往堵塞的程度比其他情况严重得多。

（五）火灾扑救困难

汽车火灾发生的地点、周围的环境和运载物品具有不确定性，往往给火灾扑救增加难度。例如，城区内汽车火灾同时导致交通堵塞，消防车辆难以靠近施救；城区外的车辆发生火灾，地点不定，救援距离远，火场供水困难；高速公路汽车发生火灾，一般距城市消防站远，且高速公路全程封闭，入口少，消防车辆到场迟，再加上水源缺乏，灭火条件差，导致灭火难度加大；货运汽车装载的货物不定，着火后所需要的灭火剂也不一样，可能同时需要调集配备多种灭火剂的车辆到场等。

（六）易造成次生灾害

汽车发生火灾后，由于事故车辆堵塞交通，可能会导致后面的车辆发生追尾、碰撞等交通事故；燃油（气）箱发生爆炸或流淌于地面的燃油形成地面流淌火，对其周边的车辆、建筑物等构成严重威胁；装载危险化学品的车辆发生碰撞、翻车或火灾事故，有毒有害物质一旦泄漏，易导致现场人员，甚至附近人员中毒，并造成严重的环境污染。

二、汽车火灾的发展蔓延

汽车火灾具有其自身发展蔓延规律及险情，扑救时应根据这些规律和险情，采取灭火措施和战术方法。

汽车火灾的发展过程存在一定的规律性，正常情况下可以分为初期、发展、猛烈、熄灭四个阶段，前三个阶段是造成火灾危害的关键。

影响汽车火灾发展蔓延速度的因素有多种，主要有火灾荷载密度、燃烧温度、通风条件、气象条件等。这里既有内在条件也有外在条件，内在条件主要是指汽车动力系统、车内装饰物、汽车载货性质等。外部条件主要是指汽车所处外部环境条件。通常情况下车辆发生火灾时，一般车上的可燃物多，燃烧产生的温度较高，很容易导致车上的燃油箱破裂或爆炸，造成油料外泄，形成流淌火；而部分车辆本身就是油路或燃油箱破裂引起的燃烧，不仅会使车辆形成立体燃烧或大面积燃烧，如果周边还有其他车辆或建筑物，还会产生连锁反应。

三、火灾扑救的战术方法

汽车火灾现场情况复杂多变，灭火时需要灵活运用各种灭火措施和战术方法，才能达到事半功倍的灭火效果。常用的灭火措施和方法如下：

（一）冷却法

冷却灭火法是扑救汽车火灾常用的一种灭火方法。此法是将水流直接喷射到汽车着火部位，将燃烧物的温度降至燃点以下，使燃烧停止；或者将水流喷洒在油箱（储气罐）、危险化学品槽罐、车头等部位，使其不受火焰辐射热的威胁，防止发生破裂爆炸或形成新的火点。冷却法既可用于直接灭火，也可用于冷却防爆以及阻止火势蔓延。

（二）稀释法

在汽车火灾扑救过程中，稀释的主要目的是防爆和降毒。例如，液化石油气、天然气、危险化学品槽车以及LNG/CNG双燃料汽车发生泄漏时，应当利用水枪、水幕水带、水幕器等喷射雾状水驱散和稀释泄漏扩散的蒸气云，防止发生爆炸燃烧、控制泄漏扩散范围和降低有毒气体的浓度。

（三）泡沫覆盖法

针对因汽车燃油泄漏及危险化学品槽车泄漏而发生的火灾，使用泡沫炮或枪对汽车着火部位或流淌燃烧的燃油及危险化学品泄漏区域表面喷洒泡沫灭火剂，形成泡沫覆盖层，阻止燃烧区的热量作用于燃烧物质的表面，减弱可燃物的蒸发，从而达到灭火的效果。

(四) 窒息法

窒息灭火法是使用雾状水、干粉、二氧化碳、泡沫、沙土、湿棉被等不燃物或难燃物覆盖燃烧物，使其窒息熄灭。例如，汽车燃油（气）口呈现火炬状稳定燃烧时，可使用湿棉被、湿棉纱等将油箱（储气罐）口完全覆盖，窒息灭火；汽车轮胎着火时，可以采用沙土覆盖、泡沫覆盖等方法进行灭火；汽车在特殊场所，如密闭空间、库室等地发生火灾时，可采用水蒸气、泡沫、二氧化碳等灭火剂喷射窒息灭火。

(五) 破拆法

在汽车火灾扑救过程中，针对车体内被困人员救助或消灭隐蔽在车体内部的火点，在雾状水的掩护下，采取强攻近战、破拆救人或灭火的战术方法，使用破拆工具对阻碍行动的车体构件或门窗进行破拆，打开通道，迅速展开战斗行动。

(六) 堵截法

在扑救猛烈发展的汽车火灾时，特别是驾驶室着火而车载货物未着火，或者车载货物着火而驾驶室未着火的情况下，要迅速喷射水或泡沫灭火剂对火势发展前锋实施堵截控制，阻止其进一步的延烧，待现场灭火力量准备充分时再全力彻底灭火。

(七) 夹攻法

在汽车火灾扑救中，常用的是前后夹攻和两侧夹攻的方法，于着火车体的前后或两侧布置灭火阵地，同时发起灭火攻击。例如，车载货物中可燃物较多并呈立体燃烧，以及首战力量无法形成有效包围时，可采用夹攻战术。

(八) 突破法

突破是为了解决火场重大紧急问题而组织强行进攻的一种方法。此法常应用于突破救人、突破排除爆炸险情、突破疏散贵重物资等。实施重点突破时，要挑选精干人员，选准突破点，抓住突破有利时机，在冷却水枪的掩护下，迅速突破火焰和热烟的封锁，强力推进，实施战斗行动。

(九) 围歼法

围歼是四面包围火源、协同歼灭火点的战法。在扑救汽车火灾时，若车载货物呈立体式燃烧，且灭火力量充足，可采取包围的方法，发起总攻；消灭火灾。

(十) 监护法

监护是为了防止发生意外而对火灾现场或战斗行动进行监视和守护的战法，监护可能伴有战斗行动，也可能只是监视守护。在汽车火灾扑救时，如果是危险化学品运输槽车发生火灾，要时刻监护其他险情的发生，火源扑灭后要严密监护，防止复燃。

四、汽车不同部位火灾的扑救

根据汽车火灾发生地点和汽车着火部位，采取针对性灭火方法，迅速扑救火灾。

（一）汽车停在重要场所发生火灾

汽车停在重要场所（如易燃易爆危险品仓库、公众聚集场所等）发生火灾时，车辆能够启动的，首先应将车辆迅速驶离重要场所进行扑救，防止火势蔓延。当驾驶室已经着火，无法驶离重要场所，且火势威胁到邻近的建筑物或可燃物时，应迅速扑灭汽车火灾。其次出水保护受火势威胁的建筑物或可燃物，阻截火势向这些部位蔓延，并疏散围观群众，防止意外事故发生。

（二）汽车在高速公路上发生火灾

汽车在高速公路上发生火灾后，应先明确事故车辆所在的位置和行驶方向，立即调集高低压泵消防车、抢险救援车等，准确选择高速公路入口和行驶方向前往扑救。在条件允许的情况下，可以调集不同方向的消防队相向出动。高速公路上发生事故，同向车道易于堵塞，救援车辆可在交警或高速公路管理部门的引导下，反向占用车道，鸣响警报，打开警灯，控制车速，及时安全抵达事故现场，消防车辆应与事故车辆保持适当的安全距离，尽可能选择相向方向的超车道停车。当车载灭火水量不足时，应充分利用公路沿线就近的天然水源，使用手抬机动消防泵供水灭火。

（三）汽车在高架桥上发生火灾

汽车在高架桥上发生火灾时，视需要出动举高消防车、水罐消防车，首先使用车载水直接出水灭火，当灭火用水量不足时，应从上而下垂直铺设水带形成供水线路，保证火场供水。由于高架桥上车辆容易堵塞，同一消防站出动的车辆难以沿同一方向驶向事故现场，应选择从不同的入口进入，相向驶向现场。

（四）汽车发动机着火

消防队到达现场后，应对汽车采取断电熄火、开启机罩、实施正面冲击、重点防御的战法。应先用干粉、卤代烷或二氧化碳等灭火剂及雾状水流冷却发动机部位，然后缓慢掀开发动机盖，避免被窜出的火焰烧伤，再向火焰实施正面冲击，扑灭发动机火焰。同时，要用一定力量冷却保护驾驶室、油箱和车厢等处。

（五）汽车燃油（气）箱发生火灾

当燃烧油箱口呈火炬状稳定燃烧时，在充分冷却的前提下，消防人员可用湿衣服、湿棉纱等从上风向接近，将燃油箱口完全捂住，窒息灭火。当汽车火灾已经发展到猛烈阶段，燃油（气）箱还没有破裂或爆炸时，应使用雾状水或泡沫灭火，并不间断地用雾状水充分冷却油箱或气瓶，保护驾驶室和车厢。当燃油箱发生破裂或爆炸时，应用干粉、泡沫扑灭油箱火，同时用泡沫覆盖扑灭地面流淌油火，防止地面油火向轮胎和车辆蔓延。当使用燃气的汽车气瓶燃烧时，要按气体火灾扑救措施实施，在气瓶阀门关闭无效或没有堵漏条件的情况下，不应将火扑灭，应使用水流冷却气瓶维持稳定燃烧，直至烧尽。有些型号的汽车，其燃油（气）箱分别设置在驾驶员座椅下和车厢板下，灭火时难以用水直接冷却，要及时采用其他措施控制油箱和气瓶的爆炸，并利用掩护物体保护自己，防止油箱和气瓶爆炸造成伤亡。

（六）车载货物发生火灾

车载物资发生火灾时，要问清着火物质的性质，有针对性地使用灭火剂。当灭火力量充足时，应一举扑灭火灾；灭火力量不足时，应在确保燃油（气）箱不发生爆炸或者流淌火灾得到控制的同时，阻止火势向车头方向蔓延。运输危险化学品的车辆发生火灾，消防人员应根据危险化学品性质进行处置，采取冷却降温、关阀断源、堵漏、稀释降毒、筑堤导流、输转倒罐、洗消等措施，有效控制有害物质扩散和防止易燃、易爆物品爆炸燃烧。

（七）载客客车在行驶途中起火

客车运行中着火时，要立即停车，稳定乘客情绪，打开车门、窗，开启紧急疏散门引导乘客疏散，对老人、妇女和儿童要重点保护，同时使用随车灭火器具灭火。车门无法打开时，消防人员到场后，应运用多点进攻战术，首先破拆客车门窗玻璃，用开花水流冲击火焰，阻截火势蔓延，为营救车内乘客创造条件。同时，用雾状水掩护，积极抢救被困于车内的人员。

五、灭火行动要求及安全注意事项

（一）及时调集力量，确保行车安全

消防通信指挥中心在受理火警时，要问清事故情况，根据具体情况调集消防力量，及时通知交警、救护等相关社会应急力量到场协同处理。消防车必须逆向行驶赶赴现场时，驾驶员应鸣响警报，打开警灯，控制车速。

（二）会同交通管理部门，严格实施警戒

公路及高速路上汽车火灾事故现场，消防人员要及时会同交通管理部门，采取设置警戒标志、实行交通管制等措施。事故车辆载有危险化学品且火灾中若发生泄漏，要根据危险化学品性质和泄漏扩散范围确定警戒区和防护等级，同时设置现场安全员，在警戒区合理设置出入口，安全员要对进入警戒区人员的安全防护进行认真检查，做好记录。

（三）做好个人防护，注意行动安全

消防人员要做好个人防护，必要时应穿着防火隔热服或防化服。在实施破拆救人时，消防人员要戴上防护手套，以免被玻璃或尖锐金属划伤。遇有易燃、易爆气体泄漏的现场，需要破拆车体时，应采用喷射雾状水对行动过程实施保护。扑救汽车火灾时，消防人员和消防车辆应尽量避开地势低洼处，防止燃油箱破裂和爆炸后，燃料油向低洼流淌，导致人员被火烧伤或车辆被火焚毁的严重后果。汽车猛烈燃烧时，轮胎容易发生爆破，消防人员应在一定的安全距离，尽量避开轮胎爆破的正面方向，设置水枪阵地进行冷却，以防爆破伤人。

（四）及时解除警戒，迅速恢复交通

交通道路上的汽车火灾扑灭后，应立即将事故车辆拖至道路一侧，并迅速清理现场（冬季要注意对道路积水进行清理），结束警戒，恢复交通。

第六节 新能源车辆救援技术

一、新能源汽车的类别

依照中华人民共和国工业和信息化部2009年6月17日发布的《新能源汽车生产企业及产品准入管理规则》，新能源汽车是指采用非常规的车用燃料（或使用常规的车用燃料、采用新型车载动力装置）作为动力来源，综合车辆的动力控制和驱动方面的先进技术，形成的技术原理先进，具有新技术、新结构的汽车。

新能源汽车包括纯电动汽车（BEV，包括太阳能汽车）、混合动力汽车、燃料电池电动汽车（FCEV）、氢发动机汽车、其他新能源（如高效储能器、二甲醚）汽车等各类别产品。由于新能源车辆一般都是高压电动模式，我们在救援时候有必要了解新能源汽车的知识，消除对新能源汽车救援时的忧虑和担心。

1. 纯电动汽车（BEV）

BEV（Battery Electric Vehicle），也就是我们常说的纯电动汽车，即只

有电池提供能源，只有电动机提供动力，驱动汽车前行。纯电动汽车一般配置较大容量的电池，并提供交流慢充和直流快充两种充电接口。纯电动汽车的基本结构和工作原理如图4-85、图4-86所示。

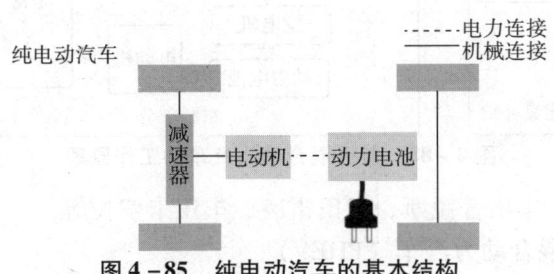

图4-85 纯电动汽车的基本结构

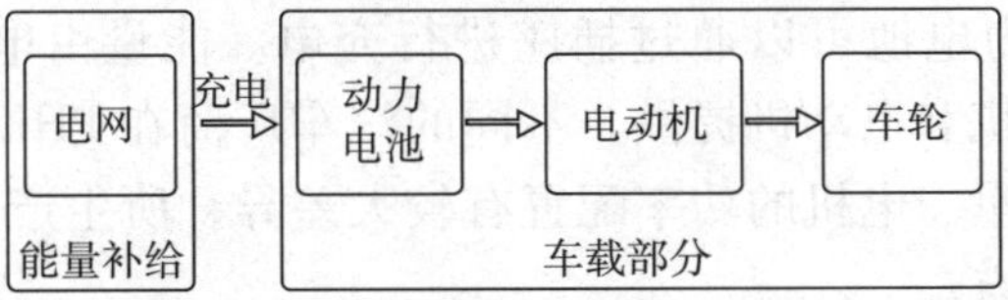

图4-86 纯电动汽车的工作原理

代表车型：特斯拉系列，日产聆风，宝马i3，比亚迪e6、e5，秦EV，北汽EV系列，江淮iEV系列，上汽E50等。

2. 普通混合动力汽车（HEV）

HEV（Hybrid Electric Vehicle），一般指由燃油和电池提供能源，燃油发动机和电动机提供动力。这种车型一般电池容量较小，不提供充电接口，电池的能量通过汽车运行过程中的能量回收进行充电。

该车型的电动机功率也不大，在起步和加速时，电动机会辅助燃油发动机提供动力。因为有了电动机的辅助，充分发挥电动机的大扭矩优势，在起步和加速过程中的整体效率得到提升，并使车辆整体油耗显著下降。因为依赖燃油提供能量，没有里程的焦虑。普通混合动力汽车的基本结构和工作原理如图4-87、图4-88所示。

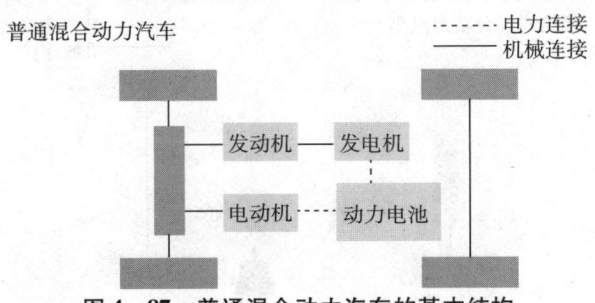

图4-87 普通混合动力汽车的基本结构

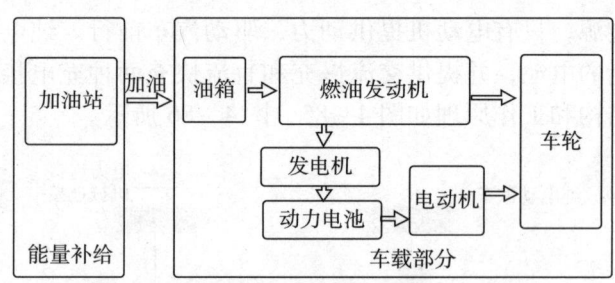

图 4-88 普通混合动力汽车的工作原理

代表车型：丰田普锐斯、丰田雷凌、丰田卡罗拉等。

3. 插电式混合动力汽车（PHEV）

PHEV（Plug-in Hybrid Electric Vehicle），顾名思义，比起 HEV，PHEV 的车载动力电池可以通过插座进行充电。能量由电池和燃油提供，动力由燃油发动机和电动机提供。不同的汽车厂商在 PHEV 上对于电池的容量、电机的数量、电机的功率配置有较大差异，所生产的汽车也形成了不同的风格和特点。

这类车型可以通过电机、燃油机的介入方法形成多种驱动组合，比如纯电动模式、纯燃油机模式、电机加燃油机混合模式等。

另外，PHEV"进可攻，退可守"，在充电方便、电量充足时，可以纯电动方式行驶，节能减排还降低用车成本。在电量不足、充电不便时，可以燃油行驶，远行无忧。

还有，有些车型，比如比亚迪唐，配置了前后两个电机，而且电机功率都是 110kW，加上 151kW 的燃油机功率，峰值 371kW 的功率能实现 0~100km/h 时加速只需 4.9s，同时，因为配置了前后两个电机，很容易实现四轮驱动。

PHEV 一般配置的电池容量不太大，所以一般只配置交流慢充一种充电接口。

插电式混合动力汽车的基本结构和工作原理如图 4-89、图 4-90 所示。

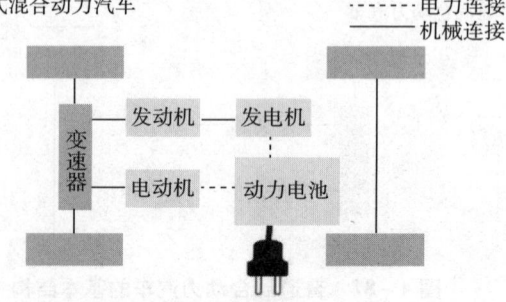

图 4-89 插电式混合动力汽车的基本结构

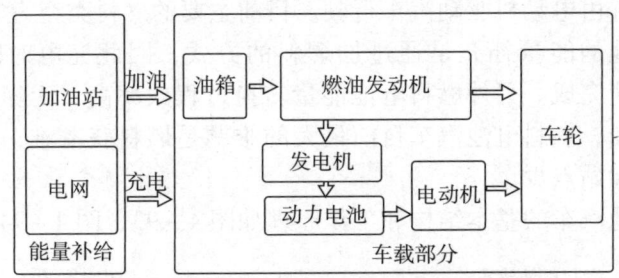

图 4-90　插电式混合动力汽车的工作原理

代表车型：比亚迪秦、唐，上汽荣威 e550、e950，奇瑞艾瑞泽 7e，三菱欧蓝德等。

4. 增程式电动汽车（EREV）

EREV（Extended-Range Electric Vehicles）通过燃油发电，给电池充电，电动机驱动汽车行驶。可以配置较小容量的电池，重量小，成本低。因为可以通过燃油发电，没有里程焦虑。

增程式电动汽车的基本结构和工作原理如图 4-91、图 4-92 所示。

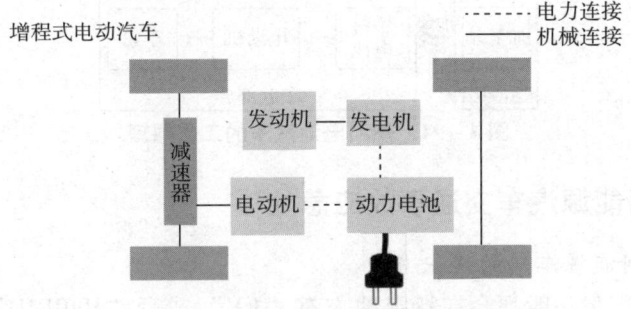

图 4-91　增程式电动汽车的基本结构

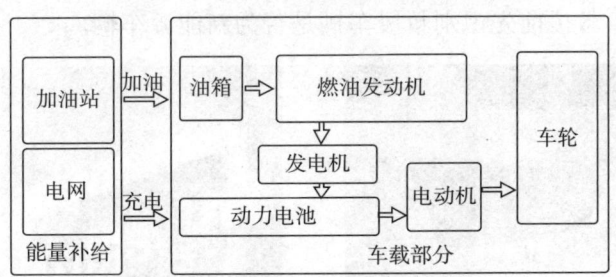

图 4-92　增程式电动汽车的工作原理

代表车型：宝马 i3 增程版、广汽传祺 GA5 增程版。

5. 燃料电池汽车（FCV）

FCV（Fuel Cell Vehicle），通过燃料的化学能转化为电能，提供行驶所需的能量，并由电动机驱动汽车行驶。目前主要的燃料类型为氢。

燃料电池的能量补充是通过加燃料的方式，因此充电时间和加油相近，可以快速完成。另外燃料电池能量转换过程效率高、无噪声、无污染物排出。然而，燃料电池汽车目前最大的难题是燃料获取难，燃料储存和运输难，添加站点少。

燃料电池汽车的基本结构和工作原理如图 4-93、图 4-94 所示。

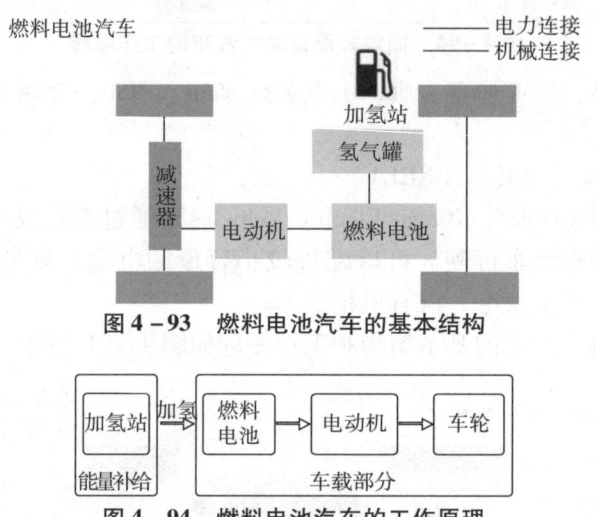

图 4-93 燃料电池汽车的基本结构

图 4-94 燃料电池汽车的工作原理

二、新能源汽车交通事故应急处置

（一）新能源车辆的辨识

新能源汽车一般都会在特定地方有"EV"或者"HyBRID"标识作为区分，如图 4-95 所示。标识的位置一般在发动机室、车门、前翼子板、行李箱位置。救援前先识别救援车辆是否为新能源车辆。

图 4-95 新能源汽车的标识

（二）侦察与评估

1. 查明新能源车辆的有关情况

查明事故车辆类型、型号，动力电池种类、容量，车辆最高电压、高压线路走向等情况，可调阅新能源汽车资料库、汽车服务手册及随车《救援指南》等资料，必要时应联系生产厂家、当地经销商或以获得详细车辆信息。

查明电池系统、高压线路、动力电机等重要部件受损情况，对于混合动力汽车，还应查明燃料箱部位及受损情况。

使用可燃气体检测仪对现场进行不间断侦测，使用测温仪实时监测事故车辆动力电池部位温度，适时调整警戒范围。

2. 评估事故车辆风险

评估事故车辆是否存在漏电、燃烧、电解液喷溅或爆炸燃烧的可能性，查明现场及周边的消防水源情况，做好灭火准备。

（三）安全防护

1. 佩戴防护装备

救援人员应根据事故现场情况做好安全防护，并根据车辆电压特性穿戴好绝缘手套等个人防护装备。如果新能源汽车发生火灾，应穿着全套消防员灭火防护服装，靠近起火车辆时，所有人员应佩戴空气呼吸器。对车内人员，视情使用消防过滤式综合防毒面具或空气呼吸器对被困人员实施呼吸保护。

2. 持续监控事故车辆

对电池受损车辆，安全员应对受损电池进行全程观察，并利用热成像仪、测温仪等器材对电池温度进行实时监测，一旦发现内部温度急剧升高、释放大量烟气立即向指挥员报告，立即组织人员撤离至安全区域。

3. 其他安全措施

若现场通风条件差，可采取人工鼓风、排烟机送风等方式驱散现场有毒气体。此外，可使用灭火毯从电池箱外部实施覆盖，保证被困人员和救援人员免受电池电解液喷溅伤害。

（四）切断电源

救援人员应佩戴全套电绝缘装具，首先关闭车辆启动开关，将车辆钥匙装入信号屏蔽袋或拿到距离事故车辆10米之外；再切断并取走12V电瓶连接线，如果有必要的话，拔出高压电系统控制器保险丝，来达到断电的目的。如图4-96所示。

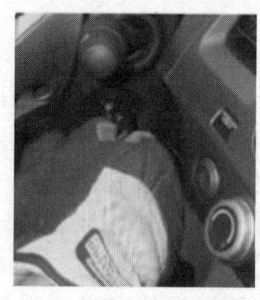

图 4 - 96 切断电源

处置客车交通事故时可灵活采用远程控制开关断电、手动应急断路器断电或断开串联电池箱体的正极或负极、切断并取走连接线等方式断开高压供电源。

（五）新能源汽车的灭火救援

车辆无法实施断电操作，且火势对被困人员和救援人员造成威胁时，应视情使用喷雾水或干粉灭火器对火势进行压制。对无被困人员的起火车辆，消防员应在其 10~15m 之外用水灭火。由于高压供电源的电池组四周通常存在保护性构件，难以直接喷射到着火点时，应采用大量的水充分冷却高压供电源电池组外部，以防止火势蔓延至相邻电池单元。

锂离子电池具备持续放电特性，明火熄灭后，应继续出水对电池组进行持续冷却，并使用测温仪进行监测，直至电池温度降至 160℃ 以下，且经评估无燃烧爆炸等风险。

（六）新能源汽车的破拆

破拆过程中严禁接触损坏的电池系统，切勿使用工具切割高压供电线路或穿透高压供电系统组件，严禁使用破拆工具盲目穿透护罩或者穿刺、切割、撬开拆卸车辆的任何结构，防止造成高压系统与外界隔绝失效，产生电击危险。

第五章 危险化学品罐车事故应急救援技术

第一节 危险化学品事故侦察检测技术

在危险化学品事故应急救援过程中,侦察检测是其中的关键环节,是有效处置危险化学品事故的前提条件,通过侦察检测确定危险化学品的种类及浓度范围,为救援工作的开展提供决策依据。

一、危险化学品事故侦察检测技术概述

(一) 侦察检测的任务

1. 确定泄漏物的种类

对于危险化学品事故现场侦检工作的首要目标是确定泄漏物质的种类。只有知道是什么物质,才能根据其物理和化学性质采取相应的处置措施,真正做到科学施救。在没有弄清楚泄漏物质性质的情况下,采取任何措施都是盲目的,有可能导致事态恶化或造成重大人员伤亡。

2. 确定泄漏物质浓度

确定泄漏物质的种类后,可以根据该物质的理化性质和相应的检测技术原理,采取合适的仪器装备测量其浓度及扩散范围,对其进行定量检测,以确定泄漏物质浓度分布情况,进而确定现场的危险区域。按照泄漏物质浓度分布情况,一般分为轻度、中度和重度危险区域,通过区域划分以便迅速、有序、有效地实施救援。

3. 实时检测污染区泄漏物质浓度变化及分布

侦察检测工作不仅体现在应急救援行动的开始,而且贯穿于应急救援的全过程。危险化学品泄漏以后容易发生扩散,而且在不同时间其浓度也是不同的。因此,必须实时监测各危害区域边界的毒物浓度变化,根据检测数据及时调整危害区域范围,掌握事故危害区域的动态变化情况,为救

援工作的开展提供科学依据。

(二) 危险化学品侦察检测方法

1. 定性侦察检测方法

(1) 利用外部观察法。远距离观察法适用于救援的最初阶段，远距离观察法不仅不用穿着重型防化服深入现场进行侦察检测，而且可以快速采取针对性救援行动。随着救援行动的展开和增援力量的到场，待泄漏物质的准确名称确定后，再采取更有针对性的措施。

①通过观察危险化学品的标志，确定泄漏物质危险性。在采纳了联合国《全球化学品统一分类和标签制度》（第四版）中大部分内容后，新版《化学品分类和标签规范》系列国家标准（GB 30000.2 - 2103 ~ GB 30000.29 - 2103）将化学品分为28类，分别是爆炸物、易燃气体、气溶胶、氧化性气体、加压气体、易燃液体、易燃固体、自反应物质和混合物、自燃液体、自燃固体、自热物质和混合物、遇水放出易燃气体的物质和混合物、氧化性液体、氧化性固体、有机过氧化物、金属腐蚀物、急性毒性、皮肤腐蚀/刺激、严重眼损伤/眼刺激、呼吸道或皮肤致敏、生殖细胞致突变性、致癌性、生殖毒性、特异性靶器官毒性一次接触、特异性靶器官毒性反复接触、吸入危害、对水生环境的危害、对臭氧层的危害。不同类别的化学品及其分项都会给出相应的标签，鲜明与简洁地表征化学品特性和类别。通常，化学品标志是通过指定的危险象形图、信号词、危险说明、危险品类别等信息，向作业人员传递安全信息的警示资料。危险化学品标志如图5-1所示。

图5-1 危险化学品标志

②通过观察危化品安全标签，确定泄漏物质危险性。安全标签是用于标识化学品所具有的危险性和安全注意事项的一组文字、象形图和编码的组合，它可粘贴、挂拴或喷印在化学品的外包装或容器上。其主要内容包括化学品标识、象形图、信号词、危险性说明、防范说明、应急咨询电话、供应商标识、资料参阅提示语等，如图5-2所示。

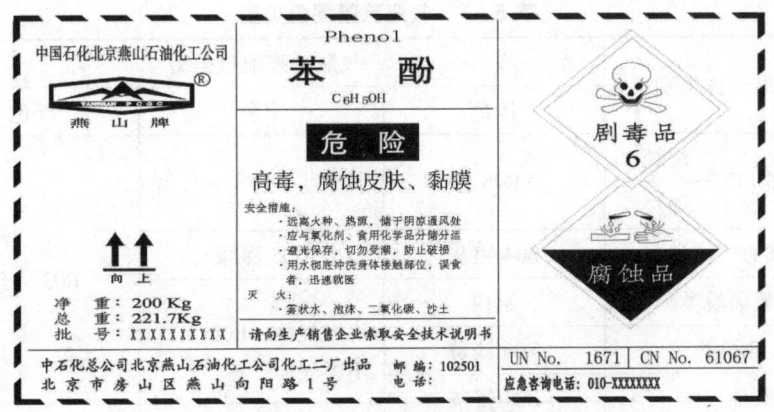

图 5-2　安全标签示例图

在安全标签中还包括联合国编号（UN 号），UN 编号是联合国危险货物运输专家委员会对危险物质制定的编号，总共有四位，每一危险货物对应一个编号，但对其性质基本相同，运输、存储条件和灭火、急救、处置方法相同的危险货物，也可使用同一编号。UN 编号范围从 0004 到 0508 的危险化学品都具有爆炸性，这对于确定危险物质具有参考意义。在事故现场我们可以根据安全标签中的危险化学品名称、分类标志及 UN 编号对泄漏物质种类进行判断。

在危险化学品泄漏事故现场如果发现安全标签上的内容不完整时，可以通过化学品标识、信号词、危险性说明、应急咨询电话、供应商电话及危险化学品编号和联合国编号等线索判断泄漏物质的有关信息，为处置行动提供科学准确的依据。

③通过观察气瓶颜色标志，确定泄漏物质危险性。国家标准 GB/T 7144-2016《气瓶颜色标志》规定，充装气体的气瓶外表面应涂敷用来识别充装气体的颜色标志，因此我们可以根据现场盛装有毒有害气体的气瓶颜色对泄漏气体进行定性。气瓶颜色标志内容包括气体名称字样、字色、色环和气瓶颜色。字样是指气瓶的充装气体名称（也可含气瓶所属单位名称和其他内容，如溶解乙炔气瓶的"不可近火"等）。

气瓶涂膜配色类型如表 5-1 所示。

表5-1 气瓶涂膜配色类型

充装气体类别		气瓶涂膜配色类型		
		体色	字色	环色
烃类	烷烃	YR05 棕	白	R03 大红
	烯烃			
稀有气体类		B04 银灰	G05 深绿	
氟氯烷类		铝白	可燃气体:R03 大红 不燃气体:黑	
毒性类		Y06 淡黄		
其他气体		B04 银灰		

根据该表可以了解常用气体的气瓶颜色标志。通过收集相关资料,笔者还总结了一些常见气体的气瓶漆色和字样颜色。如表5-2所示。

表5-2 常用气体的气瓶颜色标志

气体名称		化学式	体色	字样	字色
乙炔		C_2H_2	白	乙炔 不可近火	大红
氢		H_2	淡绿	氢	大红
二氧化碳		CO_2	铝白	液化二氧化碳	黑
氨		NH_3	淡黄	液氨	黑
氯		Cl_2	深绿	液氯	白
氟		F_2	白	氟	黑
一氧化氮		NO	白	一氧化氮	黑
二氧化氮		NO_2	白	液化二氧化氮	黑
碳酰二氯		$COCl_2$	白	液化光气	黑
磷化氢		PH_3	白	液化磷化氢	大红
六氟乙烷		C_2F_6	铝白	液化六氟乙烷 R-116	黑
甲烷		CH_4	棕	甲烷	白
天然气			棕	天然气	白
液化石油气	工业用		棕	液化石油气	白
	民用		银灰	液化石油气	大红
乙烯		C_2H_4	棕	液化乙烯	淡黄

(续表)

气体名称	化学式	体色	字样	字色
三氟化硼	BF_3	银灰	三氟化硼	黑
一氧化二氮	N_2O	银灰	液化笑气	黑
二氧化硫	SO_2	银灰	液化二氧化硫	黑
氟化氢	HF	银灰	液化氟化氢	黑
氯化氢	HCl	银灰	液化氯化氢	黑
溴化氢	HBr	银灰	液化溴化氢	黑
一氧化碳	CO	银灰	一氧化碳	大红
氟乙烯	C_2H_3F	银灰	液化氟乙烯 R-1141	大红
硫化氢	H_2S	白	液化硫化氢	大红

在现场可以根据观察到气瓶颜色、字样等对气体种类及类别进行定性判断。如在现场见到气瓶颜色为淡黄色，可以判定该气体为毒性气体，再通过字样和字色可确定气体种类。

④通过观察泄漏危险化学品颜色和辨别气味，确定危险特性。危险化学品如一些有毒气体和有机化合物具有特征颜色和气味，因此在事故现场可以通过感官如嗅觉、视觉等对它们进行判断，但是如果现场泄漏的气体无味无色，并不能表明其没有毒性，往往无色无味气体的危害性更高，因为它的隐蔽性更强，现场人员对其更容易丧失警惕性。

采取观察危险化学品颜色及气味进行定性判断时，侦检人员必须注意安全，可以通过在远距离观察泄漏物质的特征颜色和询问已经接触过危险化学品的人员有关气味信息来判定某些危险化学品。常见危险化学品的特征颜色或气味如表5-3所示。

表5-3 常见危险化学品的特征颜色或气味

化学物质名称	特征颜色及气味
F_2	淡黄色气体，有刺激性气味
Cl_2	黄绿色，具有异臭的强烈刺激性气味
光气	无色气体或烟性液体，有烂干草或烂苹果气味，浓度较高时气味辛辣
NH_3	无色有强烈臭味的刺激性气体

(续表)

化学物质名称	特征颜色及气味
SO_2	具有强烈辛辣、特殊臭味的刺激性气体
H_2S	无色具有臭鸡蛋的臭味
HCN	无色气体或液体，具有苦杏仁气味
硫酸二甲酯	无色、无臭或略带葱味的油状气体
硝酸	黄色至无色液体，有刺激性气味
盐酸	无色或微黄色发烟液体，有刺鼻的酸味
汽油	无色或淡黄色的易挥发的略带臭味的油状液体
苯	具有特殊芳香气味的无色、易挥发和易燃的油状液体
四氯化碳	无色透明液体，有类似氯仿的香甜气味或醇样气味
氯乙烯	无色液体或气体，微弱甜味
甲醇	无色、易燃、极易挥发性液体，纯品略带有酒精气味
甲苯二异氰酸酯	无色至淡黄色液体，有强烈的刺激气味
丙烯腈	无色或淡黄色易燃液体，其蒸气具有苦杏仁或桃仁气味
苯酚	无色针状结晶块状物，不纯时呈粉红色，为具有特殊气味的晶体
4-甲基苯酚	无色晶体，有特殊气味
沙林	有微弱的水果香味或樟脑味
维埃克斯	无色油状液体，具有特殊的臭味
芥子气	无色有微弱大蒜气味的油状液体
苯胺	无色或淡黄色油状液体，具有特殊的臭味和灼烧味
有机磷杀虫剂	具有大蒜臭味，呈黄色或棕色油状液体
敌敌畏	纯品为无色，工业品为浅黄色至棕黄色油状液体，微带芳香味
乐果	纯品为白色晶体，工业品为浅黄棕色乳剂，有樟脑气味

（2）调查询问法。调查询问是指通过询问现场知情人员了解现场有关情况。调查询问内容主要包括：泄漏物质名称、危险化学品数量、泄漏量、泄漏时间及相关的货物文件等。调查询问是在现场进行侦察时最常用的方法，也是最实用的方法之一。

对于固定源引发的化学事故，应对事故固定源单位的有关人员（如管理、技术人员和使用人员等）进行询问，以及对事故的位置、所用设备、原料、生产的产品等进行调查。对于流动源引发的化学事故，应对有关人员（如货主、驾驶员、押运员等）进行询问以及调查运送危险化学品的准运证、押运证、上岗证、驾驶证、车号等信息。其中危险化学品安全技术说明书是对事故的处置非常有帮助的物品。

危险化学品安全技术说明书，又称化学品安全信息卡，简称CSDS。它是一份包含危险化学品燃爆、毒性和环境危害以及安全使用、泄漏应急处理、主要理化参数、法律法规等方面信息的综合性文件。危险化学品安全技术说明书主要包括以下16个部分的内容：第一部分化学品及企业标识；第二部分危险性概述；第三部分成分/组成信息；第四部分急救措施；第五部分消防措施；第六部分泄漏应急处理；第七部分操作处置与存储；第八部分接触控制和个体防护；第九部分理化特性；第十部分稳定性和反应性；第十一部分毒理学信息；第十二部分生态学信息；第十三部分废弃处置；第十四部分运输信息；第十五部分法规信息；第十六部分其他信息。在现场可以根据安全技术说明书判断泄漏物质种类，并根据安全技术说明书采取进一步的应急和控制措施。

（3）仪器定性检测方法。对于不能够确认泄漏物质种类的，侦检人员需要使用仪器对现场存在的物质进行定性检测。目前比较成熟的危险化学品快速定性仪器主要有气体定性检测管、便携式气相色谱—质谱联用分析仪、便携式红外光谱气体分析仪。

①使用气体定性检测管进行定性检测。气体定性检测管是专门用于测量未知气体种类的，但其不能确定被测气体的浓度。它是在一根玻璃管内分段装入涂附不同种类显色剂的硅胶指示剂，形成不同的色段。将气体引入玻璃管内，通过不同色段的颜色变化确定被测气体的性质。当一种气体通过玻璃管内的指示剂后，如果A色段变化成为某一指定颜色，而B、C、D、E色段均不发生变化，即可确认该气体为何种气体；同理，可确认使其他色段发生变化的气体种类，该种商品配有色段颜色变化组合对应被测有毒气体判别表。例如，日本北川式131型无机气体定性检测管由A、B、C、D、E五个色段构成，186B型有机气体定性检测管由A、B、C、D四个色段构成，同时使用这两种检测管可在事故现场1min内定性测定10种无机气体和41种有机气体，现场侦检操作简便。

在危险化学品泄漏事故现场使用气体定性检测管进行定性检测时，先要根据现场侦察得到的线索估计事故现场可能存在的危险化学品气体，尽量缩小侦检范围，再采用气体定性检测管对有毒气体种类进行检测。使用气体定性检测管进行定性检测时，应注意其只能用于检测常见的气态物质，检测时间较长，而且需要储备大量的检测管，容易存在过期的问题。

②使用便携式气相色谱—质谱联用分析仪进行定性检测。气相色谱—

质谱联用技术将气相色谱的高分辨能力和质谱检测器的定性能力相结合，成为迄今为止国际上有效的监测手段之一。我国应急队伍目前在核生化侦检车上配备有 Hapsite smart 便携式气相色谱—质谱联用分析仪。便携式气相色谱—质谱联用仪可以实现直接进样，可用于分析气态有机挥发物和液体、固体中的有机挥发物，适合于事故现场的定性检测。

核生化侦检车上的 Hapsite smart 便携式气相色谱—质谱联用分析仪包括采样系统、色谱系统、色谱—质谱连接系统、质谱系统，其中新型的直接进样探头大大简化了测量程序。独特的微阱浓缩技术和程序升温功能，使 Hapsite 的检测限低至 $10\sim12$ 级，可检测的范围更宽。采用 NIST 谱库，涵盖了 135500 张标准谱图。它提供了两种操作模式，质谱扫描模式（survey mode）和全分析模式（analytical mode），即可先采用 MS 连续检测，一旦发现污染物，则可启动 GC－MS 系统，利用目标化合物数据库和 NIST 数据库进行全分析。便携式气相色谱—质谱联用分析仪操作起来很简便，主要步骤有开机、选择方法、按启动键、结果分析。

在使用气相色谱—质谱联用分析仪进行定性检测时应注意以下几个问题：第一，预热。Hapsite 气相色谱—质谱联用分析仪工作前需要进行至少 20 分钟的预热，因此在接到出警命令时就应该开机预热，以减少到达现场的准备时间，为快速定性分析赢得宝贵时间。第二，采样。在采样时应注意采样的全面性，包括各种角落、通风设施及排烟口等。第三，分析。Hapsite 气相色谱—质谱联用分析仪在完成一次完整分析后会在主机上显示检测到的所有物质，但该结论没有量化比较，无法辨别哪些是主要成分，因此必须结合相应软件给出的色谱图和质谱图进行综合分析和测量，并将主要物质的质谱图和数据库进行仔细对比，根据相似度分析结果。第四，备份。对于所有的现场取样都必须留有足够的备份样本，用于二次检测和提供给专业检测机构作进一步确认，以保证结论的准确性和信息发布的权威性。

③使用便携式红外光谱气体分析仪进行定性检测。便携式红外光谱气体分析仪适合于对气态物质进行定性，它不仅能对众多有机物定性，还能对二氧化硫、氯化氢、氰化氢等无机气体成分进行定性分析，而且分析速度快，定性功能较强，能对近 300 种物质进行定性检测。

应急队伍配备的 MIRAN SapphIRe 便携式红外气体分析仪是单光束的红外分析仪。它的红外光是炽热的合金线发出的暗橙色光。光束通过滤光片，除去无关的光束，进入含有气体样本的样品室。在样品室里，红外光由镀金的镜子在样品中来回反射，仪器内测定光程可单次反射 0.5m 以满足对高浓度组份的检测，多次反射 12.5m 以有效地提高低浓度组份检测的灵敏度。最终红外辐射抵达检测器时，能量被转换成数字信号，显示在显示屏上。浓度值以"ppm、ppb、%"或吸光单位显示。它带有包含120多种有毒气体化合物的标准红外光谱的谱库，应用于应急分析，可对危险气体进行定性鉴别与定量检测。

使用便携式红外光谱气体分析仪进行定性检测时，应注意现场的使用环境。便携式红外光谱气体分析仪抗干扰能力较差，难于对复杂环境的气体进行定性检测，特别是现场的水蒸气会严重干扰测试结果。

在危险化学品泄漏事故现场使用仪器进行定性检测时，应该使用多种定性检测仪器进行联合侦检。一方面可以扩大现场侦检范围。因为各种侦检仪器都有其固定的测量范围，如便携式气相色谱—质谱联用分析仪检测低浓度的有机挥发物能力较强，而红外光谱分析仪还可以对无机气体进行定性，通过两种仪器联合侦检可以扩大现场检测范围。另一方面可以对侦检结果进行相互验证。侦检仪器进行定性检测时存在误差，特别是检测混合物时容易受到其他物质的干扰，通过联合侦检可以减少仪器测量误差，使测量结果更加可靠。笔者对三种侦检仪器的定性能力进行了简单的比较，结果如表5-4所示。

表5-4 三种定性仪器定性能力比较

仪器名称	定性范围	操作要求	定性能力	混合物分析能力	受干扰程度
气体检测管	常见有毒气体	简单方便	低	低	低
便携式气相色谱—质谱联用分析仪	气态、液态有机挥发物	人员素质高	高	高	低
便携式红外光谱气体分析仪	有机气态挥发物和无机气体	环境条件高	中	低	高

2. 定量侦察检测方法

准确定性是快速定量的前提，确定是何种物质后才能够快速定量。当通过现场侦察或者定性测量得知危险化学品种类时，可以采取相应的定量仪器对其现场浓度进行检测。定量仪器主要包括气体检测管和便携式气体检测仪。

（1）使用气体检测管进行定量测量。气体检测管式侦检仪由检测管和采样器两部分组成，它是一种简便、快速、直读式的半定量检测仪。在已知有毒有害气体或液体蒸气种类的条件下，利用该仪器可在短时间内测量出气体浓度。

使用气体检测管进行定量测量时首先选取相应种类气体的气体检测管，打破玻璃管的一端，然后用手动气泵抽取样品使之从玻璃管中的反应试剂中通过，注意要按规定的采样流速和采样体积实施采样，当吸入空气通过检测管时，空气中待测有毒气体便和管内的指示粉迅速发生化学反应显示颜色，观察指示剂变色柱的刻度就可以读出被测物的浓度值，得到半定量检测结果。目前国内开发的产品已有可检测氨气、氯气、光气、二氧化氮、二氧化硫、氢氰酸、氟化氢、硫化氢、砷化氢、硫酸二甲酯、苯等几十种污染物的气体检测管。国内也有外国公司生产的多种检测管商品，如德国 Drager 公司的检测管有 200 多种，可分别测定 500 多种有害气体或挥发性有机物。均可用于危险化学品泄漏事故现场的半定量测量。

使用气体检测管进行定量测量时有以下缺点：一是气体检测管只能提供"点测"，不能提供实时的连续测量。二是气体检测管的测量结果误差较大。因为他们的采样量较大，而且反应时间较长，容易受空气流动因素的影响。

（2）使用便携式气体检测仪进行定量测量。便携式气体检测仪包括单一式气体检测仪和复合式气体检测仪。单一式气体检测仪能够直接显示所测气体的浓度，精度高，但是应用范围有限。例如，氨气检测仪，它适用于存在氨气泄漏的场所对氨气的浓度进行检测。复合式气体检测仪是将多个气体传感器集合在同一台便携式气体检测仪中，可同时对不同类型的危险作出检测响应，使之更适合于危险和应急事故的现场快速检测。

便携式气体检测仪是用相对比较的方法进行测定的：先用一个零气体和一个标准浓度的气体对仪器进行标定，得到标准曲线储存于仪器之中，测定时，仪器将待测气体浓度产生的电信号同标准浓度的电信号进行比较，计算得到准确的气体浓度值。使用便携式气体检测仪进行定量测量时应注意它的测量范围。对于不能分辨气体种类的气体检测仪，在测量不同种类的气体时需要用校正系数来修正。校正系数越大，说明仪器显示浓度偏离实际浓度越明显。以可燃气体检测仪为例，可燃气体检测仪上显示的 100% 不是可燃气体的浓度达到气体体积的 100%，而是达到了 LEL 的 100%，即相当于可燃气体的最低爆炸下限，如果是甲烷，100% LEL = 4% 体积浓度（VOL）。因此在使用前必须询问厂家校正气体的种类及相关校正系数。当我们得知所测气体种类时，用仪器读数乘以校正系数即可得出被测气体的浓度。

便携式气体检测仪属于精密的电子仪器，很多原因都能影响仪器的准确性，如传感器的老化或者干燥，跌落或浸水造成的物理损坏等。因此，经常对仪器进行测试、校准，是保证气体检测仪测量准确的必不可少的工作。便携式气体检测仪的校准主要包括两个步骤：首先是检查仪器功能是否正常：将检测仪通入已知浓度的气体，看仪器是否正确显示读数，能否发出警报；其次是确认其读数是否准确：将检测仪通入已知浓度气体，确认仪器读数是否在±10%以内。比如，一个CO气体检测仪器，用50ppm的标准一氧化碳气瓶进行检测，其显示的结果是46ppm，测试结果落在45～55ppm的范围。而如果仪器的显示读数为44ppm，那么这台仪器就必须进行校正。校正可以恢复仪器的准确性，同时测试和校正的过程还可以判断传感器是否已经失效。特别是当仪器发生了非常情况（比如掉在地上）或仪器曾处于非常环境（例如高化学物浓度环境），则必须对仪器进行校准，同时每次测试和校准都必须进行记录，并建立档案。

二、现场侦检工作的实施

侦察检测工作的组织实施，必须严谨认真、一丝不苟，根据现场的客观状况，针对灾情的轻重程度，参考当时的气象条件，紧张有序、精心操作。

（一）现场检测点的设置

检测点的具体设置，要根据灾害事故的严重程度、泄漏物质的扩散范围、当时的气象条件（特别是风向、风力），以及现场可供使用的检测设备而定。一般来说，以下风方向为主，侧风方向次之，上风方向兼顾。

1. 单组多点检测

现场泄漏不是很严重，扩散范围较小时，可以组织一个检测小组，先从下风方向适当部位开始，然后检测侧风方向，最后上风方向，并向指挥员提供检测结果和扩散范围图，注明不同的浓度区位。

2. 多组多点、交叉检测

现场泄漏严重，扩散范围较大时，应组织几个检测小组展开工作。

（1）多点检测，以下风方向为主，分成几组同时测试。

（2）交叉检测，几个小组互换位置，交叉展开测试，比较检测结果，防止仪器或操作有误。

（3）随时复测，隔一个时间段复检一次，始终把握现场扩散状况，并随时向指挥部报告。

3. 多组定点、复合检测

当泄漏范围很大时，应在不同的方位组织多个检测小组定点检测，随时报告扩散变化情况。如现场发现新的扩散物质成分，或既有泄漏扩散，又涉及环境污染现象，则要组织现场的复合型检测，在不同的部位、针对不同的物质、使用不同的检测仪器或设备，向指挥部报告所有的检测情况，综合考虑现场处置意见。

（二）现场侦检行进方式

为了准确和迅速地测出现场的毒气浓度及其分布，应掌握现场侦检的行进方式和实施方法。较大的毒气泄漏扩散现场，其浓度及其分布侦检的行进方式常有三种。

1. 从下风处迎风向化学危险源行进

侦检小组按照现场指挥员指定的路线和位置接近染毒区域，从危险源的下风方向朝上风方向行进，边行进，边侦检，边标记危险区边界，如图5-3所示。

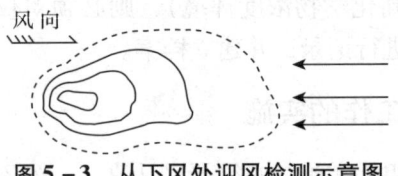

图5-3　从下风处迎风检测示意图

2. 从侧风方向平行斜穿行进

侦检小组按照现场指挥员指定的路线和位置接近染毒区域，从染毒区域的侧风方向平行斜穿行进，边行进，边侦检，边标记危险区边界，如图5-4所示。

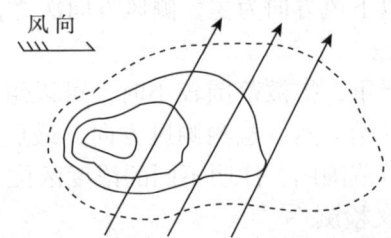

图5-4　从侧风方向平行斜穿检测示意图

3. 分区域从各方向环绕行进

侦检小组按照现场指挥员指定的路线和位置接近染毒区域，分若干组，明确各自的侦检任务分区，同时在分区内环绕行进，边行进，边侦检，边标记危险区边界，如图5-5所示。

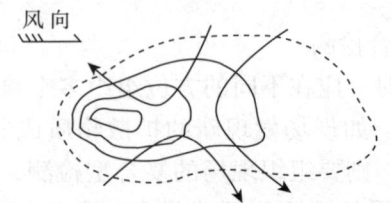

图5-5　分区域从各方向环绕检测示意图

（三）实施方法

各侦检小组至少应由 3 人组成，其中 2 人负责检测浓度，1 人进行记录和放置标志。其行进队形可根据现场地形特点，采用后三角（前 2 人后 1 人）形式向前推进。在较大的场地条件下，担任检测的 2 名队员，间隔应在 50m 以内，便于相互呼应。负责设置标志的队员（通常由组长担任）紧跟其后。

当有毒气体浓度超过最高容许浓度（或预定轻度区边界浓度）时，开始放置标志，由这些标志物连成的线，即为轻度危险区边界。然后，继续推进，边前进边侦检，直至测得中等危害浓度时，再放置标志，得到中度危险区边界。以此类推，直至标出重度危险区边界。

由于现场测得的是毒物气体的瞬间浓度。随着气体的扩散和气象条件的变化，毒物浓度不断变化，因此在测得毒区边界后应派 1~2 名侦检人员，监视毒区边界的变化，以便随时了解事故危害的动态变化。指挥员应根据变化情况重新标记边界，随时调整染毒区域的扩大或缩小，及时调整警戒范围，并及时向上级报告。

第二节　泄漏与封堵技术

化学事故的发生多与泄漏有关。当危险化学品介质从其存储的设备、输送的管道及盛装的容器中外泄时，极易引发人员中毒、环境污染，甚至引起火灾或爆炸事故的发生。因此泄漏处理要及时、得当，避免重大事故的发生。对抢险救援工作来说，堵漏是控制化学危险品泄漏事故发展，避免更大人员伤亡和经济损失的重要现场处置措施。因此，应树立"处置泄漏，堵为先"的原则。当化学危险品泄漏事故发生时，如果能够采用合适的堵漏技术，那么就可降低甚至省略化学事故现场抢险程序中的隔离、疏散、现场洗消、火灾控制和废弃物处理等环节。堵漏是一项综合性强、技术性高、危险性大的特殊的密封技术，在事故现场，堵漏操作一般是在带压、带温下和有毒、易燃、易爆气体环境中进行，经常需要同时实施多项现场处置措施，如个人防毒保护、营救被困人员或伤员、现场火源控制、冷却保护等。

一、泄漏及其类型

因泄漏引起化学灾害事故的物质常见的是液化石油气、氯气、轻质油品、酸、碱、有机溶剂、化学试剂、军事毒剂等。引起泄漏的内外因素包括：设备材料缺陷，如固有裂缝、微孔、砂眼；加工焊接比较差，如焊接拼缝中存在气孔、夹渣或未焊透情况；阀体磨损、管道腐蚀；生产操作不当，如冲料胀裂，阀门过度关闭滑丝等；外部机械撞击、爆炸、地震、洪水、风灾等因素。

（一）泄漏的分类

泄漏的类别可按介质泄漏的状态、介质泄漏的机理、介质泄漏的部位等进行分类。

1. 按介质泄漏的状态分类

按介质泄漏的状态分类，有如下三类：

（1）气体泄漏，如液化石油气、煤气、氯气、氨气、乙炔气、氢气等泄漏。

（2）液体泄漏，如油类、酸、碱、盐、有机溶剂等泄漏。

（3）固体泄漏，如粉剂泄漏等。

2. 按介质泄漏的机理分类

按介质泄漏的机理分类有界面泄漏、渗透泄漏和破坏性泄漏三类。

（1）界面泄漏，即在密封件（垫片、垫圈、填料）表面与接触件表面之间产生的一种泄漏现象，如法兰与垫片之间、填料与旋转轴之间的泄漏（封闭不严的结果）。

（2）渗透泄漏，即介质通过密封件自身（垫片、填料）的毛细管或缺陷渗透出来，如由于垫片质量不好，或被损坏、磨损等而泄漏。

（3）破坏性泄漏，即密闭体（如容器、罐、管道、阀门体）由于破裂、变形失效等引起介质的泄漏，如由于设备腐蚀穿孔、受外力作用破裂而泄漏。

3. 按介质泄漏的部位分类

按介质泄漏的部位分为如下三类：

（1）密封体泄漏，即在容器、管道或装置上起密封作用的部件处发生的泄漏，如法兰、螺丝处泄漏，或旋转轴与填料、动环与静环之间的泄漏。

（2）关闭体泄漏，即关闭体（如闸阀板、阀瓣、旋塞等）处的泄漏，主要由于关闭体是起关闭、开启作用的部件，而非起密封作用。

（3）本体泄漏，即密闭设备的主体（如容器、管道、阀门）产生的泄漏，常见原因是裂缝、腐蚀砂眼，甚至断裂等。

（二）泄漏的危害

随着国家经济建设的快速发展，化学物质在生产、经营、储存、运输和使用过程中发生的泄漏事故不断增多，给国家和人民群众生命财产以及生态环境都造成了极大的危害。化学物质一旦发生泄漏，所带来的危害巨大，主要表现在以下几个方面。

1. 波及范围广

泄漏介质波及的范围与泄漏处开口面积的大小、单位时间内泄漏的速率、泄漏持续时间、泄漏总量、泄漏介质的毒性与易燃易爆性能及气象条件等影响因素有关，同样条件下，液体介质的泄漏比固体介质泄漏波及的范围大，气体介质泄漏比液体介质泄漏波及的范围大，液化气体介质泄漏比气体介质泄漏波及的范围大，高毒性介质泄漏比低毒性介质泄漏波及的范围大。例如，重庆天原化工总厂"4·16"氯气泄漏中，有毒气体大量扩散，致使警戒范围扩大至半径1000m，现场救援人员组织15万居民进行疏散。

2. 伤害人员多

泄漏的有毒物质会通过污染空气、地面和水源等进行扩散，对接触的人员造成伤害。从现场逃离的人员，或经过现场的被污染车辆等也可能对他人造成伤害。因此，在化学物质泄漏事故现场可能会造成众多的人员伤亡。

3. 连锁危害严重

危险化学品的泄漏，仅仅是灾害事故的开始。有毒物质的泄漏随着时间的推移，波及范围不断扩大，泄漏量不断增加，会危害更多人员的生命安全；污染环境，影响生态和人民正常的生产生活秩序。可燃气体与液体的泄漏，会导致气体或液体蒸气与空气形成爆炸性混合物，遇火源会发生严重的燃烧爆炸灾害事故，造成更为惨重的人员伤亡和财产损失，其后果不堪设想。

4. 造成环境污染

介质的泄漏使生产环境恶化，造成环境污染。泄漏到环境中的物质一般难以回收，严重污染了空气、水源、植被以及土壤。更有甚者，造成境外污染，引发国际问题。

因此，化学物质泄漏不仅会引发灾害，威胁人民群众的生命安全，造成巨大的经济损失；还会破坏生态环境，影响社会稳定。既然化学物质泄漏会产生如此巨大的破坏力，如何及时制止泄漏，就显得非常重要，成功地堵漏能控制恶性泄漏事故的发生，最大限度地减少经济损失，避免更大的人员伤亡。

二、常用堵漏方法

堵漏是指在带压、带温或不停车的情况下，采用调整、堵塞等手段重建密封，终止泄漏的过程。要实现堵漏，重建密封，必须施加一个大于泄漏介质压力的外力，才能保证有效地切断泄漏通道。这个外力，可以是机械力、黏结力、热应力、气体压力等，传递外力至泄漏通道的机构可以是刚性体、弹性体或塑性流体等。因此，堵漏技术的机理是在大于泄漏介质压力的人为外力作用下，重建密封，切断泄漏通道，实现堵漏的目的。堵漏是一种综合性高、技术性强、危险性大的特殊密封技术，堵漏的途径方法有多种，目前主要有以下几种方法。

（一）调整堵漏法

这是采用调节密封件预紧力、调整零件间相对位置、改变操作条件、关闭阀门等手段消除泄漏的方法。

1. 紧固法

给正在泄漏的密封件施加一定的预紧力，以达到止漏的一种方法称为紧固法。这种方法适用于垫片、填料、机械密封等处的堵漏，也适用于球阀、旋塞等阀门的密封面处的堵漏。

2. 调位法

调整零件间的相对位置达到止漏的方法称为调位法。这种方法适用于法兰、机械密封等间隙和位置的调整。

3. 操作条件改变法

利用操作设备或系统来适当降低压力和温度，达到控制或减少泄漏目的的方法称为操作条件改变法。这种方法适用于非破坏性渗漏和正在进行堵漏的场合。

4. 关闭法

关闭法是针对关闭体不严，管道内物料泄漏的情况，关闭阀门即可堵漏。

（二）机械堵漏法

机械堵漏法是利用机械形式，使机械变形力强压密封层，构成新的密封层堵住泄漏的方法。机械堵漏法主要有卡箍堵漏法、塞楔堵漏法、顶压堵漏法、捆扎堵漏法、罩盖堵漏法、支撑堵漏法、压盖堵漏法、胀紧堵漏法、螺塞堵漏法等。这种方法适用于设备、容器、管道等泄漏部位的内、外堵漏。

1. 卡箍堵漏法

用卡箍将密封垫卡死在泄漏处从而达到止漏的方法，称为卡箍堵漏法。这种方法适用于管道和直径较小的设备的堵漏，如图5-6所示。

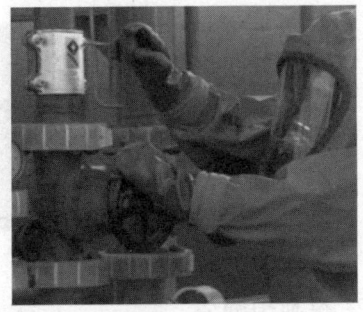

图 5-6　整卡式卡箍堵漏工具及堵漏操作

2. 塞楔堵漏法

用韧性大的金属、木材、塑料等材料制成的圆锥体楔或斜楔塞入泄漏的孔洞从而达到止漏的方法，称为塞楔堵漏法。这种方法适用于压力不高的泄漏部位的堵漏。塞楔堵漏工具如图 5-7 所示。

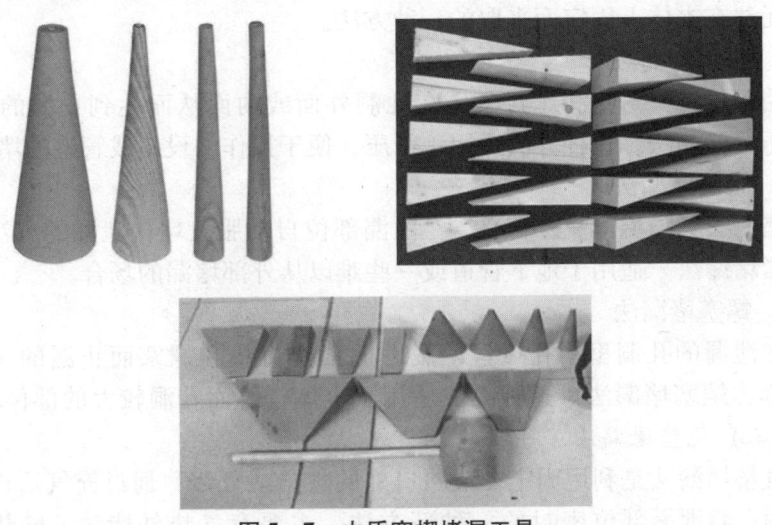

图 5-7　木质塞楔堵漏工具

3. 顶压堵漏法

在设备和管道上固定一螺杆直接或间接堵住设备和管道上的泄漏处的方法，称为顶压堵漏法。这种方法适用于中低压设备上沙眼、小洞等的堵漏。

4. 捆扎堵漏法

利用捆扎工具，将钢带紧紧地把设备或管道泄漏点上的密封垫或密封胶压实从而达到止漏的方法，称为捆扎堵漏法。捆扎堵漏工具如图 5-8 所示。

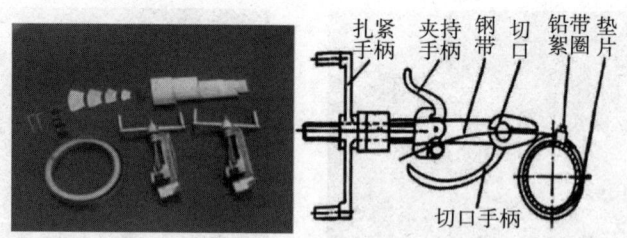

图 5-8 捆扎堵漏工具

5. 罩盖堵漏法

用金属或非金属罩盖将泄漏的部位罩住从而达到止漏的方法，称为罩盖堵漏法。这种方法适用于填料处或体积不大的本体泄漏。

6. 支撑堵漏法

在设备和容器外边设置支撑架，借助工具和密封垫堵住泄漏处的方法，称为支撑堵漏法。这种方法适用于较大的设备和容器本体的堵漏，是由于无法在本体上固定而采取的一种方法。

7. 压盖堵漏法

用螺栓将密封垫和压盖紧压在孔洞外面或内面从而达到止漏的方法，称为压盖堵漏法。这种方法适用于低压、便于操作的设备或管道的堵漏。

8. 胀紧堵漏法

堵漏工具随流体流入管道，在内漏部位自动胀大堵住泄漏的方法，称为胀紧堵漏法。适用于地下管道或一些难以从外部堵漏的场合。

9. 螺塞堵漏法

在泄漏的孔洞里钻孔攻丝，然后上紧密封垫和螺塞而止漏的一种方法，称为螺塞堵漏法。这种方法适用于本体较厚而孔洞较大的部位堵漏。

（三）气垫堵漏法

气垫堵漏法是利用固定在泄漏口处的气垫或气袋，通过充气后产生的膨胀力，将泄漏部位密封的一种新方法。主要有气垫外堵法、气垫内堵法、气垫包扎法和楔形气垫堵漏法。

1. 气垫外堵法

气垫用拉紧带固定紧贴在泄漏部位外部，利用向气垫内充气所产生的高压从而密封泄漏部位的方法，称为气垫外堵法。在气垫和泄漏体之间可以垫入密封垫。这种方法适用于低压的设备和容器本体泄漏的堵漏，外封式堵漏气垫如图 5-9 所示。

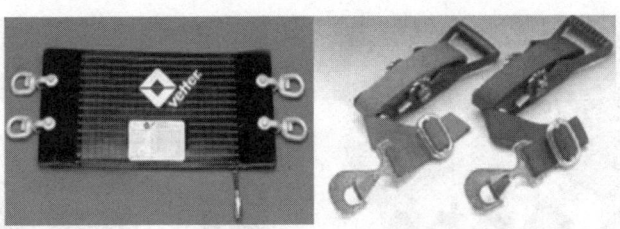

图 5-9　外封式堵漏气垫

2. 气垫内堵法

气垫塞在泄漏部位的内部，利用气垫充气后的膨胀力将泄漏部位从内部压紧而止漏的方法，称为气垫内堵法。这种气垫一般为圆柱形，适用于管道本体的堵漏，如图 5-10 所示。

图 5-10　常用内堵漏气垫

3. 气垫包扎法

对于直径较小的管道泄漏，将气垫包扎在管道的外部并充气而堵住泄漏的方法，称为气垫包扎法，如图 5-11 所示。

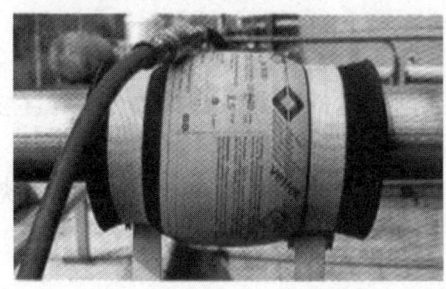

图 5-11　气垫捆扎堵漏

4. 楔形气垫堵漏法

将圆锥形或斜楔形气垫塞入泄漏孔内，并向气垫充气而止漏的方法，称为楔形气垫堵漏法，如图 5-12 所示。

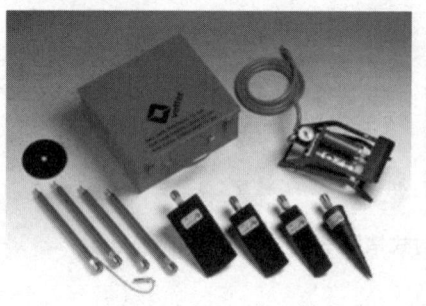 

图 5-12　楔形气垫堵漏

（四）胶堵密封法

胶堵密封法是利用密封剂在泄漏口处形成的密封层进行堵漏的方法，主要有内涂法、外涂法和强压注胶（剂）法。这种方法堵漏效果好，适用面广，可用于设备、容器、管道、法兰、阀门等的堵漏。

1. 内涂堵漏法

将密封机构放入管道内移动，能自动向泄漏处射出密封胶使之密封的方法，称为内涂堵漏法。这种方法较复杂，适用于地下、水下管道等难以从外部堵漏的部位。

2. 外涂堵漏法

用密封胶外涂在缝隙、孔洞处密封的方法，称为外涂堵漏法。适用于压力不高的场合或真空设备的堵漏。

3. 强压注胶堵漏法

强压注胶法是在泄漏处预先制作一个密封腔或利用部件自身的封闭腔，将密封剂强力注入密封腔体内，经固化后形成密封层而止漏的方法。该方法适用于难以堵漏的高压、高温、易燃易爆等部位的堵漏，注胶堵漏的工具如图 5-13 所示。

（五）焊补堵漏法

焊补堵漏法是利用焊接方法直接或间接地把泄漏口密封的方法，主要有直焊堵漏法、间焊堵漏法、焊包堵漏法和焊罩堵漏法。这种方法适用于焊接性能好，介质温度较高的设备、容器、管道及阀门等，不适用于易燃易爆的场合。

1. 直焊堵漏法

用焊条直接填焊在泄漏处而止漏的方法，称为直焊堵漏法。这种方法主要适用于渗漏量小的低压设备、容器、管道、阀门等的堵漏。

2. 间焊堵漏法

焊缝不直接参与堵漏，而只起固定压盖和密封件作用的一种方法，称

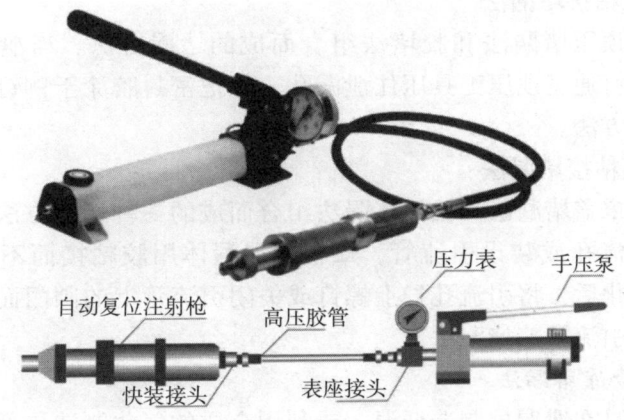

图 5–13　注胶堵漏工具

为间焊堵漏法。适用于压力较大、泄漏面广、器壁薄的部位的堵漏。

3. 焊包堵漏法

把泄漏处包焊在金属腔内，而达到止漏的方法，称为焊包堵漏法。这种方法适用于法兰、阀门、螺纹等部位的堵漏。

4. 焊罩堵漏法

用金属罩盖在泄漏部位，并把罩子焊接固定得以止漏的方法，称为焊罩堵漏法。这种方法适用于阀门填料处和较大缺陷的部位的堵漏。如果有必要，可在罩上设置引流装置。

（六）磁压堵漏法

利用磁铁的强大磁力，将泄漏处的密封垫或密封剂压紧而堵漏的方法，称为磁压堵漏法。这种方法适用于表面平坦、设备压力不高的砂眼、夹渣等部位的堵漏，其堵漏工具如图 5–14 所示。

图 5–14　SFGJ 系列强磁堵漏工具

（七）粘接堵漏法

1. 缠绕粘接堵漏法

用密封胶涂敷在泄漏部位和缠绕带上而止漏的方法。它适用于管道和直径不大的设备的堵漏。

2. 顶压粘接堵漏法

这是由顶压堵漏法和胶堵法组合而成的堵漏方法。当泄漏处为小孔时，将铝铆钉通过顶压工具压住泄漏孔，并把密封胶涂于铆钉的外面固化后而堵漏的方法。

3. 引流粘接堵漏法

这是由罩盖堵漏法和粘接堵漏法组合而成的一种堵漏方法。在罩盖的顶部开设引流孔或装设引流管，罩盖与泄漏体用胶粘接而不是用螺栓固定，待胶固化后，将引流孔拧上螺钉或关闭引流管上的阀门而终止泄漏的方法，称为引流粘接堵漏法。

（八）冷冻堵漏法

冷冻法是在泄漏处制造低温，或利用介质的气化制造局部低温，致使泄漏处内外的介质冻结成固体从而达到止漏的方法，称为冷冻堵漏法。这种方法适用于低压的设备、容器、管道或阀门等。

第三节　洗消技术

洗消技术是利用洗消器材装备，对污染对象采取消毒、消除沾染（去污）和灭菌的技术措施，所谓洗消就是对污染对象进行洗涤、消毒，去除、灭活，使毒物的污染程度降低或消除到可以接受的安全水平，是核生化事故处置的重要环节。洗消的目的是把化学毒剂、放射性物质和病原体从各种物体表面上除掉，或使之变成无害层面，以减少伤亡，保障生存，及时恢复队伍战斗力。核生化事故救援一般有四道防线：一是侦检，二是防护（个人与集体防护），三是洗消（消除放射性沾染、消毒、灭菌），四是医疗救治，简称"侦、防、消、救"。"侦"是前提，它能及时、准确地提供信息，提示目标；"防"有着时间的局限性，只能在一定的有效时间内起作用；"救"是中毒后的补救措施；而只有"消"才能及时有效地局部或全部（彻底）消除核生化污染。因此，洗消技术与装备自问世以来，就得到了各国的普遍重视。除事故染毒区需要地面洗消外，在其他区域一般不需要地面洗消。毒气云团过后，对地面建筑影响不大，但某些建筑物内、容器内和低洼地带滞留的残毒仍需进行排毒处理。此外，毒源周围的建筑物、生产生活设施尚需进行重点洗消。这类任务可由解放军防化部队防化洗消分队实施。对危险化学品泄漏事故和生化恐怖事件发生后出现的染毒区域，一般由公安消防部队组建的消防特勤防化专业洗消力量承担，在公安、交通、环卫和事故单位的配合下开设洗消站实施洗消作业；在染毒区域的交通干线出口处，必须设立人员、车辆监测洗消站，离开染毒区域的人员和车辆要进行毒物的监测洗消，以免将有毒有害的物质带往安全区而扩大染毒范围。

一、洗消在化学事故救援中的作用、原则和任务

随着化学工业的发展，在第一次世界大战和第二次世界大战中使用的军事毒剂，如氰化氢、光气、氯气等，目前已作为基本化工原料，在现代化学工业中被大量而广泛地应用。化学事故的处置紧紧围绕着化学毒物侦检监测，抢救中毒人员，组织污染区的人员防护或撤离，控制污染区，对毒物实施堵漏、输转，对染毒对象实施洗消处理等各项工作展开。由此可见，洗消作业是化学事故应急处置工作的重要组成部分。洗消是危险化学品泄漏事故处置的重要行动，是在灾害事故现场控制灾情发展、降低灾情危害的有效措施。它关系到泄漏事故的处置行动是否会前功尽弃，关系到危险化学品泄漏的处置任务能否圆满完成，关系到事故处置的染毒因素是否会留有后患。

（一）洗消在化学事故处置中的作用

化学事故中化学毒物的泄漏，不同于日常的跑、冒、滴、漏所造成的时间长、剂量小的环境污染。化学毒物的泄漏不仅可以使处置人员、器材装备染毒，而且能够造成空气、地面、土壤、农作物、建构筑物表面的严重污染；化学毒物如果渗入地下，流入江河、湖泊等水源，还会导致水域的严重污染。在危险化学品泄漏事故的处置现场，针对染毒的范围和程度，及时有效地组织洗消，是减少现场灾情危害、顺利完成灾害处置任务的重要环节。

1. 降低现场毒性

在危险化学品泄漏事故处置过程中或处置结束后，现场会有泄漏物泼洒于地面、滞留于低洼处，或黏附在建筑墙面及使用的装备器材上，及时地组织洗消，就能降低现场毒物的散发，或彻底消除现场有毒遗留物。警戒区内的人员（包括救援人员）的服装、使用装备在撤离警戒区以前要进行洗消，能有效防止二次污染。

2. 减少人员伤亡

灾害现场残留的有毒物质，特别是氯气、硫化氢和氰化氢等，如不及时予以彻底洗消清除，其毒气散发出来仍能威胁人员生命安全。因此有染毒物质的现场必须组织洗消，洗消能降低染毒人员的染毒程度，为染毒人员的医疗救治提供宝贵的时间，减少事故现场的人员伤亡。

3. 缩小警戒区域

如果泄漏的化学物质在事故现场得到及时控制，并对事故现场和泄漏

点周边环境及时进行洗消,就能缩小警戒区域,精简警戒人员,便于有关部门实施警戒,便于居民的防护和撤离。

4. 提高处置效率

洗消能提高事故现场的能见度,便于现场处置的组织指挥;洗消能降低事故现场的污染程度,降低处置人员的防护水平,简化化学事故的处置程序,提高事故现场的处置能力。

5. 消除燃爆隐患

具有燃烧、爆炸危险特性的化学物质发生泄漏后,在事故处置现场一旦遇到火源,就有发生燃烧、爆炸的危险,洗消能使具有火灾爆炸危险的化学物质失去燃爆性,消除事故现场发生燃烧或爆炸的威胁。

6. 保护生态环境

洗消能消除或降低毒物对环境的污染,最大限度地降低事故损失。危险化学品的泄漏,除了对人员生命构成威胁以外,生态环境受到的污染更为严重。特别是残留在灾害事故处置现场的化学毒物,仍将长期影响、危害生态环境。所以,洗消是生态环境保护的有效措施,洗消得越及时、越彻底,生态环境受到的污染就越轻,灾害事故造成的损失就越小。

(二)洗消的任务

应急队伍洗消的任务就是对确定的染毒对象,实施彻底的洗涤和消毒,以降低或消除其危害程度,避免二次污染的发生,最大限度地减少人员的伤亡。应急队伍在危险化学品泄漏现场洗消的主要任务是:人员的洗消、车辆装备的洗消和环境的洗消。

1. 人员的洗消

人员的洗消包括:染毒区作业人员的洗消,染毒群众的洗消,警戒区内警戒人员、记者、医务人员等工作人员的洗消。

2. 车辆装备的洗消

车辆装备的洗消包括:灾害现场投入处置行动的消防车辆及其器材装备;社会联动力量投入的处置装备,包括各种检测、输转、堵漏等设备、仪器;原来停留在警戒区域内的车辆,有染毒可能的应予全部洗消。

3. 环境的洗消

环境的洗消包括:染毒空气的洗消,染毒地面的洗消,染毒水域的洗消,染毒建(构)筑物的洗消和染毒树木、植被的洗消。

(三)实施洗消的原则

应急队伍对化学事故处置的洗消工作必须坚持"因地制宜,积极兼容,快速高效,专业洗消与指导群众自消相结合"的积极洗消原则。

1. 因地制宜

由于国家和地方政府对应急队伍在化学事故处置方面的专项投入有限，很多应急队伍还没有配备制式洗消器材，器材装备也十分有限。因此，应急队伍在开展洗消工作时，必须立足于现有的器材装备，并充分发挥它们的洗消优势，结合灾害现场的实际情况来完成洗消任务。

2. 积极兼容

对于大型化学事故的发生，应急队伍在组织实施洗消时，必须考虑到社会上现有的各种可用于洗消的器材装备，调动各种社会力量来弥补应急队伍洗消器材装备和技术的不足，以满足化学灾害事故现场应急洗消的需要。

3. 快速高效

化学事故的发生具有突发性强的特点，这就要求应急队伍平时要加强化学事故洗消工作的技战术训练，加强与社会协同力量的沟通与业务指导，化学事故一旦发生，应急队伍及时到达现场，实施快速高效的洗消，"呼之能来，来之能战"。

4. 专业洗消与指导群众自消相结合

目前应急队伍应急洗消的器材装备数量和技术水平还十分有限，应急队伍平时不仅要提高自身的洗消技术业务水平，做到人人能消，人人会消；同时，还要加大宣传力度，提高群众的自消水平。应急队伍在灾害事故现场不仅要有效地组织洗消，同时，指导警戒区内受染轻微的群众进行自己洗消，减缓现场洗消压力，做到染毒重的专业洗消，染毒轻的群众组织洗消，以满足化学事故现场对应急洗消的需要。

二、洗消的基本方法和洗消原理

化学事故应急洗消的基本方法按照洗消原理，可分为化学消毒法、燃烧消毒法和物理消毒法。化学消毒法又可分为中和消毒法、氧化还原消毒法、催化消毒法和络合消毒法。物理消毒法又分为吸附消毒法、通风消毒法、溶洗消毒法、机械转移消毒法、冲洗消毒法等。

（一）化学消毒法

化学消毒法是利用化学消毒剂与有毒化学物质发生化学反应，改变化学毒物的化学性质，使之成为无毒或低毒物质，从而达到消毒的目的。化学洗消是较为彻底的消毒方法，但化学消毒方法一般以水为溶剂，消毒剂与毒剂之间的反应受温度影响大，一般在低温下反应速度很慢，在寒冷季节必须加热以提高反应速度。使用化学消毒方法，一般需使用过量的消毒剂，并且洗消器材装备存在严重的腐蚀性问题，在后勤保障及经济性方面加重了负担。

1. 中和消毒法

中和消毒法是利用酸和碱发生中和反应的原理，来实施对酸或碱消毒的方法。

酸和碱都能强烈地腐蚀皮肤、设备，且具有较强的刺激性气味，吸入体内能引起呼吸道和肺部的伤害。如果有强酸大量泄漏，可用碱液，如氢氧化钠水溶液、碳酸钠水溶液、氨水、石灰水等实施洗消。如果大量碱性物质发生泄漏时，如氨的泄漏，可用酸性物质中和消毒，如醋酸的水溶液、稀硫酸、稀硝酸、稀盐酸等。氨水本身是一种刺激性物质，用作消毒剂时其浓度不宜超过10%，以免造成氨的伤害。无论是消毒酸还是消毒碱，使用时必须配制成稀的水溶液使用，以免引起新的酸碱伤害。强酸和强碱溶解于水时会放出大量的溶解热，因此配制水溶液时应将酸或碱慢慢地倒入水中，并不断搅动，使其散热；无论消毒酸，还是消毒碱，中和消毒完毕，还要用大量的水实施冲洗。

2. 氧化还原消毒法

氧化还原消毒法是利用氧化—还原反应原理，使化学毒物的毒性得到降低或消除的消毒方法。

氧化—还原反应的实质是反应物之间电子的得失，通过毒物电子的得失，使毒物中某些元素的价态发生变化，从而使毒物的毒性得到降低或消除。例如，硫醇、硫化氢、磷化氢、硫磷农药、含硫磷的某些军事毒剂等低价硫磷化合物，可用氧化剂，如漂白粉、三合二等强氧化剂，迅速将其氧化成高价态的无毒化合物。

3. 催化消毒法

催化消毒法是利用催化原理在催化剂的作用下，使有毒化学物质加速生成无毒物的化学消毒方法。

催化反应的实质是催化剂的加入改变了化学反应的途径，降低了化学反应的活化能，使化学反应加速进行，而催化剂本身的化学性质和数量在反应前后并没有发生变化。一些有机硫磷农药、军事毒剂等都具有毒性大、毒效长的特点，但其水解的最终产物却没有毒性。在常温、低浓度下它们需要数天的时间才能彻底水解，不能满足化学事故现场消毒的要求。但在常温的碱水或碱醇溶液中，即使在高浓度下它们也可在几分钟之内水解完毕，这不是酸碱中和反应，而是碱催化反应。此外，催化消毒法还有催化氧化消毒法、催化光化消毒法等。催化消毒法只需将少量的催化剂溶入水中即可，是一种经济高效，很有发展前途的化学消毒方法。

4. 络合消毒法

络合消毒法是利用络合剂与有毒化学物质快速络合，生成无毒的络合物，使原有的毒物失去毒性。络合消毒法使用的络合剂又可分为有机络合剂和无机络合剂。

（二）燃烧消毒法

燃烧消毒法是通过燃烧来破坏有毒化学物质，使其毒性降低或失去毒性的消毒方法。对价值不大的物品实施消毒时可采用燃烧消毒法，但燃烧消毒法是一种不彻底的消毒方法，燃烧可能会使有毒化学物质挥发，造成邻近或下风方向空气污染，故使用燃烧消毒法时洗消人员应采取相应的防护措施。

（三）物理消毒法

物理法洗消是指在洗消过程中不破坏毒剂的分子结构，只是通过溶洗、吸附、蒸发和渗透等措施将毒剂从染毒对象上清除掉。用物理消毒法实施洗消，俗称"搬家"。物理消毒法的实质是毒物的转移或稀释，毒物的化学性质和数量在消毒处理前后并没有发生变化。该法是消除放射性污染的常规方法，对化学毒剂的消毒既简单又有效。该方法的突出特点是通用性好，与毒剂的化学性质关系很小。常用的物理消毒方法有吸附消毒法、通风消毒法、溶洗消毒法、机械转移消毒法、冲洗消毒法等。

1. 吸附消毒法

吸附消毒法是利用具有较强吸附能力的物质来吸附化学毒物，如吸附垫、活性白土、硅胶、活性炭等，都是装备的军用吸附消毒剂。吸附消毒法是将吸附剂布洒在染毒表面，将毒剂转移到吸附剂中，从而达到消毒目的。吸附消毒法的优点是操作简单，吸附剂没有刺激性和腐蚀性，对各种液体毒剂吸附剂没有选择性，来源广泛，适用于人员的自消。其缺点是消毒效率较低，只适于液体毒物的局部消毒，同时吸附剂不能破坏毒剂，用过的吸附剂为染毒物质，必须做进一步消毒处理。

2. 通风消毒法

通风消毒法是采用通风的方法，使局部区域内的有毒气体或有毒蒸汽浓度得到降低的消毒方法。通风消毒法一般适用于局部空间区域的消毒，如车间内、库房内、污水井内、下水道内等。根据局部空间区域内有毒气体或蒸汽浓度的高低，可采用自然通风或强制通风的消毒措施。采用强制通风消毒时，局部空间区域内排出的有毒气体或蒸汽不得重新进入局部空间区域。若采用机械排毒通风的办法实施消毒，应根据有毒气体或有毒蒸汽的比重与空气比重的大小，来确定排毒口的具体位置。采用机械通风排毒时，若排出的毒物具有燃爆性，排毒设备必须防爆。

3. 溶洗消毒法

溶洗消毒法是指用棉花、纱布等浸以汽油、酒精、煤油等溶剂，将染毒物表面的毒物溶解擦洗掉。此种消毒方法消耗溶剂较多，消毒不彻底，多用于精密仪器和电子设备的消毒。

4. 机械转移消毒法

机械转移消毒法是采用除去或覆盖染毒层的办法，将染毒物密封移走或密封掩埋，使事故现场的毒物浓度得以降低。例如，用推土机铲除并移走染毒的土层或雪层，用沙土、水泥粉、炉渣等对染毒地面实施覆盖等。这种方法虽然不能破坏毒物的毒性，但在化学事故处置现场，至少可在一段时间内使处置人员的防护水平得以降低。机械转移法是最常用的消除放射性污染的洗消方法，而且对于消毒胶黏毒剂，首先进行剥离铲除是非常必要的先行工作。机械转移洗消法不仅可人工进行，也可使用工程机械进行。但需要充足的时间、人力和设备，只适合在没有或缺少洗消装备的情况下作为辅助方法使用。

5. 冲洗消毒法

冲洗消毒法是用水冲洗染毒物的表面，使毒物与物体表面脱离，并随水一起被清除，从而达到消毒的目的。在采用冲洗消毒法实施消毒时，若在水中加入某些洗涤剂，如洗衣粉、肥皂、洗涤液、表面活性剂之类的物质，冲洗效果更好。冲洗消毒法的优点是操作简单，腐蚀性小，冲洗剂价廉易得。其缺点是耗水量大，处理不当会使毒剂扩散和渗透，扩大染毒区域的范围。

三、洗消工作的实施

(一) 应急队伍的洗消方式

根据应急队伍目前配备的器材和化学事故处置的需要，应急队伍通常采用的洗消作业方式大体可分为固定洗消和机动洗消两种形式。

1. 固定洗消

固定洗消是指开设固定洗消站，使污染对象前来实施消毒的消毒方式。这类洗消方式不够主动，但适于在消毒对象数量多、消毒任务繁重时使用。洗消站一般由人员洗消场和器材装备洗消场两大部分组成，并根据地形条件及洗消站可占用的面积，划定污染区和洁净区，污染区应位于下风方向。固定洗消站的位置一般应设在便于污染对象到达的非污染地点，并尽可能靠近水源，洗消场地可在应急准备阶段构筑完成。洗消站可按任务量及洗消对象的情况，全面启动或部分启动。洗消站应在被污染对象进入处设置检查点，确定前来的对象有无洗消的必要或指出洗消的重点部位。由洗消站派出的作业人员在被污染对象的集合点清点其数量，并会同运送被污染对象的负责人，将被污染的人员分成若干组，或将被污染的器材装备分成若干批，根据洗消站的容量和作业能力，确定每次进入洗消站的数量，使消毒去污工作有秩序地进行。

2. 机动洗消

机动洗消是指利用移动洗消设备对染毒对象实施洗涤、消毒的方法。一般对化学事故现场周围的染毒地面、染毒道路、染毒水源、染毒建构筑物、染毒空气实施消毒都采用移动洗消方法。对在事故严重污染区完成抢险任务而严重被污染的人员、器材装备，需要及时进行消毒，如果前往固定洗消站，就会耽误时机，造成较严重的伤亡后果。因此，洗消专业组织应派出洗消设备和作业人员，随同抢险人员行动。

（二）应急队伍洗消行动的实施

1. 染毒人员的洗消

（1）展开防化洗消车。洗消车驶抵事故现场后，必须依据当时的气候状况，根据地形、地势，选择合理的停车位置，该位置应位于危险区域与安全区域的连接地带。展开防化洗消车包括打开车体卷帘门，启动车载发电机组，设置警戒标志，划分洗消区域，铺设供电、供水管线，操作液压折叠升降平台将车载设备移至地面，设置洗消帐篷，连接供水泵、均混器、洗消水加热器、污水回收泵，铺设水带，向帐篷充气等。

（2）架设洗消流水线。染毒人员洗消流水线由 $15m^2$ 帐篷、$60m^2$ 帐篷、电动充气泵、1000L 水袋、3000L 水袋、4000L 水袋、供水泵、15L 均混罐、热水加热器、污水泵、污水袋、喷头、淋浴间、空气加热送风机及更衣间等组成。

人员的洗消是在一个充气帐篷中进行的，可两个帐篷连接使用，也可独立使用。

帐篷内装有喷淋器。用三根蓝色软管为喷淋头供应洗消热水，在喷头下方的地面上有六个聚酯喷淋槽。三根相同的排水管与喷淋槽连接在一起，排水管可穿过帐篷的篷布连接到外面排污泵，排污泵将污水送至污水袋。

供水系统由供水泵、比例混合器、均混罐、热水加热器、管线等组成。均混罐用于注入洗消液。热水加热器放在靠近洗消帐篷的地方，供水管与加热器相连接，并连接至帐篷内的喷淋头。

污水排放系统由排污泵、污水袋、排水管等组成。在排水槽的出口与泵的入口之间连接排水管，在泵的出口处与污水袋之间连接排水管，用过的污水由排污泵排至污水袋内。

一条洗消流水线需要的服务人员是 30 人；一条洗消流水线的洗消量是

20人/h；伤员的洗消量是8人/h。

洗消站投入使用前，首先广播洗消注意事项，开启洗消流水线向喷淋间供水；对受污染的人员进行洗消前的检测，要组织人员更衣、喷淋、检测、更衣。伤员洗消完毕后，更换病号服，转送医院。

在洗消工作完成以后，关闭洗消流水线，收集、整理清洁水流管道及不受污染的设备，擦拭干净装车；对污水的管线、设备以及洗消帐篷进行集中洗消，检测合格擦拭干净装车，洗消污水转送化工厂处理，所有设备装车完毕以后，对防化洗消车辆进行洗消，撤离现场。

(3) 对染毒人员的洗消。皮肤的洗消。对皮肤的洗消，可按吸、消、洗的顺序实施。首先用纱布、棉花或纸片等将明显的毒剂液滴轻轻吸掉，然后用细纱布浸渍皮肤消毒液，对染毒部位由外向里进行擦拭，重复消毒2~3次；数分钟后，用纱布或毛巾等浸上干净的温水，将皮肤消毒部位擦净。人员皮肤局部染毒后，也可立即拍撒消毒粉，停留1~3min后，用泡沫塑料擦拭并除去，需要重复3次。

眼睛和面部的洗消。眼睛和面部的消毒要深呼吸，憋住气，脱掉面具，立即用水冲洗眼睛。冲洗时，应闭嘴，防止液体流入嘴内。对面部和面罩洗消，可将皮肤消毒液浸在纱布上，进行擦拭消毒，然后用干净的温水冲洗干净。

伤口的洗消。伤口染毒时，必须立即用纱布将伤口内的毒剂液滴吸掉。肢体部位负伤，应在其上端扎上止血带或其他代用品，用皮肤消毒液加数倍水或用大量清水反复冲洗伤口，然后包扎。

人员的洗消需要大量的洁净热水，有条件的单位可通过洗消装置，或喷洗装置对人员进行喷淋冲洗。对人员洗消的场所必须密闭，同时要保障大量的热水供应。染毒人员洗消完毕经检测合格后，方可离开洗消站。否则，染毒人员需要重新洗消、检测，直到检测合格。

对人员实施洗消时，应依照伤员、妇幼、老年、青壮年的顺序安排洗消。参战人员在脱去防护服装之前，必须进行彻底洗消，经检测合格后方可脱去防护服装。

2. 服装及装具的洗消

服装、装具然后，应及时进行洗消。一是采用人员消毒包或其他方法进行紧急局部消毒，关键要将服装上的毒剂液滴清除；二是对服装、装具进行全部消毒，可采取以下几种方法洗消。

(1) 自然消毒。利用自然条件（如风吹、雨淋、日晒等）使毒剂解吸附、挥发和分解的消毒方法。污染服装需晾晒于空旷、通风、远离人群处，或在人群集中区域的下风方向，必须将毒区边界加以明显标志，禁止人、畜进入。适合于被易挥发有毒气体污染的透气式防毒服的消毒，无须专门装备，简便、易行，但对空气有污染。

（2）消毒粉消毒。生产原料为膨润土，主要成分是蒙脱土。消毒粉为白色粉末，不溶于水和有机溶剂，无腐蚀性。它具有多孔结构，具有良好的吸附性，可吸附各种液态毒剂，吸附机理主要是物理吸附，化学吸附量较少。消毒粉吸附液态毒剂的能力是相当可观的，其吸附能力可达到 100～150mg/g。

人员服装局部染毒后，消毒人员应全身防护，迅速将消毒粉均匀拍撒在染毒部位上，停留 1～3min 后，揉擦数十次，拍打干净，然后再重复两次上述消毒过程，消毒粉用量为 $1g/10cm^2$。消毒时，人员应全身防护，应站在上风方向，并经常变换位置，以免造成重新染毒。

（3）药剂/水淋消毒。适合于隔绝式防护器材。通过淋浴或喷枪将药剂分散在防护服表面，保持一定时间后，用清水冲洗。根据污染类型可选择适合的洗消剂，需专门的洗消装备，会产生洗消废水。

（4）高温煮沸消毒。将染毒的服装、装具放在沸水中煮，使毒剂发生水解的消毒方法。通常在水中加入 2% 碳酸钠，用于中和酸性和破坏毒性，加速水解。可用专门的洗消装备或其他容器（如盆、桶）与热水等组合进行消毒。合成纤维、毛皮、皮革、活性炭布等不适合煮沸消毒。

（5）蒸气熏蒸消毒。适合于易分解、易反应的毒剂污染物和各种服装消毒。在密闭空间，采用湿热蒸气、反应型气雾剂等对受污染装具进行熏蒸消毒，根据洗消对象选择温度和洗消剂。

（6）热空气消毒法。利用热空气的热效应使沾染在服装、装具上的毒剂蒸发的消毒方法。消毒时，将染毒的服装、装具悬挂在密闭的消毒室内，向室内通入热空气，使吸附的毒剂受热蒸发。消毒室每隔 0.5～3min 换气一次，排出蒸发的毒气。房间、地坑、帐篷等均可作为消毒室。

3. 精密敏感设备洗消

精密敏感设备主要指电子、光学、音像、通信、数字化设备等。此类设备价值昂贵，内部可能存在极为重要的文件信息，设备染毒后不能使用有腐蚀性的消毒剂及水进行洗消处理。

对忌水性的精密仪器设备，可用药棉蘸取洗消剂反复擦拭，经检测合格，方可离开洗消场；或采用非水反应型气雾剂消毒技术、热空气流吹扫技术、真空负压热空气组合技术实施洗消。

4. 器材装备的洗消

由于不同的器材装备使用的材质不同，因此其染毒程度和洗消方法也有差异。对金属、玻璃等坚硬的材料，毒物不易渗入，只需表面洗消即可；对木质、橡胶、皮革等松软的材料，毒剂容易渗透，需要多次进行洗消。在洗消时，应根据不同的材料，确定消毒液的用量和消毒次数。

对器材装备的局部，若进行擦拭消毒，应按自上而下，由前至后，自外向里，分段逐面的顺序，先吸去明显毒剂液滴，然后用消毒液擦拭 2~3 次，对人员经常接触的部位及缝隙、沟槽和油垢较多的部位，应用铁丝或细木棍等缠上棉花或布，蘸消毒液擦拭。消毒 10~15min 后，用清水冲洗干净，并擦干上油保养。

对染毒器材若采用喷洗或高压冲洗的办法实施洗消，其洗消顺序一般为：(1) 集中染毒器材实施洗消液的外部喷淋或高压冲洗；(2) 用洗消液对染毒器材的内部冲洗；(3) 将染毒器材可拆卸的部件拆开，并集中用洗消液喷淋或冲洗；(4) 用洁净水冲洗后，检测合格；(5) 擦拭干净上油保养，并驶离洗消场。经检测不合格的器材，应重新洗消。

对染毒车辆的洗消应使用高压清洗机、高压水枪等射水器材，实施自上而下的洗消。特别对车辆的隐蔽部位、轮胎等难以洗涤的部位，要用高压水流彻底消毒。各部位经检测合格，上油保养后，方可驶离现场。

5. 化学事故发生区及染毒区的洗消

(1) 化学事故发生区及染毒区的洗消实施方法。对化学发生区及染毒区的洗消作业包括对泄漏对象、道路、地面、树木、建构筑物表面和水源附近设施的消毒处理。对化学事故发生区的消毒作业必须周密组织，因为这项作业实施起来危险性较大，情况复杂，具有较高的难度。对液体泄漏毒物必须在毒物泄漏得到控制后，才可开始实施洗消。如果染毒面积较小，有可能全面消毒时，可以根据消毒面积的大小，统一指挥，集中可使用的洗消车辆，将消毒区划分成若干条和块，一次或多次反复作业。应该注意，对事故发生区进行洗消，不宜集中过多的车辆，应该采用轮番作业的方法。为了保障抢修、抢险工作的顺利实施，经常采用在事故发生区开辟消毒通道的方法。此时，只需 1~2 辆消防车即可完成任务。如果需要进行地面消毒的范围很小，不必使用洗消车辆，应由洗消专业组织派出洗消作业人员携带轻便洗消器材进行作业。对建构筑物表面和水源附近设施表面的洗消作业，应充分发挥高压水枪、高压清洗泵的作用。不论对何种染毒对象实施洗消，都必须达到消毒标准，因为喷洒一次消毒剂，并不一定能彻底消除危害。

(2) 可用于化学事故发生区及污染区的洗消装备器材。根据化学毒物的性质选定了消毒药剂后，洗消人员还需要用一定的装备器材将消毒剂释放到染毒区域。应急队伍在实施洗消时除充分发挥以配备的化学洗消车的作用外，还应考虑能够进行洗消应援的相关单位和相关器材，以解决化学事故现场洗消器材的不足。这些器材因所需消毒范围大小的不同，所用消毒剂量多少的差异，可选用各种形式的器材，大到洒水车，小到喷雾器都可选用。

化学突发事故应急中可以用作洗消车辆的除防化兵的专用洗消车、特勤消防部队装备的防化洗消车外，公安消防部队的消防车是难得的应急洗消器材。消防车主要用于灭火，但需要时，可用来喷洒消毒液实施洗消。

水罐消防车是消防部队最常用的一种消防车，近几年水罐消防车得到了较大的发展，出现了中低压泵水罐消防车、高低压泵水罐消防车，这些都是难得的洗消车辆。使用水罐消防车实施洗消时，尽可能选用罐内涂有聚酯层的中低压泵或高低压泵水罐消防车，以减轻洗消液对罐体的腐蚀，满足不同洗消对象的洗消要求，提高洗消效率。用泡沫消防车实施洗消时，可用泡沫液罐盛放浓度较高的消毒液，经比例混合器与水混合后，通过水枪或水炮喷向染毒区域或特定的染毒对象。干粉消防车，是采用化学消毒粉剂对化学事故发生区或污染区实施消毒的较理想装备。

此外，还有二氧化碳消防车、排烟消防车、高喷消防车、消防艇等，根据事故现场的具体情况都可用作消毒车辆。值得注意的是我国已研制出遥控消防车，它由消防车、自动行走喷射炮、遥控操纵器等部分组成。能自动监视、自动行进、自动探测、电视摄像、警报装置以及人工遥控。这是化学事故应急处置装备开发的奋斗方向。

环卫部门的洒水车是大中型城市用来对道路洒水的车辆，实施化学救援时在其水罐内加入消毒剂，就可直接对地面实施洗消。绿化部门还有一种对马路两旁的高大树木洒水或喷射杀虫药剂的车辆，配有小型水炮，能将水喷到一定高度。这种车辆在实施洗消时，可对染毒树木、染毒建构筑物、染毒的高位设备实施消毒。农用喷雾器、喷粉器是植物杀虫灭菌的防护器材，必要时它们可用作对地面和植物实施消毒的小型洗消器材。

第四节 典型危险化学品罐车事故应急处置

本节在第二章 LPG、LNG、CNG 三类罐车结构知识的基础上，对常见的事故类型及事故特点进行了归纳总结，阐述了不同类型罐车的防控理念，总结了不同类型罐车事故应急救援的措施和注意事项。

一、事故特点

（一）事故类型

LPG、LNG、CNG 道路运输罐车的事故，按事故发生形式可分为未泄漏、泄漏、泄漏燃烧爆炸三类。

1. 未泄漏事故

指罐车受损未泄漏和倾翻受损未泄漏两种事故类型。由于罐体受到损伤，其耐压性能降低，任何偶然因素都可能造成罐体超过设计压力，造成大规模的瞬间泄漏。倾翻未泄漏事故如图5-15（a）所示。

2. 泄漏事故

指罐车因撞击、擦碰等受损泄漏和因倾翻、坠落等受损泄漏两种事故类型。由于事故罐体发生泄漏，罐内介质会与空气形成爆炸蒸气云等。泄漏事故如图5-15（b）所示。

3. 泄漏燃烧爆炸事故

指罐车受损、倾翻导致泄漏燃烧、爆炸的事故。常见情况包括：一是由于轮胎起火引发操作箱阀门失效发生泄漏，物料在热辐射的影响下发生燃烧；二是罐体由于受热易发生热失效，沸腾液体迅速蒸发扩散发生蒸气云爆炸，产生火球。发生爆炸时，由于泄漏物动量并未完全损失，因此风力对爆炸影响较小，爆炸的破坏范围主要与载液量有关，通过冲击波和火球对周边人员、建筑造成伤害与破坏。泄漏燃烧爆炸事故如图5-15（c）所示。

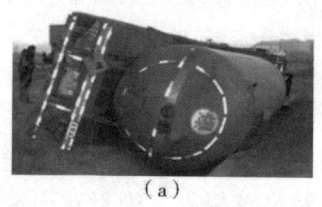
（a）

（b）

（c）

图5-15 事故类型

（二）事故特点

LPG、LNG、CNG罐车作为石化行业的下游运输工具，其事故具有以下特点。

1. 具有高发性

LPG、LNG、CNG罐车的基数庞大，且随着新能源LNG的发展，其数量还在增加，导致此类事故具有高发性。随着我国公路网建设的日趋完善，此类事故的处置是每一个基层消防中队都要面临的问题。

2. 兼具交通事故和危化品事故的特点

LPG、LNG、CNG罐车的道路交通事故既是一种特殊的交通事故，也是一种特殊的危化品事故，兼具两者的特点，即具有警戒难、供水难、现场易燃易爆等特点。

3. 情况复杂

LPG、LNG、CNG 罐车的道路交通事故，有可能是擦碰、追尾、侧翻、翻滚、轮胎起火等复杂原因造成的罐车泄漏、着火和爆炸，同时，涉及低温，以及低压、中压、高压三种移动压力容器的事故处置，且每一种罐车结构、阀门管路又有所不同，要根据现场的情况进行综合研判，对事故处置的技战术和实践经验要求较高。

二、防控理念

LPG、LNG、CNG 罐车属于移动压力容器，常温下物料泄漏后迅速气化，遇点火源易发生爆炸燃烧，若处置不当，突破罐车安全设计底线会导致灾情扩大，造成不可预知的后果。这三类罐车事故的防控理念为：尽量保证罐体的压力设计底线，防止因超压造成罐体破坏突然发生大规模泄漏引发物理或化学爆炸。

道路交通事故情况复杂，现场无定式无特别规律可循，在处置时要特别注意做好以下三方面的工作。

一是高度重视警戒工作。道路交通事故车辆来往通行，地势复杂，物料泄漏量、泄漏范围难以估算，做好警戒工作能有效杜绝点火源，有利于处置的顺利进行。

二是防止爆炸。这三类罐车发生事故时，罐体有可能遭到破坏，一旦泄漏，运输介质将迅速气化，并随风向在低洼处聚集，处置要采取正确措施抑制爆炸。

三是采取正确的技战术措施。要根据现场情况，综合研判采取堵漏、倒罐、放空、引流控烧等正确技战术措施，切忌盲目行动。

三、LPG、LNG、CNG 罐车事故应急救援措施及注意事项

针对 LPG、LNG、CNG 罐车的特点，重点阐述了 9 种 LPG 罐车事故的应急救援措施、7 种 LNG 罐车事故应急救援措施和 2 种 CNG 罐车的应急救援措施。

（一）LPG 罐车事故应急救援措施

LPG 罐车发生事故，在完成好灾情侦察、现场警戒、安全防护、人员搜救等工作外，应结合 LPG 罐车事故类型和特点，根据现场情况进行综合研判，灵活机动采取冷却降温、稀释抑爆、放空排险、关阀断料、堵漏封口、倒罐输转、引流控烧、吊装转运、安全监护等技战术措施，彻底消除险情。

1. 冷却降温

冷却降温指当 LPG 罐车罐体受损、泄漏或着火时，利用雾状水对罐体冷却降温，以达到降低罐体内压、防止罐体破裂目的的一种处置措施。冷却降温应注意以下两点。

（1）应均匀冷却罐体，不留空白，防止罐内温升与压力变化导致气相部分膨胀，液相部分出现冷缩，罐体受力不均出现裂缝。

（2）对于满液位倾翻状态的罐车，不能对安全阀部位射水，防止液态石油气泄漏过程气化吸热，喷射水流冻结安全阀引起罐内压力剧升。

冷却降温如图 5-16 所示。

图 5-16　冷却降温

2. 稀释抑爆

稀释抑爆指当 LPG 罐车发生泄漏时，利用喷雾水枪、水幕水枪、移动式自摆消防水炮喷射雾状水对泄漏的液化石油气进行不间断稀释，降低现场可燃气体浓度，以达到抑制爆炸的目的。

稀释抑爆注意事项：

（1）由于直流水与罐壁碰撞时会产生静电，因此，在稀释抑爆时，禁止喷射直流水。

（2）当液化石油气从管口、喷嘴或破损处高速喷出时易产生静电，因此，在稀释抑爆的过程中，应及时将罐体尾部及阀门箱内的接地线接入大地。

稀释抑爆如图 5-17 所示。

图 5-17　稀释抑爆

3. 放空排险

当液化石油气罐车罐体泄漏无法处理必须实施放空排险时，应在冷却罐体的同时，使用喷雾水稀释泄漏的液化石油气，等待罐内液体自然泄完。放空排险现场警戒区划分如图 5-18 所示。

 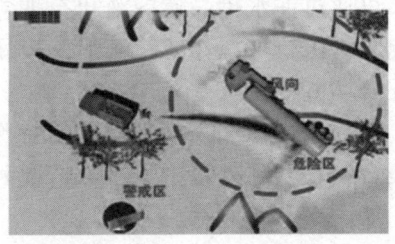

图 5-18　放空排险

放控排险注意事项：采取放空排险措施前，应根据地理环境、风向确定危险区范围。划定警戒区后应严格管控火源，气相排放时要控制好排放流速，下风向应设水幕水枪稀释。待排放完毕，经检测具备安全条件后，方可起吊转运。

4. 关阀断料

关阀断料是指当液化石油气罐车发生撞击、碰擦、倾翻等意外事故，导致阀门箱内充气液相阀门或管路破裂泄漏时，通过关闭紧急切断阀制止泄漏的应急措施。若液压式紧急切断阀无法正常关闭，处置人员需在水枪组的掩护下，携带无火花工具，通过破拆管路或构件的方法应急泄压达到关闭紧急切断阀的目的。可选择的破拆部位有两处：一是液压油管路；二是油管路上的易熔塞。关阀断料如图 5-19 所示。

 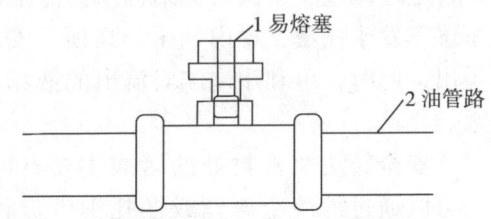

图 5-19　关阀断料

5. 堵漏封口

堵漏封口是指有针对性地使用各种堵漏器具和方法实施封堵漏口，是制止泄漏的常见措施，事故状态下易发生泄漏的部位主要有：罐车本体、安全阀、气（液）相装卸阀门、其他安全附件等。

（1）罐车本体堵漏。罐车本体的泄漏主要发生在两个部位，即筒体和封头。

①筒体部位易出现小孔或裂缝，可利用堵漏枪工具进行堵漏；若漏口压力较小，可利用木楔堵漏；若漏口压力较大且不规则，可利用外封式堵漏袋或者强磁堵漏工具进行堵漏；若泄漏发生在罐体下半部，堵漏不易实施，可通过注水抬高罐内液化石油气液位，使罐底形成水垫层并从破裂口流出，再进行堵漏作业；若泄漏口压力过大，也可采取边倒液边注水的方法配合堵漏。

②封头部位因为其半球形的特殊结构，现有的很多堵漏工具都难以与之契合，在实际处置中大多数情况利用软体强磁堵漏工具或堵漏枪进行堵漏。如图5-20所示。

图 5-20 封头堵漏

（2）安全阀堵漏。安全阀堵漏主要有安全阀异常开启堵漏、安全阀法兰密封堵漏、安全阀整体断裂堵漏三种情况。

①安全阀异常开启的堵漏主要有两种情况：一种是安全阀内置弹簧疲劳或发生折断，使阀瓣始终处于被顶起的状态，导致发生气相泄漏，此时，可通过调整安全阀机械结构来消除泄漏；另一种是满液位液化石油气汽车罐车发生倾覆，罐内气压升高顶开安全阀泄压，满液位液相部分从阀口溢出，此时，可利用泡沫对流出的液相部分进行覆盖，但不能向安全阀喷水。

②安全阀法兰密封处的堵漏主要有两种情况：一是当泄漏压力较低时，可以通过缠绕金属丝或捆扎钢带进行注胶堵漏；二是若泄漏压力较大，可以根据安全阀座法兰同罐体连接法兰的间隙大小选择合适的法兰夹具，通过对夹具位置形成的密闭空腔注胶来实现堵漏。

③安全阀整体断裂的堵漏：罐车安全阀略微突起于罐体顶部，液化石油气罐车通过桥涵、限高架时，安全阀很容易因机械碰撞而发生整体断裂。堵漏方法主要有三种：一是利用外封式堵漏袋和棉被进行捆绑堵漏；二是利用强磁堵漏工具进行罩盖堵漏；三是现场制作堵漏夹具进行堵漏。

安全阀堵漏如图 5-21 所示。

图 5-21　安全阀堵漏

（3）气（液）相装卸阀门的堵漏。若阀门连接法兰处发生泄漏，处置人员可以通过缠绕金属丝或捆扎钢带进行注胶堵漏；若阀门内填料发生泄漏，处置人员可以开孔注胶进行堵漏；若阀门法兰连接处的球体发生泄漏，可根据漏口形状的不同采取木楔或堵漏枪进行堵漏。如图 5-22 所示。

（4）其他安全附件堵漏。①液位计堵漏时，多采用嵌入式木楔堵漏。②温度计堵漏时，由于其连接法兰过小，宜用缠绕金属丝或捆绑胶带注胶法进行堵漏。③压力表的堵漏。当压力表或其外部连接管路被撞断时，只要针型阀没有遭到破坏，处置人员就可通过关闭针型阀来制止泄漏。若针型阀连同压力表一齐被撞断，可拆下断裂接管，利用法兰盲板堵漏。

其他安全附件堵漏如图 5-23 所示。

图 5-22　气（液）相装卸阀门堵漏　　图 5-23　其他安全附件堵漏

6. 倒罐输转

倒罐输转是通过自然压差或利用输转设备将液化石油气液态组分通过管线从事故罐体中倒入安全罐内的操作过程。现场倒罐输转见图 5-24。

倒罐输转适用于两种情况：一是罐车罐体受损未泄漏或泄漏被封堵，由于载重大不宜直接起吊，需通过倒罐导出一部分液体；二是罐车罐体泄漏无法完全封堵或发生小量泄漏不能止漏，可通过倒罐输转的方法控制泄漏量以配合其他处置措施的实施。

图 5-24 倒罐输转

倒罐输转注意事项：

（1）倒罐方案必须经过专家咨询组的反复论证，在安全的操作环境下组织实施；

（2）实施过程中要有专家在场，以应对突然出现的技术性难题；

（3）倒罐过程中，要在罐体周围及下风方向布置喷雾水枪及移动式自摆消防水炮喷雾射流，以应对突发情况；

（4）使用压缩气体加压法倒罐时，若罐车发生倾翻，罐内气相管被液相液化石油气淹没，要将事故罐气相阀门与转移空罐液相阀相连、液相阀与转移空罐气相阀相连来进行倒罐；

（5）使用烃泵加压法倒罐和压缩机加压法倒罐时，要使用防爆设备；

（6）使用压缩气体加压法和压缩机加压法倒罐时，需确定事故罐的漏口已完全被封堵，不会因为罐内压力的升高而再次破裂泄漏；

（7）根据罐车事故所处状态，决定事故罐车与空罐车的气、液相连接管口。

7. 引流控烧

引流控烧是通过主动点燃、控制燃烧的方式消除现场危险因素的一种处置措施，如图 5-25 所示。

引流控烧主要适用于当液化石油气罐车发生泄漏，经初步处置泄漏量已经减小，或者液化石油气事故罐车未发生泄漏，又不具备介质倒罐、吊装转运条件的情况，可以通过阀门接出引流管至安全区域排放点燃，以消耗事故罐内液化石油气组分，达到排险的目的。

图 5-25　引流控烧

引流控烧注意事项：如现场气体扩散已达到一定范围，点燃很可能造成爆燃或爆炸，产生巨大冲击波，危及救援力量及周围群众安全，造成难以预料后果的，不能采取引流控烧措施。

8. 吊装转运

吊装转运是将液化石油气事故罐车或罐体起吊后，利用平板车拖运或牵引车牵引将事故罐车安全转移的一种处置措施。现场吊装转运如图 5-26 所示。

吊装转运主要适用：一是罐车虽受损或倾翻，罐体处于安全受控状态，但车辆不具备行驶条件，需吊装转运消除危险源；二是罐车罐体或阀门管线泄漏，经采取冷却降温、稀释抑爆、关阀断料、堵漏封口、引流控烧等措施排险后，需要转移至安全区域进一步处置。

图 5-26　吊装转运

吊装转运注意事项如下：

（1）在捆绑罐体时，需先用黄油浸湿吊索和吊钩，防止吊索扭曲及摩擦产生火花。

（2）若事故罐内液相液化石油气较多，不宜使用单钢丝绳起吊，以防止事故罐在起吊过程中出现晃动或掉落。起吊前，要检查罐体内压力有无异常，如发现压力异常，应先行处置，保证压力正常后才能吊装。

（3）起吊作业吊车选择可通过起重机厂商提供的汽车吊机额定性能表，估算出吊车的需求数量及额定起重量。例如，要吊起一台总重量（罐车及其载液量）为50t的事故罐车，至少需要调集两辆50t的吊车。若罐体温度已降至常温，压力降至0.3~0.4MPa，或罐体内液面降至1/4，可按罐车及其载液重量正常状态选择起重吊车，否则要在此重量的基础上增加一倍来选择吊车和吊索。

（4）半挂式罐车的罐体通过转盘与牵引车的后轴支点相连接。若车头损毁严重，或车头损毁较轻，但动力系统损坏，可分开吊装车头和罐体，通过就近调集半挂车车头来完成对此类事故罐的转运；若车头并未损毁，尚可以行驶，可通过整车起复的吊装方式让事故罐车自行开到安全区，由消防和交警部门负责沿路监护。

（5）固定式罐车的储液罐永久性牢固地固定在载重汽车底盘大梁上，不易将车头与罐体分离，因此只能采取整车起吊的方式。若罐车未损毁，尚可以行驶，可由其自行行驶至安全区；若罐车动力系统损毁，轮胎及刹车系统完好，可由牵引拖车牵引至安全区；若罐车整体损毁严重，不能被牵引，可将整个罐车固定于大吨位平板拖车上运往安全区。

9. 安全监护

安全监护是对需要转移的事故罐车实施的行进过程的监护。安全监护主要适用于事故罐车经初步处置后，仍不能完全排除险情，而现场又不具备进一步处置条件的情况，可通过监护的方式将罐车转移到安全区域进行二次处置。安全监护如图5-27所示。

图5-27 安全监护

安全监护注意事项：

安全监护主要由消防和交警部门协同实施。护送过程中，交警部门派一辆警车作为先导车开道，在事故罐车后方由消防部门派出一辆重型水罐车进行监护，若发现罐体发生泄漏，应立即停车，在液化石油气应急救援专家的指导下对事故罐车出现的紧急情况进行应急处置。

（二）LNG罐车事故应急救援措施

LNG罐车储存低温液化天然气。发生道路交通事故后，容易在泄漏口附近形成大面积蒸气云，遇火源或静电火花极易发生燃烧爆炸事故，危险性极高。LNG 罐车的罐体损坏形式也各有不同，因此，处置过程中，应认真实施侦察检测工作，根据罐车泄漏形式和特征，灵活机动采取科学合理的处置措施。

1. 罐体无泄漏、无霜冻时的处置措施

当 LNG 罐车发生交通事故，但罐体无泄漏、无霜冻时，罐体发生碰撞、侧翻容易造成储罐真空层破损，容易导致罐内 LNG 液体分层加速，产生自翻滚、自沸腾现象。

此类情况下，需反复检查确认内外罐真空状态及管线是否完好。如真空完好，应重点进行排压操作（确保压力表指针≤1%）；应实时观察并不间断排压，减少罐内天然气分层、涡旋、沸腾压力；车体完好且条件成熟时应按转移危险源处置，条件不成熟时按倒罐输转或放空排险处置；处置期间要保证罐体不失真空，禁止向罐体、管线、安全阀部位射水。

2. 罐体无泄漏、有霜冻时的处置措施

当 LNG 罐车发生交通事故，罐体、阀门、法兰、管线无泄漏，罐体有霜冻时，说明内罐出现渗漏，绝热层受到破坏，罐车已经失去真空（罐体外罐完好，内罐有沙眼，真空度逐渐下降）。

此类状况下，应根据罐体的状态，实时从气相管路排放液化天然气，以减轻罐内压力，具备放空条件时应果断实施放空，不具备放空条件可采取引流点燃处置方法；应实时加大气相紧急放空操作频次，减少罐内天然气分层、涡旋、沸腾压力，尽快做倒罐输转或转移危险源准备；如罐体外壳保险器已打开并明显出现蒸气云（真空夹套压力达到 0.02~0.07MPa），说明内罐漏点逐步扩大，真空层遭到破坏，罐体底部液相泄漏介质随时间积累，外罐高强度钢强度逐渐下降，有可能出现罐体破裂灾情，前沿处置人员应做好紧急避险准备。

罐体结霜处置过程中不论出现任何状况，严禁向罐体结霜面打水。安全帽、管线、阀门如出现局部液化天然气泄漏，可在扩散气体云团下风向 5~15m 处部署水幕水枪、移动摇摆水炮稀释驱赶。严禁直流水直接冲击扩散云团，防止蒸气云爆炸。

3. 罐车垂直倾翻未泄漏时的处置措施

满液位罐车发生坠落、倾翻事故，如罐体长时间处于 90°或倒 180°状态，罐车安全附件失去作用，罐内液化天然气分层、涡旋、沸腾，罐内压力无法导出，受气温影响，罐体压力会急剧上升，如果压力超过储罐设计安全系数，外罐材质的承压能力会在介质的冷冻效应下减弱，严重者会造成罐体变形解体。此种情况下，需在专业技术人员的指导下进行排压处置，泄压消除储罐压力风险（内罐或外罐）。如出现槽罐垂直倾翻，可采取进料线反向管路排压,将罐体压力经进(出)料管路引流泄压或倒罐(液相管路),作业前,应在排流点周围提前部署两层以上水雾稀释保护圈,防止危险范围扩大和回火引爆。

紧急情况下,可采取液相出口连接消防水带引至下风向就地直接排放,消除危险源,液相下风向排放 LNG。如以降低罐车压力为目的,应以罐车气相出口排放为主;如以加快排放速度为目的,应以罐车液相出口排放为主。处置时应着防冻服,防止人员冻伤。

4. 罐车安全阀泄漏时的处置措施

如罐车撞击、倾翻,罐体完好,仅出现安全阀泄漏,可复位安全阀消除泄漏;如安全阀出现液相冻结,可采取直流水融化解冻或木槌轻敲复位消除泄漏。处置作业时应注意避开安全阀—爆破片双联保险装置,防止爆破片瞬间爆破泄压造成物体打击伤害。

5. 罐车管线阀门泄漏时处置措施

如罐车撞击、倾翻,罐体完好,出现管线阀门泄漏,如图 5-28 所示,应实时进行罐体排压操作,减少罐内天然气分层、涡旋、沸腾压力,及时采取木楔封堵、缠绕滴水封冻等方法临时堵漏,尽可能采取倒罐输转等进一步消除危险源措施。若无法实现倒罐输转或起吊作业,可采取在罐车气(液)相出口延长管路下风向就地直排或安全控烧的方法,消除危险源。

图 5-28 罐车管线阀门泄漏

6. 罐车泄漏,灾情异常时的处置措施

如罐体压力表读数快速升高,说明罐体的内罐破损严重,内外罐之间的真空绝热层受到破坏,罐车内胆与外界直接发生热交换,出现安全阀频繁开启状态,应采取泄压处置法,慎重应对。

若封堵措施无法实现,应进一步加大安全警戒区和火源控制区距离,提高防护等级,一线处置人员着防化服、防静电内衣,应使用本质安全型无线通信和符合相应防爆等级的摄录像工具设备。在泄漏点下风向冷蒸气雾与爆炸性混合物区之间（泄漏云团下风向10~20m处）部署移动式自摆消防水炮、水幕发生器，呈扇形递进喷雾水稀释控制扩散范围，必要时采取紧急疏散措施扩大警戒范围，如图5-29所示。

图5-29 喷雾水稀释

7. 罐车火灾事故的处置措施

如LNG罐车已发生起火事故，应在上风向部署移动摇摆水炮冷却保护燃烧罐体，严防内外罐体超压破裂，引起储罐解体发生物理爆炸。处置过程中应严格遵守气体火灾扑救原则，在关阀、封堵等切断气源措施未完全到位前，一般不宜直接扑灭燃烧火焰，可采取控制燃烧战术稳妥处置。处置后期应逐步降低冷却强度，保持罐内LNG持续蒸发，直至燃尽，防止回火闪爆。罐车火灾扑救如图5-30所示。

图5-30 罐车火灾扑救

LNG罐车火灾处置重点是强制冷却、控制燃烧，防止罐体升温过快导致事故扩大。罐体破裂燃烧，以控制燃尽处置为妥；管线阀门泄漏火灾，着火部位火焰及辐射热如对其他关联管线、阀门没影响，可积极扑灭并采取堵漏措施；当已造成邻近管线、阀门钢材质强度下降，多处部位受损无法采取封堵措施时，应控制燃尽为佳；现场出水处置时，重点在于保护着火的地方。

（三）CNG罐车事故应急救援措施

高压CNG气体运输车储存高压天然气，发生道路交通事故后，容易产生泄漏口，造成压缩气体强烈喷出、凝霜，并燃烧爆炸，常见的CNG罐车道路交通事故有车体分离、阀门老化泄漏、轮胎着火及罐体高压气体泄漏、集束管组燃烧等。其中以CNG罐体高压气体泄漏和集束管组燃烧两种类型最为危险。

1. 罐体高压气体泄漏

高压气体泄漏是指CNG长管拖车发生追尾、撞击、碰擦、坠落等道路交通事故，后操作箱内管道、阀门等易破损部位遭到破坏，高压气体从泄漏口瞬间喷出并迅速扩散到高压气瓶组吸热结霜。

当CNG罐车发生泄漏时，应采取如下具体措施：

（1）应及时封闭道路，以事故罐车为中心划定500~1000m警戒区，消除警戒区内火源；

（2）划定半径100~150m为处置区，选择上风向车辆集结，如图5-31所示；

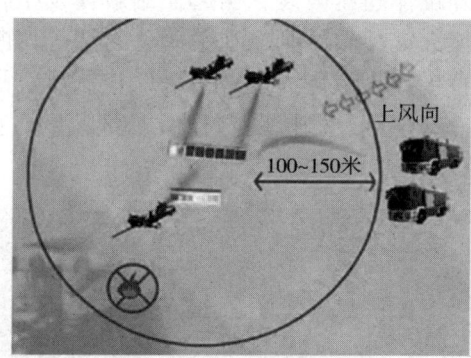

图5-31 处置区设置

（3）在事故罐车两侧部署长干线移动摇摆水炮对集束管组表面强制冷却降温，周边可部署水幕水带、水幕水枪稀释扩散气体；

（4）在保证安全的前提下，关闭其他未受损的集束管截止阀；

（5）如CNG长管拖车发动机使用该车集束管组燃料，应及时关闭连接阀门。原则上不堵漏、不输转、不倒罐，监控将事故集束管介质泄放完为止。

2. 集束管组燃烧

高压CNG道路运输罐车行车部分刹车淋水系统缺水，重型车辆长时间行驶或连续下坡行驶状态下，容易导致车辆轮胎起火，进而引发罐体着火。罐体着火一般发生在后操作箱各集束管阀门及管道连接处，呈带压火炬式燃烧，火焰长、辐射热强。

处置时，应选择上风向车辆站位，事故车两侧部署长干线移动摇摆水炮对集束管组表面强制冷却降温，力量部署到位后，应将人员及时撤离到安全区。控制燃烧的关键是保障水源持续供给，应组织两台大流量车各出两支移动摇摆水炮干线，其他车辆转运供水，控制集束管组不爆炸、不扩展即达到战术目的。

高压集束管燃烧后期，火焰逐渐缩短、辐射逐渐降低，应避免直流射流直接冲击集束管口，防止集束管回火闪爆，同时处置人员禁止站于封头正对面，防止爆炸冲击。明火熄灭后，检查确认集束管组是否带压，如仅为个别集束管燃烧，其他集束管需继续冷却至常温，后续按事故车转移处置，如图5-32所示。

图5-32 集束管组燃烧处置示意图

中压CNG运输车发生追尾、刮碰、翻滚、坠落等事故，在冷却罐体的同时，应及时排出罐体压力，并根据罐体受损情况决定就地放空排险或安全控烧排险措施。

需要指出的是，LPG罐车的9种技战术措施理念有的也适用于LNG罐车、CNG罐车，但不同罐车采取具体措施时有所不同。

处置LNG罐车事故采用LPG罐车的冷却稀释等战术时，要特别注意使用时机，放空、关阀、堵漏、倒罐等要根据LNG罐车的特点来进行，吊装和安全监护与LPG罐车一致。

处置CNG罐车事故时采取的冷却稀释、吊装和安全监护，与处置LPG罐车事故时相近。但高压CNG运输车和中压CNG运输车事故原则上不进行堵漏，因为气压过高，风险较大。

（四）注意事项

处置LPG、LNG、CNG罐车事故，应严格落实事故处置程序，着重做好以下工作。

1. 正确辨识罐车类型

LPG、LNG、CNG罐车储存介质理化性质、储存方式、罐体结构各不相同，发生事故时，灾害特性有一定差异，对处置措施也有不同要求，因此，有必要通过外观、结构差异，迅速辨识罐车类型，掌握罐车特点，制定针对性处置措施。

（1）应通过储罐外形迅速辨识储罐类型。LPG、LNG罐车为卧式单罐，封头为圆顶形；CNG罐车分为集束管式高压罐车和中压整体罐车两种，高压CNG罐车也称鱼雷管式罐车，封头为平面，罐体由多根长管组成，外形上与LPG、LNG相比有较大差异；中压CNG罐车外形类似LPG车型，处置过程中应特别注意。

（2）可通过操作箱位置辨识罐车类型。一般情况下，LPG罐车和中压CNG气体运输车操作箱均位于罐体中部两侧位置，LNG和CNG罐车操作箱位于罐体尾部。

（3）可通过操作箱结构辨识罐车类型。一般情况下，LPG罐车和中压CNG气体运输车操作箱内安全附件相对较少；LNG、CNG罐车装运介质为低温液体，对装卸液体条件要求较高，相关安全附件较多、较复杂；CNG罐车主要防止集束罐超压事故，安全附件以爆破片、放空管、紧急切断等附件为主，类型较为单一。

2. 快速确认装运介质

快速确认装运介质，掌握介质理化性质是事故现场制定科学合理处置措施的重要前提条件。近年来，由于过度追求经济利益，运输介质与罐车类型不符，违法违规运输现象时有发生，应引起高度重视。

（1）可通过标识迅速确认装运介质。根据国家危险化学品货物运输管理相关规定，道路运输罐车上一般都绘制有明显标识，标注装运介质、数量、危害、处置措施等信息，处置过程中优先通过查找危险化学品标识，确认装运介质。

（2）当因发生交通事故且车体受到挤压、遮挡，危险化学品标识不清楚时，可通过驾驶员、押运员等询问详情。

（3）一般情况下，危险化学品罐车均随车携带《道路运输证》《道路运输危险货物安全卡》等资质证书，可通过现场查找证书确认装运介质基本信息。

（4）当上述措施均无法有效实施时，可通过相关职能部门查询事故车辆生产企业、托运单位、运输路线、运输介质等信息。

（5）应尤其注意装有丁二烯类物质的LPG罐车。

3. 侦察检测工作要始终贯穿全程

LPG、LNG、CNG罐车道路交通事故危险性大，任何小的交通碰撞、侧翻、倾覆等都有可能造成储存介质的大规模泄漏、燃烧、爆炸。同时，储存介质本身存在的分层、翻滚、沸腾等现象都有可能发展成恶性事故，因此，事故处置过程中，应自始至终采取贯穿全程的侦察检测工作，并根据侦检结果，实时调整处置方案。

（1）处置过程中应选派经验丰富的人员或厂方技术人员担任安全员，全程观察罐车安全状况。

（2）重点监控罐体变形、泄漏量、火焰颜色、声音等变化情况；LNG罐车发生交通事故时，应重点观察罐体上结霜、凝冻等现象，进而判断罐体完好情况。

（3）应始终通过压力表、温度计、液位计等安全附件监控罐体内压力变化，当读数发生急剧变化时及时报告指挥部。需要指出的是，事故状态下车辆由于倾覆、碰撞等原因，上述安全附件读数可能失效，要根据现场情况灵活处置。

（4）可通过仪器侦检方法加强侦察检测工作。当消防部队携带侦检器材不足时，可积极联动环保、安监、厂方等部门、单位共同实施仪器侦检。现阶段，仪器侦检尚有定性、定量困难等诸多不利因素，因此，处置工作不宜过于迷信、依赖仪器侦检结果。

4. 应高度重视现场警戒

LPG、LNG、CNG极为易燃易爆，且爆炸波及范围广，处置现场应高度重视现场警戒工作，结合事故发生地道路、周边环境及储存介质特性，严格落实各项警戒措施。

（1）处置力量到场后，应在事发地300~500m处集结，派出侦检人员到现场核对灾情信息（具体部位、灾情状态、涉及范围、可控程度），向相关部门预警通报灾情信息，严禁靠前处置。

（2）实施现场警戒时，应严格封闭公路上下行线区域，警戒线以事故车为中心设置双向（上下行线）1000m距离警戒线，山区弯路需加大直线安全距离，同时也应兼顾考虑低洼处、峡谷、盘山路对警戒距离的影响。

（3）设立指挥部应设置在事故区域上风方向，应科学划定抢险区、工作区、安全区范围，控制抢险区、工作区火源。

（4）警戒区域内应严禁一切火源。当事故区域周围有居民生活区时，应及时派出处置人员仔细巡查，消除居民用火，采取断电措施；人员进入警戒区域或处置险情过程中，应采取防火花、防静电、防爆等措施。

（五）严格落实安全防护措施

LPG、LNG、CNG罐车事故对人员造成的伤害类型多样，处置过程中应严格落实安全防护措施。

（1）进入警戒区人员应严格按等级进行防护，结合介质理化性质，针对性采取防静电、防热辐射、防冻伤、防麻醉、防高浓度窒息等个人安全措施。

（2）应设置安全员，对进出警戒区人员及其防护状态进行全面检查记录。

（3）现场应提前统一紧急撤离信号和信号发布方式，发现不可控制的险情时，及时撤离处置人员；指挥部应赋予一线指挥员发布紧急撤离的权限，确保一线人员遇到紧急情况时，可不经上级指示直接撤离。

（4）处置高、中压CNG罐车泄漏事故时，严禁处置人员身体正面面对泄漏口处置，防止高压气体造成切割伤害；当检测CNG罐车泄漏口时，严禁用手直接去感受泄漏部位和泄漏气体流量，防止高压气体造成切割伤害；严禁人员站在罐体封头正面和行车燃料箱侧面处置。

（5）处置LNG罐车泄漏事故时，对处置设备、器材防爆等级要求极高，消防部队现有常见的防爆对讲机等设备防爆等级并不能满足处置要求，应引起重视。

（六）科学合理实施处置措施

LPG、LNG、CNG罐车储存介质为常温、中高压，低温、低压，中压、高压状态，对处置技术要求高，处置过程应充分结合侦察检测结果，科学合理实施技战术措施。

（1）堵漏封口只是临时性处置措施，应综合考虑现场情况，实施倒罐输转、引流控烧、吊装转运、安全监护转移等措施，彻底消除险情。

（2）CNG罐车发生泄漏、燃烧时，因罐车储存高压气体，压力不可控，原则上不堵漏、不输转、不倒罐，一般采取现场监控保护条件下，将事故罐车集束管储存介质泄放完毕为止。CNG罐车多使用CNG燃料罐，当发生火灾时，为防止燃料罐和运输钢瓶相互影响，应及时采取措施分离车头和拖车。

（3）实施冷却保护时，应注意射流保护部位。LPG罐车、CNG罐车可使用射流对罐车整体实施冷却降温，但LPG罐车应避开安全阀部位，防止安全阀冻结引发储罐压力上升。

LNG罐车储存低温介质，发生泄漏时严禁对整个罐体表面出水冷却，防止罐体吸热导致压力上升；LNG罐车罐体为双层结构，但不能承压，泄压是处置的关键，因其内罐为低温微正压罐体，要采取定时排压措施保证罐体压力维持至0.2MPa以下。

（4）实施倒罐输转或吊装转运时，应在起吊前使罐体保持静止状态15min以上，确保液位计、压力表等读数稳定、处于安全范围方可实施；当LPG储罐储存丁烯类介质时，因介质对含氧量控制要求高，不可按常规方法实施倒罐输转。

（5）实施吊装转运时，应预先估算罐车总重量，调集起吊吨位合适的吊车实施，一般情况下，采用2台吊车同时起吊，不宜采用单台吊车起吊；起吊过程中，罐体捆绑应采取双绳捆绑，确保罐体稳定；吊装过程中应注意做好防火花、防静电、防坠落等保护措施。

（6）实施引流控烧、放空排险措施时，应保证现场安全条件，确保实施过程始终处于可控状态。

（7）指挥部应纳入罐车生产或运营厂家技术人员，应对事故现场反复勘验、集体会商、综合研判，形成决策方案和行动方案，并在技术人员指导下实施。

第六章　道路交通事故现场紧急救护

第一节　交通事故现场救护概述

据世界卫生组织统计，全球每年约有120万人死于道路交通事故伤害。35岁以下因交通事故身亡的人数大于同年龄段所有疾病死亡人数的总和，交通事故伤害成为1~44岁年龄段的第一位死亡原因，而且其致残率也较高，由此给社会带来负担和压力是巨大的。救援人员在交通事故现场采取科学的急救措施可以有效地提高伤员的生存率，减轻伤残。

一、交通事故特征

近年来，交通事故的发生呈不断增多的趋势，伤害以多发伤为主，伤亡以青壮年居多。发生交通事故时，其最明显的特征是：物体运动速度快、能量大，瞬间可造成巨大的破坏。

（一）交通事故的空间分布特征

交通事故的发生与道路沿线的地形地貌有密切关系。

（1）坡道、弯道、急拐弯是交通事故易发地点或行车危险地段。交叉路口及防护栏丢失路段、无车道分隔线道路、无控制道路和缺乏交警管理的路段或区域往往是交通事故多发区。

（2）高速公路、高等级公路、特宽盘山公路也是事故多发地段。驾车司机往往因路况较好而在行驶中放松警惕，加之车速又快，所以易发生交通事故甚至是恶性交通事故。

（3）高海拔地区较其他地区更易出现交通事故。在我国，交通事故死亡率也随地势的降低而相应降低。可能与地理因素及高海拔地区含氧量低，以及灾难事故院前急救和整体医疗技术水平较弱有关。

（二）交通事故的时间特征

在季节分布上，冬季、夏季是交通事故多发期（飞机、铁路和公路情况基本一致),据专业人士统计,我国交通事故发生率11月最高,3月最低,一年中,交通事故主要发生在下半年。

从总体来看,一周内周一交通事故最严重,周二最多,周日则最少,而国外一般是周六、周日多发生交通事故。在一天内,交通事故的分布规律是:7时至21时为交通事故多发时段,16时至19时为交通事故高发时段,且特别把16时至18时段称为"事故恶魔时间"。

(三) 交通事故的人群特征与分布

1. 从交通事故驾驶员分布特征看

(1) 在发生交通事故的驾驶员中,16~40岁驾驶员占1/2以上。尤其是30岁以下的驾驶员,经常因违章导致交通事故的发生。此外,55岁以上的驾驶员随着年龄的增长,视觉功能不断减退,交通事故发生率也随之增高。

(2) 驾龄在3年以下的驾驶员,常迷恋于开车兜风、酒后驾驶的驾驶员,交通事故的发生率和伤亡率也较高。

2. 从交通事故受害者情况看

儿童、老人及女性遭遇交通事故受伤、致死率都较高。

(四) 气象条件直接影响交通事故的发生

气象条件也影响交通事故的发生,首先暴雨能突然冲毁路基,造成掉道翻车等重大事件。其次雾天、阴天、雨天、雪天对公路交通安全的影响也很大。

二、交通事故伤情特点

交通事故伤是随着交通工具特别是现代交通工具的不断发展而出现的意外创伤。交通事故伤一般是严重创伤,往往伤害人的多个部位和多个器官,后果严重。公路交通事故伤情特点主要表现为可出现擦伤、碾轧伤、撞击伤、摔伤、撕脱伤、烧伤等,但以撞击伤常见。

三、交通事故损伤机理

交通事故的损伤主要是撞击伤,即外力作用所致的机械性损伤,包括:外力作用、机体载荷动力响应和组织损伤等一系列复杂过程。

(一) 撞击伤和甩鞭伤的发生机制

运动中的肌体受到外力作用,组织器官将会变形或移位,当变形超过肌体组织所能承受的极限时,器官将不能复位或恢复原来状态,即可引起组织器官功能或结构的破坏。由于外力的作用方式和作用部位不同,组织器官损伤的程度也不尽相同。当肌体受到较大张力牵拉时,组织器官的肌肉、韧带就会引起应变撕裂伤；当外力为剪切力并作用方向与肌体垂直时，可发生应变性横断伤，如头颅外伤时，颅骨与大脑组织间的不同步位移可导致剪切应变损伤。

在高速公路上车辆发生交通事故时，车辆瞬间减速，人的头部随惯性继续向前，会使颈部过度屈曲。翻车或多车相撞时，人体头部可能会发生多次伸展、屈曲，造成神经纤维撕裂损伤，即甩鞭伤（又称弥漫性轴索损伤）。车祸时可出现数次人、车碰撞；当人体撞击到车体内部或外力作用于心、肺、脑时，可分别导致骨折，肺、脾破裂或脑出血。

甩鞭伤既可与脑挫伤、脑干血管损伤、脑深部出血同时发生，又可单独出现。损伤常出现在大脑皮质、白质或中脑、脑干。一旦发生甩鞭伤，伤情一般比较严重，伤员一直昏迷数天或数周，或在伤后一月内死亡。损伤早期，轴索近端出现小芽，呈现再生现象，损伤后期如无细胞架断裂，部分神经功能可恢复。轻度损伤时，轴膜折损，轴索水肿，轴浆流动受阻，但这仅仅会导致功能上的改变；损伤严重时，会出现严重的临床症状，救治尽可能在重症监护室内进行。

（二）交通事故中脏器损伤影响因素

不同的外力撞击到不同组织荷载（器官组织是否充盈），会产生不同的损伤。

人体胸部是一个负压型空腔，在施力轴方向上可承受50%以上的压缩变形，如果在20~50ms内，将胸挤压至其所能承受的最大限度，则外来冲击力和能量大都消耗在胸腔的变形上。在瞬间（小于5ms）应变作用时，也会引起内脏器官的严重损伤。

当胸部受到撞击时，肺的损伤常发生在与其他相邻脏器的交界处，如在高速公路上发生的交通事故，驾驶员的创伤一般比非驾驶员严重，所以，驾驶员胸部是事故防护和救护时的重点关注对象。

如果在心脏收缩期末期（射血完毕）受外力撞击，则形成的损害较轻，发生破裂概率亦较小。但当心房或心室充盈饱满时受到外力冲击，那么发生破裂的概率则会大大增加。肝脏在受到速度为1.7m/s的撞击时，若腹部被压缩一半以上，则可引起肝脏的冲击挤伤；当撞击速度达12m/s，腹部被压缩16%时，则会引起严重的肝损伤。

脾脏中富含血管，当受到直接撞击时，可致脾实质深部撕裂、碎裂伤，被间接牵拉也可引起脾蒂部的撕裂损伤，脾包膜下血肿可导致脾损伤数天后再发生破裂。

肾脏在体内位置较深，外周受脂肪垫、筋膜、纤维囊保护，发生交通事故时损伤一般较轻。

肠道损伤的发生率则较高，在车祸发生时，车内人员尤其是肠梗阻患者被安全带勒压腹部，会使肠内气体聚积，发生"内爆效应"，使肠管爆炸破裂。

膀胱在充盈时受到撞击易发生破裂。

子宫位于骨盆内，受损概率较小，但在妊娠时常见胎盘撕裂、子宫破裂。例如，在被撞击的同时又受到安全带勒压，子宫受到的压力将增加10倍以上，尤其是航空事故时，腰胯式安全带比腰肩斜挎式安全带对人体的损伤更大。

(三) 交通事故骨折的病理损伤机制

人体的长骨、短骨、扁骨和不规则骨的分布和力学功能是相适应的，组成骨骼的物理基础和骨骼的物理属性决定了骨骼具有很大的承载强度和抗冲击能力，在特殊状况下，骨骼能承受的外力可比日常活动时大6倍以上。交通事故中，机动车发生碰撞时，因车速突变，在扭转应变力的作用下可使肱骨发生螺旋形骨折，腰部可因安全带牵拉而发生骨折。

骨折的分类。按骨折的部位与外界是否相通、骨折形态、固定复位后是否再移位，骨折可分为：开放性骨折、闭合性骨折；压缩性骨折、粉碎性骨折、嵌插骨折、螺旋骨折、横骨折、斜骨折等；完全骨折、青枝骨折、裂缝骨折；成角移位、旋转移位、分离移位、侧方移位、缩短移位等。

四、伤亡原因分析

(一) 致死方式

(1) 多数乘员是在车辆内被直接撞击而亡，其中：前门撞击占17.5%，后门或挡板扶手撞击占7.9%，驾驶盘撞击占16.4%。驾驶杆断端穿入致伤、致亡的多为驾驶员。

(2) 人体被抛到仪表板上或车辆内壁处受撞击而亡。

(3) 被抛出车外直接摔死或被二次压伤。

(4) 行人被撞后，直接死亡。

(二) 致死性损伤

发生交通事故时，62%~75%的机动车驾驶员会受到两处或更多的致死性损伤，往往一时难以判定致死原因。

在公路事故中，人员死亡的直接原因通常是体内大出血或颅脑损伤。脑干或脑室区等生命中枢受挫伤或被撞击，可产生致命性脑挫裂伤，现场急救或是送医院一般都难以救治成活。脑干损伤是早期导致呼吸、心脏骤停的主要原因，而颞叶沟回疝为其并发症，可引起深度昏迷、去大脑强直、瞳孔变化、脑出血而致死。颅脑损伤的其他并发症，如脑膜炎，神经反射性水肿，骨折后大脑脂肪栓塞等也可致人死亡。

第二节　交通事故现场救护原则及对策

一、交通事故现场救护原则

一旦发生交通事故，在到达事故现场进行急救工作时，应遵循以下原则：

（一）人道原则

当事故发生后，救护者必须怀着崇高的人道主义精神，千方百计利用现场一切可利用的条件抢救伤员。救护者应保持镇定、清醒的头脑，使伤员尽快、尽好地得到现场救治。

（二）快速原则

在车祸救护工作中，时间就是生命。"快抢、快救、快送"是决定能否拯救伤员生命、减少伤残的关键。

（三）有序原则

在现场抢救中一般应本着"先抢后救""先重后轻""先急后缓""先近后远""先救后送"的原则和程序顺序进行抢救。

（四）自救原则

自救是车祸现场救护、抢救伤员生命的一条宝贵经验，尤其是对发生在偏僻地区的车祸更为重要。伤员在车祸现场不能消极等待，要积极采取自救、互救措施，充分利用就便器材和物品，以赢得救援时间。

二、现场伤员情况判断

交通事故发生后，由于车祸的"强烈撞击"，可使人体心、肺、神经、内分泌机能发生严重障碍，尤其是大量失血，直接威胁伤员生命，有些伤员可能很快出现休克或者死亡。这就需要准确地判断伤情，以便急救。最早接触伤员时，首先必须判断伤员是否活着，有无呼吸和心跳，意识是否清楚，其次救护者必须对伤员的伤情作出初步判断，以便按"轻重缓急"的原则急救和后送。

（一）呼吸的判断

为了确定伤员有无呼吸，可以将耳朵贴近伤员的口，同时看他的胸廓有无呼吸起伏动作。在呼吸极微弱时，不易见到胸廓起伏，可用一小块棉花絮或薄纸片、树叶等放在伤员鼻孔旁，看这些物体是否随呼吸来回飘动，以判断伤员有无呼吸。一般伤员在临死前，呼吸会变慢、不规则直至呼吸停止，这时的特征是胸廓起伏消失，鼻孔不出气。

（二）心跳的判断

脉搏是血液流经动脉血管时的压力波动，直接显示心脏的跳动，一般测试手腕动脉（桡动脉）。检查心脏跳动的伤员时，常检查他的颈动脉，在喉结与相连肌肉间的颈窝处，可以触知颈动脉的搏动。心跳停止时，颈动脉搏动消失，伤员意识丧失，瞳孔散大，皮肤发紫。

（三）意识的判断

在事故现场判断伤员意识，以直观其瞳孔的变化为主。正常时，人两眼的瞳孔是等大等圆的，遇到光线能迅速收缩。当人受伤后，两眼瞳孔不一般大，可能缩小或放大，用手电筒光线刺激，瞳孔不收缩或收缩迟钝。当瞳孔逐渐散大，固定不动，对光反应消失时，伤员死亡。

检查瞳孔的方法是：右手持手电筒，左手拇指及食指分别将两侧上眼睑向上拉开，暴露瞳孔。正常瞳孔（黑眼睛中央的孔洞）直径为3～4mm，两侧等大等圆，当受到光线刺激后两侧瞳孔立即缩小，移开光源后瞳孔迅速复原。伤员死亡的特征就是呼吸、心跳停止和瞳孔散大、固定。

（四）意识状态

正常人的意识是清楚的，反应是灵敏的，但当车祸发生后，因受伤部位的不同，其意识改变不尽相同。意识改变一般是由脑部损伤、创伤性休克、剧烈疼痛等因素造成。若伤后只是一时性不省人事，且时间不超过10～20min，则表示受伤不重；若受伤后一直昏迷或伤后昏迷—清醒—再昏迷，则表示脑损伤严重，同时伴有剧烈持续的头疼和频繁的呕吐，以及瞳孔扩大或两侧瞳孔大小不等的改变。创伤性休克伤员，一般在休克晚期出现昏迷。而剧烈疼痛引起的意识丧失仅为一时性"应激"改变，会迅速恢复。

（五）脉搏、呼吸的变化

正常人的脉搏（65～85次/min）、呼吸（16～20次/min），节律是均匀的。当发生车祸后，若伤员脉搏细快，面色苍白，皮肤湿冷，烦躁口渴，呼吸浅快甚至困难，是出血性休克和肺、胸膜损伤的表现。若脉搏慢而洪大，呼吸慢而深是脑损伤的表现。这些都是危险信号，应立即送就近医院抢救。

（六）确定受伤的部位、性质、范围和程度

在交通事故现场短时间内，要确定伤员受伤的部位、性质、范围和程度有一定的难度，但只要细致观察，就可以做出初步判断。一般来说，伤情的轻重与全身情况是一致的，否则就可能有多发伤和内脏伤。因此，必须首先明确判断伤员伤情是出血性休克还是颅脑损伤；是内脏伤还是骨折；是脊髓损伤还是一般的外伤；是开放性的还是闭合性的损伤，以及受伤范围的大小和轻重程度等，以便及时救护。

三、现场救护对策

（一）补液对策

交通事故中伤员长时间被困的情况下，需在医务人员的指导下进行补液。通常情况下补液要把握以下几点要求：

（1）根据被困时间的长短来考虑补液量。

（2）根据被困人员的伤病情，如有无出血、出血量的大小，有无颅脑损伤，有无其他器质性的基础疾病和禁忌的疾病，来考虑补液量和补液种类。

（3）根据被困人员的年龄结构来确定补液量。

（4）根据环境、气候及自然条件情况，来考虑用什么液，补多少量，如何补的问题。

（二）施救对策

（1）发现伤员后，应及时通知现场的医务人员进行生命体征的判断，如现场没有医务人员，可运用"喊、拍、打、掐人中"等动作来判断伤员有无意识，用"试、听、感觉"来判断伤员有无呼吸，用摸颈动脉的方式来判别伤员有无心跳，以确定生命的有和无。

（2）要及时询问被困人员有无受伤，伤在何处，伤情如何，以此来确定救援方式，并及时做好现场抢救准备。

（3）尽可能不用硬拉、死拖的解救方法，尽力移开挤压物件，扩大作业面，以避免被困、被挤压人员伤情的加重或二次损伤的发生。

（4）在移出被困、被挤压人员时，要用硬质担架，最好用脊柱板，并及时做好颈椎和胸腰椎的固定，避免截瘫、甚至当场死亡情况的发生。

（5）要及时清除被困、被挤压人员呼吸道的分泌物和异物，防止昏迷人员舌头后坠造成窒息死亡。

（6）现场救护要做好标识和分类，一般不主张轻易上止血带，以加压压迫止血等为主，必要时可上止血带（大血管出血），但必须在伤员的左胸前挂红色止血伤标并指明上带时间，每隔0.5小时必须放止血带一次，每次时间约为3分钟，上止血带的时间不应超过6个小时，而在出现多个伤员时，必须进行分类并做好伤情标志，要按轻重缓急进行转运，以赢得抢救时间。

（三）转运对策

（1）对于无颈椎或脊柱骨折的伤员可用软质担架，对于有颈椎或脊柱骨折的伤员必须用硬质担架，最好用脊柱板，并固定好颈、胸、腰椎，确保转运安全，在伤员有脊柱骨折，但现场没有硬质担架时，可在软质担架上垫上木板转运。

（2）被救者的体位一般采用仰卧位，头后脚前，但在上坡时应头前脚后；对于意识不清、昏迷和颅脑损伤者应采用侧卧位或俯侧卧位，以防吸入性窒息的发生，同时，头部应适当垫高，以防脑水肿；在无硬质材料的情况下，对于有脊柱骨折的伤员，必要时可采用俯卧位。

（3）对于存在颈椎伤、脊椎伤、内出血、颅脑伤的伤员不可采用跑步的方式行进，因为剧烈的颠簸易造成伤情加重、恶化，甚至可能致其死亡，所以这类伤员的转运必须平稳，在保证平稳无剧烈颠簸的情况下，尽力加快转运速度，以赢得抢救时间；而对于无此类伤的伤员可采用跑步行进，以加快转动速度。

（4）对于有胸部损伤的伤员，应采取斜坡卧位或侧卧位转送，侧卧位时伤侧应在下方；对于腹部损伤者，一般采用仰卧位，亦可用斜坡卧位，为减少腹部张力，可垫高伤员膝部，髋、膝关节处于半屈曲位。

（5）重视转移中的心理慰藉工作，要派专人负责心理护理，防止伤员因"精、气、神"的放松而导致死亡。

第三节 常见典型交通伤的现场救护

道路交通事故可导致人员头颅伤、胸部伤、腹部伤、脊柱伤、四肢伤、骨盆伤，以及烧伤、爆炸伤、多发伤、复合伤等多种部位、多种形式的损伤，长时间挤压可能出现挤压综合征。

一、颅脑损伤的现场救护

（一）颅脑损伤概述

颅脑损伤是交通事故中一种常见严重伤病，其发生率占全身创伤的第2位，而病死率和伤残率却占第1位，重型颅脑损伤的病死率如今仍高达30%~50%，致残率为8%~12%。

颅脑损伤的致伤方式与机制十分复杂，一般根据外力作用方式，将颅脑损伤分为直接暴力损伤和间接暴力损伤。直接暴力损伤是指致伤力直接暴力作用于头部而引起损伤，其在头颅有直接的着力点。间接暴力损伤是指外力先作用于身体其他部位而后传递到颅脑后的损伤，着力点不在头部，一般在头颅无损伤痕迹发现。

颅脑损伤根据伤后脑组织是否与外界相通可分为：开放性颅脑损伤和闭合性颅脑损伤。根据解剖部位和损伤病理形态可分为：头皮损伤、颅盖骨折、颅底骨折、脑损伤和颅内血肿等。

颅脑损伤一般会伴随着昏迷现象。昏迷程度一般利用格拉斯哥昏迷评分法（Glasgow Coma Scale，GCS）来进行评定，主要依据检查时伤员的睁眼、语言和运动反应情况评分，三项合计最高为15分，最低为3分，得分越低，表明意识障碍越重，总分8分以下者表明昏迷，见表6-1。

表6-1 格拉斯哥昏迷评分表

睁眼反应（E）		语言反应（V）		动作反应（M）	
A-自动张合	4分	有条理	5分	服从指示	6分
V-需声音刺激	3分	混乱、错乱	4分	认知刺激及抗拒	5分
P-需痛觉刺激	2分	语无伦次	3分	对刺激退缩	4分
U-对刺激无反应	1分	无意义声音	2分	对刺激屈曲	3分
		对刺激无反应	1分	对刺激强直	2分
				对刺激无反应	1分

（二）伤情判断

1. 迅速了解病史

颅脑损伤严重且致命，伤员病史采集应在2min内完成，可向伤员及在场其他人员进行了解。应注意了解：

（1）受伤时间。

（2）受伤原因及受伤时头部所处的位置，以判断损伤的可能和严重性。

（3）外力的性质和头部的着力点，如枕部着地，往往产生额颞叶的对冲伤。

（4）伤后的意识改变和发生的时间。如昏迷—清醒—再昏迷，为急性硬膜外血肿的典型症状。双侧瞳孔大小的改变常提示脑疝、严重脑挫裂伤或脑干伤。

（5）已施行了何种检查和治疗。

2. 全身一般检查

（1）检查头皮有挫裂伤、皮下血肿，并有意识障碍、躁动、呕吐、大小便失禁，以及呼吸、脉搏减慢，单侧或双侧瞳孔散大者，即可初步判断是颅脑损伤。

（2）检查被救人员一般情况，如脸色、四肢和皮肤有无出汗、厥冷。并注意全身损伤的可能和严重性，在交通事故伤害中，约1/4的颅脑损伤伤员常伴有颈椎骨折。

（3）检查血压、脉搏和呼吸等生命体征。血压下降，除头皮大量出血外，常为身体其他部位的损伤出血。

(4) 检查其他系统损伤。

3. 神经系统检查

(1) 意识状态，应定时检查，并做详细的记录，可用 GCS 昏迷数学统计法，每次检查后应和以前的检查相比较。

(2) 瞳孔检查，双侧瞳孔大小、形态和对光反应。

(3) 颅神经、肢体肌力、反射和病理体征。

(4) 头部检查，头部着力点，如头皮擦伤、裂伤和皮下血肿等。

(三) 现场救护措施

颅脑损伤伤员的现场急救必须首先让伤员脱离险境，优先处置危及生命的紧急情况，对伤员实施分类救治。基本原则是，先救命后救伤，先救重伤后救轻伤，兼顾处理合并伤和复合伤。现场急救按以下顺序进行：

1. 呼吸道梗阻

颅脑损伤伤员多有意识障碍，自主清除分泌物的能力丧失，可因呕吐物、凝血块及脊液吸入气管造成呼吸困难甚至窒息。故应及时清除口腔、鼻咽部分泌物及异物，将伤员调整为侧卧位或侧俯卧位，必要时使用鼻咽或口咽通气管，对深昏迷者行气管内插管术或将其气管切开，以保持呼吸道的通畅；若伤员已经出现呼吸停止或通气不足，应连接简易呼吸器行辅助呼吸。

2. 张力性气胸

紧急封闭胸部伤口，实施穿刺或闭式引流术消除胸腔高气压导致的纵隔移位和缺氧损害。

3. 活动性外出血

常见的活动性外出血多见于四肢骨折刺伤大血管，可导致大出血并引起休克甚至死亡，可以用加压包扎、使用充气加压止血带或穿抗休克裤等措施暂时止血，并同时进行抗休克治疗，待伤情稳定后立即转送医院。

4. 头皮出血

因头皮血供丰富，单纯头皮裂伤有时可引起致死性外出血；开放性颅脑损伤可累及头皮小动脉，颅骨骨折可伤及颅内静脉窦等导致严重出血。止血措施如下：

(1) 较粗的颞部、顶部、枕部皮下动脉的搏动性喷血可用止血钳将其夹闭或用尼龙线结扎止血。

(2) 头皮裂伤导致的广泛出血可用绷带加压包扎暂时减少出血，或者暂时用粗丝线将头皮全层紧密缝合，待到达医院后再做进一步处理。

(3) 静脉窦出血的现场处理比较困难，可采用止血纱布、止血胶、吸收性明胶海绵等贴敷、包扎止血，如情况允许，最好使伤员保持头高位或半坐位转送到医院后再做进一步处理。

（4）对已暴露脑组织的开放性创面出血可用吸收性明胶海绵贴敷、纱布覆盖或用干净小碗扣住包扎，包扎不宜过紧，以免加重脑组织损伤。

（5）对于口鼻腔大出血者，可立即行气管内插管术，再用纱布填塞暂时止血，并转送专科医院进一步实施血管内介入放射栓塞处理。

5. 伤员转运

颅脑损伤经现场初步急救后，需要将伤者转运到专门医院做进一步救治。

（1）对有严重休克或呼吸困难、疑有梗阻者，应先就地就近抢救，待病情有所稳定后再转送医院，切忌仓促搬动和长途转送。

（2）转送过程中，为防止昏迷伤员因误吸入呕吐物、血液、脑脊液引起窒息，应将其头部转向一侧，对确认无颈椎骨折者可托起颈部，另一只手压其前额使之尽量后仰。必要时先行气管内插管术后再转送医院。并注意途中随时清除口腔和呼吸道的分泌物。

（3）对于烦躁不安者，可予以适当的四肢约束，慎用镇静药物。

（4）四肢和脊柱有骨折的伤员应用硬板担架运送，在转送前应做适当固定，以免在搬运过程中加重损伤。

（5）转运人员在转送过程中应密切注意伤员的呼吸、脉搏及意识的变化，情况紧急时随时停车抢救处理。

（6）到达医院后，转运人员应向医院的医护人员详细地说明伤员的受伤经过、初步的体检结果、诊断以及处理情况。

二、脊柱损伤的现场救护

若在现场救护过程中未估计到伤员脊柱损伤的存在，在搬动和运送时未充分采取相应措施，易造成伤者瘫痪，甚至失去生命。因此，在现场救护阶段，应尽早判断伤员是否存在脊柱损伤。对可疑者，应视为有脊柱损伤存在，同时避免不当的搬动等加重损伤的因素。对威胁生命的高位脊柱损伤，如颈段损伤，应及时作出准确有效的院前处理。

（一）脊柱损伤现场紧急救护的原则

（1）评估伤员伤情和救援者的能力。

（2）但凡怀疑有脊柱损伤的伤员，一律按脊柱损伤处理。

（3）应多人协同妥善固定及搬运，以免加重或新发脊柱或脊髓的损伤。

（4）合并有呼吸心搏骤停、出血的伤员，应予以心肺复苏、止血、临时固定等急救措施。

(二) 伤情判断

了解伤员的外伤史，并进行必要的伤情检查。下列情况易导致脊柱损伤：

（1）外力直接冲击在脊柱上；

（2）头部因惯性前移，颈椎脱位致颈髓损伤（挥鞭伤）；

（3）车辆变形挤压、碾轧于脊柱；

（4）重物直接砸压在头或肩部；

（5）从车上或高处摔落；

（6）脊椎有压痛、畸形和功能障碍；

（7）四肢有麻木、疼痛、肌肉无力等情况或运动受限。

有前5条之一条的情况，以及第6条、第7条情况者，即考虑有脊椎骨折的可能性。

(三) 紧急救护

（1）颈椎骨折伤员禁止三个动作：前屈、侧弯和扭曲。

（2）被车体或重物挤压时，不要硬拉强拽暴露在外面的肢体，以防加重脊髓、神经、血管的损伤。

（3）没有急救技能的话，最好待着别动，呼叫急救医生处理。

（4）颈椎骨折者需上颈托，仍不安全的话还需要上脊柱板，再上头部固定器。

（5）如胸腰脊柱骨折，应使伤者平卧在硬板床上，身体两侧用枕头、衣物塞紧，固定脊柱为正直位。

（6）搬运时需3人以上同时工作，具体做法是：3人都蹲在伤者的一侧，1人托肩背，1人托腰臀，1人托下肢，协同动作，将伤员仰卧位放在硬板担架上，腰部用衣褥垫起。

(四) 脊柱损伤紧急救护注意事项

（1）运送中应使用硬板担架、硬板床、门板等，忌用软床。

（2）严禁采用抱持、背驮、拖拽等增加脊柱弯曲、变形和移位的搬运方式。

（3）搬运时让伤者两下肢靠拢，两上肢贴于腰侧，并保持伤者的体位为直线。

（4）脊柱骨折在现场做好固定后，应尽快送往医院，在护送途中应避免颠簸，并严密观察病情变化。

三、胸部损伤现场救护

正面撞击易导致胸部损伤，胸部内有重要的脏器，若损伤呼吸系统，会造成呼吸困难，导致窒息死亡；若损伤心脏或大血管，容易造成瞬间死亡，及时处理可以降低死亡率。

胸部损伤容易造成胸骨骨折、肋骨骨折，而且会导致气胸或血气胸。

（一）肋骨骨折及连枷胸的现场救护

1. 胸腔生理结构

人体一共有12对共24根肋骨，分为左右两排，如图6-1所示。前面连接胸骨，后面连接脊柱，围成胸腔。当人吸气时，肋间肌拉着肋骨向外展，同时膈肌下沉，胸腔扩大，空气就被吸进肺里；当人呼气时，肋间肌放松，胸腔回位，肺里的空气随即被呼出体外。肋骨下面还保护着人体的重要脏器——心脏和肺脏。由于肋骨有一定的弹性，当胸腔受到外力打击时，肋骨的弹性和支撑作用可以保护里面的重要脏器不受伤害。但是，如果外力过大，超过了肋骨的承受能力，肋骨就会折断，即肋骨骨折。

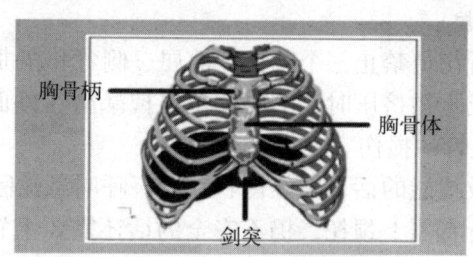

图6-1 人体胸腔结构

2. 肋骨骨折及连枷胸

在胸部创伤中，肋骨骨折最为常见，占胸部创伤的50%~70%。其中，又以单肋骨折最为多见。第1~3肋骨短粗，且有锁骨、肩胛骨保护，除非承受了特别巨大的力量，否则一般不会骨折。第4~7肋骨长而薄，最易折断。第8~10肋骨前端的肋软骨形成肋弓，与胸骨相连，第10~12肋骨前端游离，它们弹性都较大，一般也不会骨折。如果发生骨折，应注意腹部脏器和膈肌的损伤。

若多根肋骨出现多处多端骨折，胸廓会出现明显畸形。这时局部胸壁因失去肋骨的支撑而软化，出现反常呼吸现象，即吸气时胸腔内压增加，软化区胸壁内陷；呼气时则反之，软化区向外膨出。医学上称为连枷胸。如果这种现象持续存在，会使伤员出现呼吸衰竭，导致生命危险。

连枷胸症状：呼吸困难，面色苍白，嘴唇、指甲盖发紫，呼吸反常（吸气时局部凹陷，呼气时局部突出）。

3. 肋骨骨折及连枷胸的现场救护

单根肋骨折：对于无并发病的肋骨骨折可用6~7cm宽的胶布，在伤员呼气末，由后至前紧贴于骨折侧的胸壁上，胶布两端均超过前、后中线5~10cm，胶布由下向上逐条相叠2~3cm，如图6-2所示。如无胶布，可用绷带环绕胸部紧紧包扎固定。

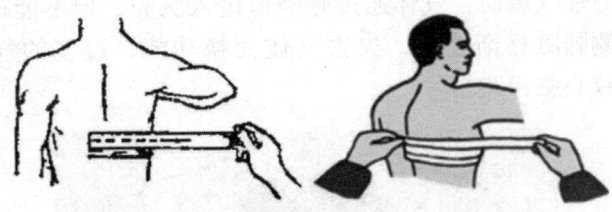

图6-2 单根肋骨骨折的现场救护方法

连枷胸：用棉垫或布卷压在浮动的胸壁处，用绷带加压包扎以减小活动范围，纠正反常呼吸运动，减轻疼痛。

（二）气胸现场救护

1. 胸膜腔

胸膜腔是由壁层胸膜（紧贴于胸壁内侧）和脏层胸膜（紧贴于肺组织表面）在肺根处相互移行，共同围成的密闭潜在性腔隙。在正常情况下，胸膜腔内没有气体只有少量液体（3~15ml）以使胸膜保持滑润，维持正常功能。胸膜腔内的压力为胸膜腔内压，其比大气压低，为负压。当肺组织及其脏层胸膜破裂，或胸壁及壁层胸膜被穿透时，空气进入胸膜腔，即形成胸膜腔内积气。主要症状为突然发作的胸痛，并放射到患侧的肩部或臂部，伴呼吸困难。

2. 气胸

胸膜腔内积气称为气胸。多因肺部被肋骨骨折断端刺破，使空气逸入胸膜腔，亦可由于暴力作用引起的支气管或肺组织挫裂伤导致的胸膜腔内积气。

根据空气通道的状态以及胸膜腔压力的改变，气胸分为闭合性气胸、张力性气胸和开放性气胸三类。

（1）闭合性气胸。闭合气胸多来源钝性伤所致肺破裂，胸膜腔仍与外界隔绝，胸膜腔内压力仍低于大气压，即仍为负压。

（2）张力性气胸。胸壁、肺、支气管或食管上的创口呈单向活瓣，与胸膜腔相通，吸气时活瓣开放，空气进入胸膜腔，呼气时活瓣关闭，空气不能从胸膜腔排出，因此随着呼吸，伤侧胸膜腔内压力不断增高，以致超过大气压，形成张力性气胸，又称压力性气胸或活瓣性气胸，如图6-3所示。伤侧肺组织高度受压缩，并将纵隔推向健侧，使健侧肺亦受压缩，从而使通气面积减小，并产生肺内分流，引起严重呼吸功能不全和低氧血症。同时，纵隔移位使心脏大血管扭曲，再加上胸腔压力增高及常伴有纵隔气肿压迫心脏及大静脉和肺血管（心包外心脏压塞），造成回心静脉血流受阻，心输出量减少，引起严重的循环功能障碍甚至休克。

出现张力性气胸时，气体通过呼吸道进入胸腔，但不能排出，从而越攒越多，伤侧肺脏逐渐萎缩，失去气体交换功能，过多的气体挤压了心脏，最终导致心脏停跳。

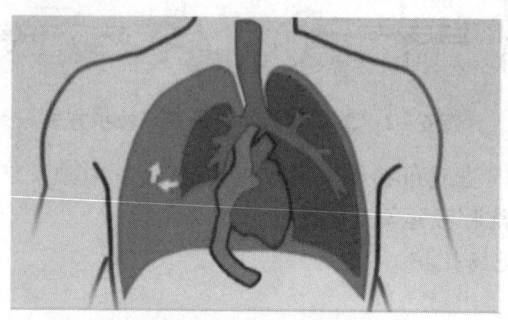

图 6-3 张力性气胸

（3）开放性气胸。创伤造成胸壁缺损创口，胸膜腔与外界大气直接相通，空气可随呼吸进入胸膜腔，形成开放性气胸，如图 6-4 所示。伤侧胸膜腔压力等于大气压，肺部受压萎陷。健侧胸膜腔仍为负压，低于伤侧胸腔压力，使纵隔向健侧移位，健侧肺亦有一定程度的萎陷。同时由于健侧胸腔压力仍可随呼吸周期而增减，从而引起纵隔摆动（或扑动）和残气对流（或摆动气），导致严重的通气、换气功能障碍。纵隔摆动引起心脏大血管来回扭曲以及胸腔负压受损，使静脉血回流受阻，心输出量减少。

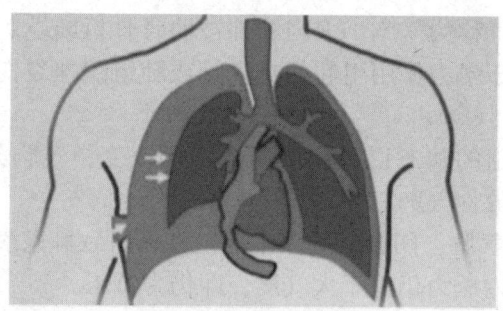

图 6-4 开放性气胸

3. 血（气）胸

胸膜腔积聚血液称血胸，同时积聚血液和空气的称血气胸。胸部损伤的伤员常见有血胸。出血可来自肋间血管、胸廓内血管、肺裂伤或心脏和胸内大血管创伤。血胸的数量取决于血管破口的大小、血压高低和出血持续的时间，肺组织出血大多数由于肋骨骨折断端刺破胸膜和肺所引致。由于破裂的血管小、肺循环血压低，出血处常能被血块所封闭而自行停止，且一般出血量不多。肋间动脉或胸廓内动脉破裂，由于体循环动脉血压高，出血不易自行停止，出血量较多。心脏或胸内大血管如主动脉及其分支，上、下腔静脉和肺动静脉破裂，出血量大，伤情重，伤员常在短时间内因大量失血休克死亡。

胸膜腔积血，首先同侧肺受压而萎陷，大量血胸尚可将纵隔推向健侧，对侧肺也受萎陷。大量失血和纵隔、肺受压迫，可产生呼吸困难和循环功能紊乱，严重者呈现休克症状。血胸、气胸对肺和纵隔的压迫更加严重。血液积留在胸膜腔内，由于肺、膈肌和心脏不停运动所起到的去除纤维蛋白的作用，一般能延迟血液凝固的时间，但也有可能在出血后不久血液便凝固。肺和胸壁组织创伤范围广泛，且伴有肝、脾和膈肌破裂的血胸，更常在早期出现血凝固。未并发感染的血胸，血液凝固后，附在胸膜上的纤维素和血凝块逐渐硬化，形成纤维组织，束缚肺和胸壁，限制胸壁活动幅度，压迫肺组织，损害气体交换功能，胸膜纤维组织板的厚度可达数毫米，这种情况称纤维胸。

血液是细菌繁殖的良好培养基，血胸若未及时处理，从胸壁或胸内器官创口进入的细菌易引发胸膜腔感染，形成脓胸。

4. 伤员症状

开放性气胸伤员常在伤后迅速出现严重呼吸困难、惶恐不安、脉搏细弱、皮肤发绀和休克。检查时可见胸壁有明显创口通入胸腔，并可听到空气随呼吸进出发出"嘶嘶"的声音。伤侧叩诊鼓音，呼吸音消失，有时可听到纵隔摆动声。

5. 气胸的现场救护

可用大型急救包，多层清洁布块或厚纱布垫，在伤员深呼气末敷盖创口并包扎固定。如有大块凡林纱布或无菌塑料布则更为适用。要求封闭敷料够厚以避免漏气，但不能往创口内填塞；范围应超过创缘 5cm 以上；包扎固定牢靠。

在伤员转送途中要密切注意敷料有无松动及滑脱，不能随便更换，并时刻警惕张力性气胸的发生。

（1）根据伤员当时所处现场的条件，采取自救或互救，尽快封闭胸壁创口，变开放性气胸为闭合性气胸。

（2）伤员保持半卧位，向伤侧倾斜，有利于呼吸。

（3）有条件的立即吸氧。

（4）有严重的呼吸困难，明显发绀、胸痛的伤员，则不能拖延，必须立刻就近送往医院做胸腔穿刺抽气，然后持续闭式引流 24～72h，直至胸膜裂口闭合，胸膜腔不能进入空气，萎陷的肺组织重新膨胀，恢复换气功能为止。

四、腹部损伤的救护

(一) 腹部损伤概述

腹部损伤在交通事故中较为常见,包括腹壁的损伤,以及腹腔脏器如肝、脾、胰腺、十二指肠、结肠等的损伤。死亡率可高达10%~40%。因腹部损伤常与脊柱伤、多发性骨折、创伤性休克等相伴发生,早期伤情隐匿、临床症状不明显,需要仔细检查和严密监测。尤其是合并有肝脾破裂出血者应积极组织抢救,避免延误诊治造成严重后果。

腹部创伤的准确分类直接关系到现场救治的成败。通过分类可以正确判断伤情的严重程度、受伤的原因、创伤的部位和累及的腹腔脏器等,有利于制订救治的方案和措施。在救援现场更应及时、准确地进行分类,以便确定哪些伤员要尽早后送救治,哪些伤员要先就地抢救再酌情后送,哪些伤员在现场简单包扎处理即可。腹部创伤分类有两种方法,一是依据创伤后腹壁的完整性,分为开放性腹部损伤和闭合性腹部损伤;二是根据腹腔脏器损伤情况,分为单纯腹壁伤、腹腔脏器伤和血管损伤。

(二) 伤情判断

腹部损伤的判断,主要应及时厘清以下问题:有无威胁伤者生命的情况存在;有无腹内脏器损伤;哪些脏器损伤。

腹部外伤由于致伤原因及伤情的不同,其表现差异很大。轻者无明显症状,重者可因严重休克而处于濒死状态,加之现场无更多的辅助检查,这对判断腹部损伤的伤情严重程度增加了难度。伤情的判断主要有以下几个方面:

1. 受伤部位

要详细询问受伤部位,明确受伤性质、当时情况。

2. 剧烈疼痛

受伤部位持续剧烈疼痛,亦可由一处蔓延至全腹。

3. 消化道症状

恶心、呕吐等症状。

4. 呕血或便血

伤后立即出现,并注意有无血尿。有血尿者即预示泌尿系损伤。

5. 休克症状

早期出现休克,上腹部伤应考虑肝脾损伤及腹部大血管的损伤;下腹部伤应考虑骨盆骨折合并大出血。

6. 腹膜炎症状

腹肌紧张、压痛、反跳痛。空腔脏器穿孔:腹膜刺激征明显,肠鸣音消失，可出现气腹，肝浊音消失。腹膜后血肿：肠鸣音消失，但移动性浊音阴性，腹膜刺激征较轻。实质性脏器损伤：肝与胰腺损伤重于脾脏损伤。

7. 移动性浊音

移动性浊音明显者，肝脾损伤多见。

8. 肾区叩击痛

阳性且有血尿者多为肾挫伤。

9. 直肠触诊

前壁触疼、有血者。

10. 详细检查

有无颅脑损伤、胸部损伤、泌尿系损伤、骨折等合并伤。

（三）现场救护措施

对腹部损伤伤员的初步抢救，应分清轻重缓急。有一般损伤的伤员，经现场初步救治后送医院进一步治疗；有危及生命的严重损伤，特别是有腹内实质脏器（如肝或脾）损伤破裂出血的伤员，应立即进行抢救，给予相应处理后马上送到就近有条件的医院救治，切忌不可延误伤员的抢救时机。

1. 腹部外伤

（1）单纯腹壁损伤，现场需保护受伤部位，局部给予冷敷，减轻疼痛，减少局部出血、肿胀，有伤口应予包扎止血。

（2）有腹部开放伤且有腹内脏器脱出者，不可还纳脱出的组织或脏器，应将上面的泥土、污物用清水或用生理盐水冲干净。再用无菌或干净布块、手巾覆盖，再用饭碗、盆、头盔扣住外露脏器，然后进行保护性包扎。也可用纱布、干净毛巾等将脱出的内脏保护起来。

（3）腹部刺入异物（如木棒、钢条等）的，不可将异物拔出，而应将异物连同被救人员一并送到医院。若异物太长、太大，不便搬运，可将外露部分靠近组织外 10~15cm 处切断，留于体内部分与被救人员一并送到医院。

2. 腹内脏器损伤

对于腹内实质性脏器或空腔脏器损伤破裂者，应立即送往医院，现场应做好必要的处理，进行初步抢救，为后送或到医院后全面救治打下基础。

（1）保持伤员气道通畅，使其呼吸正常。

（2）呼叫急救中心或送附近医院抢救。有条件时为伤员吸氧、输血、输液。

（3）让伤员屈膝仰卧，安静休息。

（4）诊断明确以前不得使用止痛剂，并禁食水。

（5）监护伤员的生命体征、意识、瞳孔及一般情况的变化，加以记录。

（6）观察伤员腹部体征及其变化情况，加以记录。

五、断肢（指、趾）的现场救护

断肢（指、趾）伤在道路交通事故中并非少见。随着显微外科的发展，断肢（指、趾）再植的成功率也逐渐提高。

（一）断肢的种类

完全性断肢：肢体离断并没有任何组织相连，或有少量组织相连，但在清创时必须切除的断肢。

不完全性断肢：肢体骨折或脱位伴 2/3 软组织离断、主要血管断裂，如果不修复会发生血管远端肢体坏死的断肢。

（二）断肢（指、趾）的紧急处理

断肢（指、趾）紧急处理的好坏是断肢（指、趾）再植能否成功的关键。现场急救时若断肢（指、趾）仍在车轮底或在机器中，切勿强行将肢体拉出或将车轮、机器倒转，以免加重损伤。应立即设法顶起车轮、拆开机器，取出断肢（指、趾）。

1. 断肢（指、趾）残端的处理

断肢（指、趾）残端出血时，用三角巾、绷带以及干净布条、长毛巾等代用品进行加压包扎止血，如大动脉出血时用止血带。有条件时注射抗生素、破伤风抗毒素以防止感染。

2. 保存断肢

完全性断肢暂不做任何无菌处理；禁忌冲洗、涂药或溶液浸泡；应用干燥冷藏的方法保存。断指（趾）冰块保存法如图 6－5 所示。

图 6－5　断指（趾）冰块保存法

3. 迅速转运，力争 6h 内进行再植

立即将断肢（指、趾）与伤员一同后送，争取在 6h 内施行断肢（指、趾）再植术。离体断肢（指、趾）在常温下可存活 6h 左右，在低温下则可持续存活更长时间。

六、挤压综合征的急救

（一）挤压综合征概述

挤压综合征（Crush Syndrome，CS）是指四肢或躯干肌肉丰富部位较长时间受压榨、挤压造成的局部肌肉损伤形成筋膜间隙综合征，如继续发展则可造成挤压综合征。挤压综合征又称外伤性无尿综合征、缺血性肌坏死综合征、Bywaters氏综合征、外伤性肌红蛋白尿急性肾衰竭综合征；中医称为"压连伤"。

局部挤压伤伴有全身系统表现的综合征。全身系统表现主要由横纹肌溶解，具有潜在毒性的肌细胞成分和电解质释放进入血液循环所致。挤压综合征可引起局部组织损伤、器官功能失调及代谢异常，如肌红蛋白尿、酸中毒、高血钾、低钙和氮质血症，甚至急性肾衰竭等。

挤压综合征的易发部位的特点是：（1）具有丰富的肌肉。（2）无或少有纤维间隔，如大腿、上臂、臀部等。受挤压的部位突然减压，导致急性低血容量和代谢异常表现（再灌注综合征），而这可能导致致命的心律失常和猝死。此外，肌肉坏死后产生的毒性物质突然释放并进入血液循环，可导致肌红蛋白尿，若不治疗，则会引起急性肾衰竭，进而引起死亡。

（二）伤情判断

在现场，由于受医疗条件的限制，不可能为伤员实施血液生化、血气及酸碱平衡、肾功能及尿液等指标的检测分析，无法为伤情判定分类提供客观指标。因此，现场分类主要根据伤员受压时间、受压部位、局部损伤情况、生命体征变化、全身状况以及了解有无合并伤等进行初步判断。

1. 受压时间

首先了解伤员肢体或躯干受压时间。一般地讲，受压时间超过1h者发生挤压综合征的可能性较大。

2. 受压部位

了解受挤压的部位对伤情判断及分类有重要参考。挤压前臂、上臂、小腿、大腿及臀部等肌肉丰富的部位发生挤压综合征的可能性较大。

3. 局部损伤情况

在挤压伤早期，受压肢体可仅表现为麻木、无痛觉及局部压痕。当发展到筋膜间隙综合征时，受累肢体局部高度肿胀，出现水疱、紫癜、花纹及伤口大量渗液等。

4. 生命体征变化

血压、呼吸、脉搏、体温及意识状态是重要的生命体征。如遇伤员血压下降、呼吸浅快、脉搏细弱、体温偏低及意识模糊，提示可能发生了挤压综合征。

5. 全身状况

在挤压伤初期，伤员可能并无全身症状。一旦发生意识障碍，并有末梢循环差、嘴唇发绀、贫血貌，甚至衰竭状态者，提示为挤压综合征。

6. 了解有无合并伤

了解排查是否合并有呼吸不畅、颅脑创伤、胸腹部损伤、多发性骨折、脱水及出血性休克等。

（三）现场救护措施

1. 补液

挤压综合征伤员存在大量液体易位，导致低血压，现场救援时需要大量补液。补液必须由医务人员实施，救援人员做好配合工作。

2. 解除重压

抢救人员应迅速进入现场，力争及早解除重物压力，减少挤压综合征发生机会。

3. 肢体制动

伤员取平卧位，不移动肿胀的肢体，将伤肢暴露在凉爽处或用凉水降低伤肢温度（冬季要注意防止冻伤）。对付伤肢不抬高、不按摩、不热敷，目的是减少组织坏死产生的有害物质和毒素的吸收。

4. 止血、固定

在骨折处作临时固定。对开放性伤口和活动性出血者，应予止血，不加压包扎，一般不用止血带（大血管断裂出血时例外）。

5. 伤肢处理

尽量保留伤肢，如需截肢必须由医务人员进行，并充分考虑如下因素：

（1）伤肢无血运或严重血运障碍，估计保留后无功能者。

（2）情况紧急，且危及伤员生命者。

（3）伤肢并发特异性感染，如气性坏疽等。

6. 伤员转送

后送途中伤肢制动，并避免颠簸。严密观察伤员病情，包括尿液、血压、心率及心律等。

七、心脏骤停的急救

（一）心脏骤停急救概述

在交通事故现场，由于撞击、异物阻塞气道等原因导致被困者发生心跳、呼吸骤停的情形时有发生。心跳、呼吸骤停后，维持生命的基本条件——血液循环和肺的气体交换功能将终止，而脑细胞对缺血、缺氧最为敏感。一般情况下，大脑在心跳、呼吸骤停后 4~6min，可出现不可逆损害或脑死亡；小脑在其后 10~15min、延髓在其后 20~25min，也可出现不可逆损害。及时、有效的心肺复苏可大大提高心跳、呼吸骤停者的生存概率。大量实践证明，在心跳、呼吸骤停后 4min 内进行心肺复苏者，存活率为 50%；在其后 4~6min 进行心肺复苏者，存活率为 10%；超过 6min 才进行心肺复苏者，存活率仅为 4%；在其后 10min 以上进行心肺复苏者，存活的可能性近乎为零。由此可见，实施心肺复苏的时间越早，被救人员存活率越高。因此，对于心跳、呼吸骤停的被救人员，应争分夺秒地为其进行心肺复苏。

现场心肺复苏术亦称基础心肺复苏术，是指在因灾害事故导致患者发生心跳、呼吸骤停的现场，如火灾、地震、交通意外、危险化学品泄漏、洪水、建筑物倒塌等场所，由具有一定医学急救知识的消防队员、公安民警、红十字会会员等非专业人员或医务人员为心跳、呼吸骤停者实施的使其呼吸和循环功能恢复的急救技术，即在没有任何医疗仪器、设备的情况下，施救者采用人工呼吸和胸外心脏按压，使携氧的血液循环至脑部和心脏，以维持和延缓患者的生命。

(二) 现场心肺复苏术的操作步骤及技术要领

现场心肺复苏的主要任务是迅速、有效地恢复被救人员生命器官的血液灌流和供氧，主要包括 C—A—B 三个阶段：C (Circulation) 人工循环；A (Airway) 开放气道；B (Breathing) 人工呼吸。现场心肺复苏术的操作步骤及技术要领如下。

1. 确保安全

施救者到达被救人员身边后，应迅速观察现场环境，注意发现潜在危险，如裸露的电线、泄漏的油箱、坠落物、交通安全隐患等，并在安全的地方对被救人员实施救护，确保现场对施救者及被救人员均无危险。此外，确保个人防护措施到位，在接触被救人员的血液或体液时，必须戴胶皮手套；在传染病流行时，穿防护服、戴防护镜和口罩；在需要对被救人员进行口对口人工呼吸时，用面罩、防护口膜等进行防护。

2. 判断意识

在实施心肺复苏之前，首先应判断被救人员是否发生了心跳、呼吸骤停。对于成人和儿童被救人员，可轻拍其双肩，并在双侧耳旁大声呼唤"喂，您怎么啦"，如图 6-6 所示，如有反应即为有意识。切勿用力晃动被救人员的头部，以免对脊柱损伤被救人员造成二次伤害。对于婴儿被救人员，可轻拍其足底，并大声呼唤："喂，宝贝醒醒"，如能哭泣即为有意识。判断意识的时间为 5~10s，不可过长。

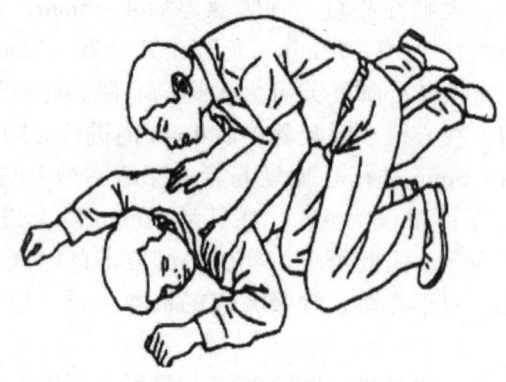

图 6-6 判断意识

3. 呼救

若通过上述判断，确定被救人员无意识后，施救者应立即大声呼救，请求旁边人员进行协助救援。

4. 摆放体位

通常情况下，在开始心肺复苏之前，必须确保被救人员处于仰卧位。其具体操作方法为：使被救人员仰卧于坚实的平面上，且头部不得高于胸部平面，并将头、颈、肩和躯干摆放至平直无扭曲位，双上肢放置于身体两侧，如图 6-7（a）所示。若发现被救人员没有在坚实的平面上，可将其移至硬质地面，或者在其背部放置一块硬木板或其他有坚硬平面的物品。

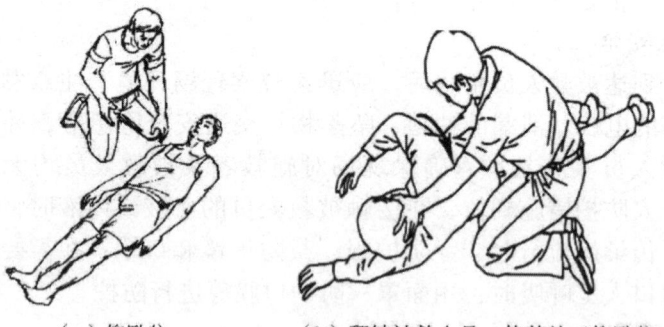

（a）仰卧位　　　　（b）翻转被救人员，使其处于仰卧位

图 6-7 摆放体位

若被救人员在心肺复苏前面部朝下或呈侧位、斜位等，则需将被救人员进行翻转。翻转时，头、颈部应与躯干始终保持在同一轴面上，使被救人员整体同步翻转成仰卧位，如图 6-7（b）所示，以免弯曲或扭伤颈部或背部。

5. 开放气道

昏迷被救人员的喉部肌肉会松弛，在呈仰卧位时舌根由于重力原因下坠至咽后壁，极易造成气道梗阻，如图6-8（a）所示。此时需开放气道，以利于通气。因舌肌连接下颌，若将下颌上抬，舌离开咽喉部，气道即可打开，如图6-8（b）所示。此外，呕吐物、血块、泥土或其他异物均可影响气道畅通甚至让人窒息。因此，施救者应先将被救人员的衣扣、领带、围巾、腰带等妨碍呼吸的衣物解开，再采取适当的方法开放气道，并迅速检查和清除口腔、鼻腔内异物或分泌物，如有假牙则一并清除。

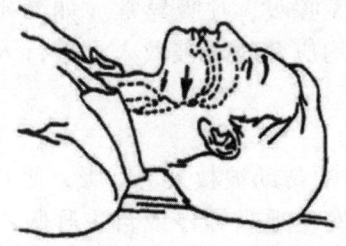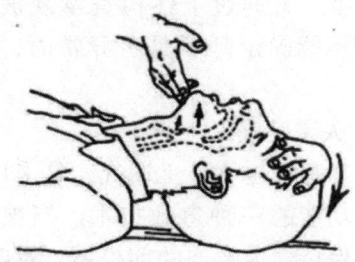

（a）昏迷被救人员的舌根后坠，阻塞气道　（b）提起下颌，舌根离开咽喉部，气道即可打开

图6-8　开放气道的原理

开放气道的方法很多，常用的有仰头提颏法和托颌法。

（1）仰头提颏法。本法解除舌后坠阻塞效果最佳。其具体操作方法为：施救者位于被救人员的一侧，用一只手按压被救人员的前额，另一只手的食指与中指并拢，置于被救人员颏附近的下颌骨处，将颏部向上抬起，使被救人员的头部后仰，后仰程度为下颌角与耳垂的连线与地面垂直，如图6-9（a）所示。

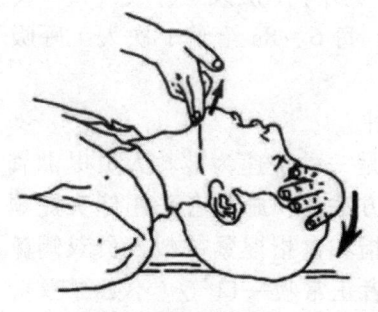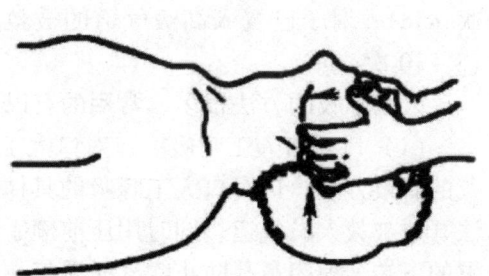

（a）仰头提颏法　　　　　　　　　　（b）托颌法

图6-9　开放气道的方法

（2）托颌法。对疑有颈椎损伤的被救人员，若采用仰头提颏法可能会移动其颈椎，增加脊髓神经受伤的可能性。为避免损伤脊椎，可以采取托颌法。具体操作方法为：施救者位于被救人员的头侧，将双手置于被救人

员面部，双肘支撑在被救人员头侧的平面上。施救者将双手拇指置于被救人员的口角或下唇部，推开口腔，其余手指紧握被救人员的下颌角处，双手抬举，使被救人员的下颌向前移位，如图6-9（b）所示。

6. 检查呼吸

正常情况下，成人的呼吸频率为12～20次/min，儿童为15～30次/min，婴儿为20～40次/min，且节律均匀，深浅一致。正常呼吸时，可见到胸部的起伏，可感觉到呼吸的气流并听到呼吸的声音。因此，当被救人员突然失去意识时，可用观察胸部有无明显起伏的方法检查被救人员有无自主呼吸。若通过上述检查发现被救人员无呼吸、呼吸异常（如濒死喘息）或不能确定呼吸是否异常时，施救者均应及时对被救人员进行人工呼吸。

7. 人工呼吸

人工呼吸也称人工通气，是采用人工方法帮助被救人员呼吸，使其恢复呼吸功能的一种急救技术。当被救人员发生呼吸骤停或自主呼吸不足时，在保持气道畅通的前提下，及时进行人工呼吸，可以有效地防止心脏发生停搏。通气时要自然平和，不要用力过猛，也不要突然用力，每次吹气量不要过多。施救者可通过避免吹气过快或过度用力来降低胃胀气的危险。吹气时，若被救人员的胸部起伏不明显或无胸部起伏，说明气道不畅通，此时应重新调整被救人员体位，充分开放气道。

吹气时间：对于成人、儿童及婴儿被救人员，均应持续吹气1s以上。

吹气量：以使被救人员胸廓有明显起伏为宜。

吹气频率：对于成人被救人员，每5～6s给予1次人工呼吸（10～12次/min）；对于儿童和婴儿被救人员，每3～5s给予1次人工呼吸（12～20次/min）；对于已置入高级气道的被救人员，每6～8s给予1次人工呼吸（8～10次/min）。

人工呼吸的方法很多，常用的有以下几种。

（1）口对口人工呼吸。口对口人工呼吸是一种快速为被救人员提供氧气的有效方法。口对口人工呼吸的具体操作方法为：施救者采用仰头提颏法开放被救人员气道，同时用压前额手的拇指和食指捏紧被救人员双侧鼻翼的下端，捏闭鼻孔防止吹气时漏气。施救者正常吸一口气（不必深吸），并用口唇将被救人员的口部完全包住，然后向被救人员口内连续、缓慢地吹气。如果吹气有效，被救人员的胸部会膨起，并随着气体的呼出而下降，如图6-10所示。吹气完毕后，施救者应迅速将口唇离开被救人员，并松开捏鼻的手指，以利被救人员借胸廓的弹性回缩使气体从口鼻处呼出。同时，施救者侧转头部，用眼睛观察被救人员的胸部是否起伏，并再次呼入新鲜空气，以便进行第二次人工呼吸。

图6-10　口对口人工呼吸

（2）口对（口）鼻人工呼吸。在特殊情况下，由于被救人员的牙关紧闭、口唇严重创伤或施救者行口对口人工呼吸不能将被救人员的口部完全包住时，可采用口对鼻人工呼吸。口对鼻人工呼吸的操作方法与口对口人工呼吸相似，只是需要使被救人员的口唇封闭，施救者用口唇完全包住被救人员的鼻部，然后向鼻腔内吹气，如图6-11所示。吹气时间、吹气量及吹气频率同口对口人工呼吸。

图6-11　口对鼻人工呼吸

对于婴儿被救人员，因其面部较小，可采用口对口鼻人工呼吸。口对口鼻人工呼吸的操作方法与口对口人工呼吸也相似，只是需要施救者用口唇完全包住婴儿的口鼻，然后向口腔和鼻腔内吹气，如图6-12所示。吹气时间、吹气量及吹气频率同口对口人工呼吸。

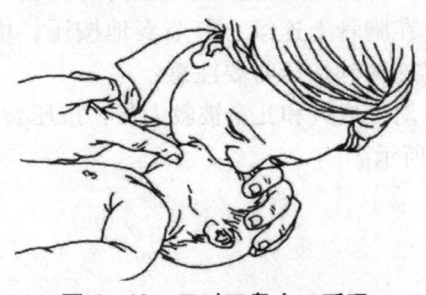

图6-12　口对口鼻人工呼吸

另外还有口对面罩人工呼吸和气囊面罩人工呼吸，使用气囊面罩装置进行通气，适用于团队操作。

8. 检查循环体征

心跳停止后，脉搏自然消失。颈动脉、股动脉均为近心大动脉，能较好地反映心脏的跳动。而颈动脉便于迅速触摸，且易于掌握，故一般以检查颈动脉搏动情况来判断被救人员有无脉搏，如图6-13（a）所示。切勿用力触摸，以免颈动脉受压，影响头部血液供应。对于婴儿被救人员，因其颈部较短而圆胖，颈动脉搏动不易触及，且有可能压迫气道，因此可改为触摸肱动脉，如图6-13（b）所示。这一检查过程至少需要5s，但不超过10s。

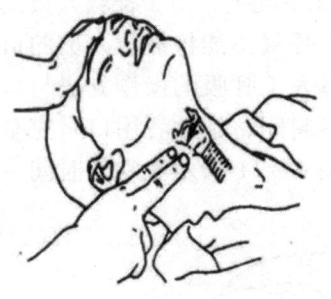
（a）触摸颈动脉搏动

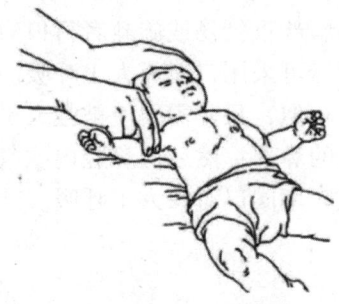
（b）触摸肱动脉搏动

图6-13　判断被救人员有无脉搏

当成人被救人员无脉搏，儿童和婴儿被救人员无脉搏或心率（脉率）低于60次/min并出现低灌注征象（如肤色差）时，应立即进行胸外心脏按压。需注意的是，当施救者不确定被救人员是否有脉搏时，也应进行胸外心脏按压。

9. 人工循环

人工循环也称胸外心脏按压，简称胸外按压，是指用人工的方法建立血液循环，促使血液在血管内流动，并使人工呼吸后带有新鲜空气的血液从肺部血管流向心脏，再流经动脉，供给全身各器官，以维持其功能。胸外按压的原理是通过在胸骨上连续、有节奏地按压，增加胸膜腔内压而产生人工血液循环。实施胸外按压时要注意：

（1）按压位置。对于成人和儿童被救人员，按压着力点在胸骨中下1/3交界处，如图6-14所示。

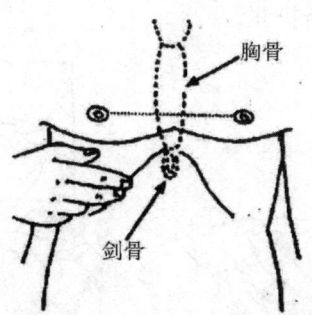

图6-14 成人与儿童被救人员的胸外按压位置

对婴儿被救人员，按压着力点为双乳头连线与胸骨正中线交界点下一横指处。

（2）按压手法。对于成人和年龄较大的儿童被救人员，可采用双掌按压，如图6-15（a）所示。按压结束后，施救者需完全释放胸骨上的压力，以使胸部完全回弹或重新扩张。注意：按压放松时，掌根不要离开被救人员的胸壁，且按压与放松的时间相等。

对于年龄较小的儿童被救人员，可采用单掌按压。其操作方法与双掌按压类似，不同的是施救者用靠近被救人员头侧的手按压被救人员的前额，保持气道畅通；另一只手置于按压区，垂直向下按压胸骨，如图6-15（b）所示。

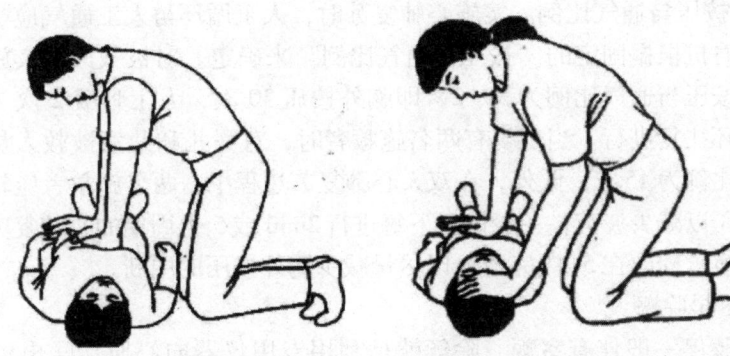

（a）双掌按压　　　　　　　　（b）单掌按压

图6-15 成人与儿童被救人员的胸外按压手法

对于婴儿被救人员，通常采用双指按压法和双拇指环绕法进行胸外按压。双指按压法适用于婴儿单人心肺复苏操作，如图6-16（a）所示。每次按压后，需完全释放胸骨上的压力，以使胸部完全回弹或重新扩张。

双拇指环绕法是体力可行的施救人员首选的双人婴儿胸外按压方法，如图6-16（b）所示。每次按压之后，需完全释放胸骨上和胸部的压力，以使胸部完全回弹或重新扩张。

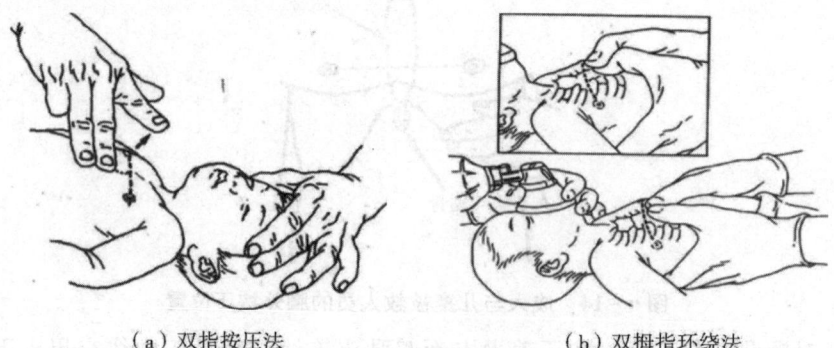

（a）双指按压法　　　　　　（b）双拇指环绕法
图6-16　婴儿被救人员的胸外按压手法

（3）按压幅度。按压幅度不足时，无法产生足够的循环血流。对正常体形的成人被救人员，按压幅度以5~6cm为宜。对于儿童和婴儿被救人员，按压幅度为其胸廓厚度的1/3~1/2（儿童一般为3~4cm，婴儿为2~3cm）。对老年被救人员而言，实施胸外按压时应特别小心，按压幅度应根据其肋骨弹性而定。

（4）按压速率。对于成人、儿童和婴儿被救人员，按压速率为100~120次/min，节律要均匀，防止冲击式按压。要达到这个理想频率的简单方法是大声数数，喊出1、2、3等。

（5）按压与通气比例。实施心肺复苏时，人工循环与人工通气应交替进行，交换时机根据固定的"按压与通气比例"来确定。对被救人员实施单人复苏时，按压与通气比例为30∶2，即胸外按压30次，人工呼吸2次为一个周期，循环往复进行。当现场有两名施救者时，对婴儿和儿童被救人员的按压与通气比例为15∶2。此外，在双人心肺复苏过程中，两名施救者应轮流进行胸外按压以减少疲劳，一般情况下每进行2min或5个周期的心肺复苏轮换一次，轮换过程应在5s内完成，以尽量减少胸外按压的中断。

10. 尽早除颤

心脏骤停一般伴有室颤，除颤就是利用专用仪器向心肌传送电流以终止室颤。当存在室颤时，心肺复苏虽可为心脏和大脑提供少量血流，但不能恢复规则的心律。要恢复灌注性的心律，便需要在心脏骤停后的最初几分钟内立即进行除颤。早期除颤对于心脏骤停被救人员来说至关重要。研究表明，除颤的成功率会随着时间的流逝而迅速降低，越早实施除颤，被救人员的存活率越高。在没有同时实施心肺复苏的情况下，从除颤开始到生命终止，每延迟除颤1min，室颤型心脏骤停被救人员的生存率将下降7%~10%。相反，如果同时实施心肺复苏，被救人员的生存率则大大提高。因此，一旦诊断为心脏骤停，在进行心肺复苏的同时，应尽早实施除颤，争取在室颤发生后 5min 内进行电击除颤。在救援现场常用的除颤仪器是自动体外除颤仪（Automated External Defibrillation，AED），是一种精确的计算机化的电击除颤设备，主要包括 AED 盒子、高能量电池和电极片等，其性能可靠、操作简单、易教易学，为挽救更多的心脏骤停被救人员提供了可靠的保障。

11. 呼吸和循环的重新评估

心肺复苏持续一个阶段后，应及时对被救人员的呼吸和循环进行重新评估。第一次评估在进行 2min 或 5 个周期的心肺复苏后进行，以后每隔一段时间进行一次评估，直到抢救成功或停止抢救为止。重新评估以检查大动脉搏动开始，并在 5~10s 内完成。若被救人员仍不存在循环体征，则应继续进行心肺复苏。若被救人员恢复了足够充分的自主呼吸，同时又具备了明显的循环体征，则停止心肺复苏，并将被救人员置于复原体位，如图 6-17 所示，同时严密监测被救人员的呼吸和循环状态。需注意的是，对于婴儿和年龄较小的儿童被救人员不建议使用复原体位，因为如果未能适当支撑其头部，这种体位可能会阻塞其气道。

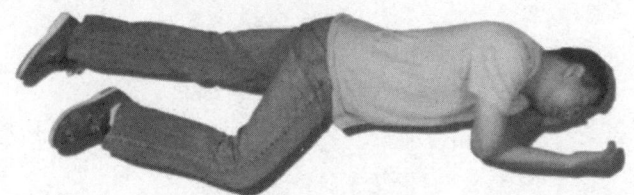

图 6-17 复原体位

（三）现场心肺复苏术的总结，如表 6-2 所示：

表 6-2 现场心肺复苏术总结

项目	青少年、成人	儿童	婴儿
身份认定	大于 8 岁	1~8 岁	小于 1 岁
开放气道	仰头提颏法，颈部创伤采用托颌法		
每次呼吸	2 次有效通气，每次 1s 以上		
在有可灌注心律时进行单纯通气	10~12 次/min	12~20 次/min	
高级气道置入后	8~10 次/min		
检查脉搏	颈动脉 5~10s	肱动脉或股动脉 5~10s	

（续表）

项目	青少年、成人	儿童	婴儿
按压着力点	两乳头连线中点与胸骨交界处		稍低于乳连线
按压方法	双掌按压	双掌按压或单掌按压	双指按压法或双拇指环绕法
按压深度	5～6cm	1/3～1/2 胸廓的厚度	
按压速率	100～120 次/min		
按压/通气比例	30∶2	单人30∶2，双人15∶2	

注：HCP 指健康从业人员。

第七章　重特大交通事故应急救援案例分析

案例一　甬台温高速公路乐清浦岐段"3·25"特大交通事故处置

2003年3月25日,甬台温高速公路温州乐清浦岐段发生一起特大交通事故。47辆车在长约2km的11个路段发生追尾,其中6个事故段共9辆车内有受困伤亡人员,1个事故段发生2辆化学品运输车起火燃烧,事故共造成11人死亡、29人不同程度受伤并入院救治。温州市消防支队接警后,出动乐清县大队、特勤大队所属3个中队,7辆消防车和2辆指挥车,共60余名消防官兵赶赴现场处置,支队指挥人员也随即赶赴现场组织指挥。广大消防官兵经过近3小时的灭火救援战斗,从6辆严重受损变形的车内,抢救疏散出31名被困的驾乘人员;扑灭满载硫黄等化学品的车辆火灾,并有效地防止随地流淌的油品起火燃烧,最大限度地降低了事故损失和人员伤亡。

一、事故概况及特点

（一）基本情况

经浙江高速公路交警支队温州大队事后调查,事发当时,出事路段浓雾弥漫,能见度很低。25日6时45分许,在高速公路乐清湾高架桥（北起甬台温高速公路温州方向38km+100m的地段,南止46km+900m处,全长8777m;桥面双向六车道,桥面净高5.2m）上,2辆从台州开往温州方向的大卡车和大客车首先发生追尾事故,后续车辆由于视线不良、车速快等原因,刹车不及时,连续发生追尾事故。此后1个多小时内,在近2km的路段先后有11处共47辆车发生追尾事故,多则十几辆车撞成一团,少则两三辆车相撞；有的整车顶部被撞飞，全车人员罹难；有的车辆整体变形，人员被压受伤；有的车辆装载着化学物品并起火燃烧，现场一片混乱。在相撞事故中，没有受伤的人员大都自行逃离，但一些驾乘人员则因受伤或车辆相撞变形移位而无法逃脱，累计有31人在3个事故段的5辆车内等待救援；随地流淌的油品也随时可能起火燃烧甚至爆炸，情况相当危急。

（二）主要事故段情况

整个事故现场接近2km，根据车辆碰撞情况，可分为11个事故段。其中，第一、三、四、八、九、十一事故段基本情况如下：

第一个事故段（41km+925m至42km处，计75m长的路段）。共有13辆车相撞，其中车牌号为浙CD×××的大客车上有24人受困（绝大多数因车辆碰撞造成头颈、脊椎挫伤，失去自救能力），1人当场死亡（大客车副驾驶员）。客车前部及驾驶室仪表盘变形移位后，将驾驶员夹在座位上，其严重失血；一辆小货车与之相撞，货车驾驶室已被撞变形，驾驶员卡在座位上并受伤，呼吸微弱。

第三个事故段（41km+100m至41km+200m处，计100m长的路段）。一辆浙江快客中1人受伤被困；另一车牌号为浙BB×××的货车内1人当场死亡。

第四个事故段（41km+30m至41km+40m处，计10m长的路段），一辆满载塑料颗粒的卡车与一辆装载硫黄的卡车相撞，发动机起火引燃塑料颗粒，硫黄也在高温下不断熔化燃烧。

第八个事故段（40km+700m处前后），一辆运载瓶装浓硫酸试剂的小货车尾部被撞，浓硫酸大量泄漏。

第九个事故段（40km+600m处前后，计30m长的路段），5辆车撞成一团。其中一辆大货车头部与一辆货车尾部相撞，驾驶员双脚被卡在驾驶室底部，前胸被顶卡在方向盘上，伤势严重；一辆满载塑料板材和纸品的大货车也发生追尾，板材散落并把该车车头挤压变形；一辆银灰色现代跑车受到连续撞击，整车变形，车顶被掀开，车上3男1女当场死亡。

第十一个事故段（40km+50m处前后，计20m长的路段）。一辆车牌号为浙BA×××的大货车上，2名驾驶员当场死亡。

二、处置经过

（一）力量调集

3月25日上午7时24分，乐清市消防大队乐清中队接到手机报警，称"在高速公路蒲岐镇附近发生交通事故，有浓硫酸泄漏引起火灾"。中队长即按一般车辆事故火灾处理，迅速组织2辆水罐消防车、16名官兵携带破拆工具前往现场，此时路面上仍然浓雾重重。

7时35分许，乐清中队头车在高速公路接近24km处首先看到一辆车牌号为浙CD××××的大客车车头与一辆大货车车尾相撞，货车车尾已穿过客车头部直抵车厢，客车右侧受到另一辆货车撞击并被死死顶住，副驾驶员已当场死亡，驾驶员腿部受压，人被卡在驾驶座上无法动弹，同时在车厢里还有23名乘客，其中有不少人员受伤，亟待救治。而在前方隐约可见数处有车辆相撞的大致情形，并在数百米远处有燃烧冒烟现象。经过询问，得知前方确有多个地方也发生事故，并有人员伤亡。

鉴于实际情况，到场指挥员迅速向大队、支队报告，要求增援。7时50分，支队特勤一中队接到支队调度指挥室命令，该中队一辆抢险救援车、一辆大吨位斯太尔泡沫水罐车及一辆普通水罐车、23名官兵在中队长带领下前往增援。同一时间，支队值班首长也及时前往现场组织指挥抢险救援行动。

（二）救援经过

1. 第一事故段

乐清中队头车指挥员立即组织利用液压破拆器具实施救人，一名班长爬上客车驾驶室，用液压剪和切割机实施破拆，救出驾驶员；另一名班长立即拿来单杠梯，爬上车厢用消防斧敲开客车玻璃，爬进车厢，把压在椅子底下的被困人员抱出窗外，3名战士在外面把被困人员背上消防车（当时救护车还未到场）。官兵们一边抚慰受困人员，一边紧张有序地一一把受困人员转运到安全地带。

中队长经向现场人员询问了解后，对整个现场做了初步分析，决定留头车部分人员继续解救第一事故段现场的受困人员，其余力量到前方处置火灾和其他事故。

经过10多分钟的破拆施救，客车上的24名乘客均被官兵们顺利救出，受伤人员也被及时送往医院。但该车的驾驶室因与货车尾部撞成一体，驾驶员被方向盘卡位，人处于昏迷状态，解救难度很大。救援人员一边用扩张器顶住，一边手脚并用，撬出局部解救的空间。8时35分，增援的特勤大队抢险救援车赶到，利用液压破拆组等特种工具进行施救，才将严重变形的驾驶室撑起，成功救出驾驶员（驾驶员小腿以下粉碎性骨折，失血严重）。

在浙CD××××客车的右侧，一辆小货车与之相撞，货车驾驶室已被撞变形，驾驶员卡在座位上并已受伤，呼吸越来越弱。救援人员立即展开抢救，他们争分夺秒，利用扩张器等破拆工具把变形的车体一段一段地撬开，最终将驾驶员成功救出。

2. 第三事故段

在第一事故段奋力施救的同时，大队指挥员根据现场有关人员的反映，派员沿路搜寻在事故中被困的其他人员。在41km+100m处，一辆"浙江快客"客车的右侧与前面一辆货车尾部相撞，客车右侧变形，1人受伤并被压在座位上。乐清中队一班长利用客车上的撬棍将其成功救出。

3. 第四事故段

在第一事故段奋力施救的同时，乐清中队根据大队指挥员的命令，又率2辆消防车赶到第四事故路段，发现一辆满载塑料颗粒的卡车与一辆装载硫黄的卡车相撞，塑料颗粒起火猛烈燃烧，硫黄也在高温下不断熔化燃烧，两辆车笼罩在火海中，浊黄色的浓烟夹杂着刺鼻的气味笼罩着事发地段，路边的铁护栏已经烧弯变形，燃烧的硫黄流淌到地面后造成了地面开裂，而汽车的油箱口也喷出火焰，随时有爆炸的可能。于是迅速指挥战斗员佩戴空气呼吸器展开战斗。他们一边疏散周围围观群众，一边用直流水枪压制塑料火势，用喷雾水枪冷却油箱，同时利用携带的灭火器扑救硫黄火灾。经过近1个小时的扑救，火势得到控制。此后，有关部门运来了一批水泥用于覆盖灭火，大火终被扑灭。为防止火灾或其他问题再次发生，留一辆车3名战斗员在现场监护，直到14时许，两车被吊运清理完毕。

4. 第九事故段

在约40km+600m地段，搜寻到此处的教导员和大荆中队排长发现车牌号为皖P1××××的大货车里有人呻吟，于是立即组织在场的官兵和周围群众搬运物品，并运用器材进行清理。经仔细检查，发现车内有4人被困，且有的伤势较重。由于该车货厢前板及驾驶室向前压扁，上面压着大捆塑料板材和纸张等物品，车辆前部因向前撞击而向上折扁，车辆大梁下弯，4名被困者被挤压在一起，按常规方法进行切割破拆难度很大，而且容易伤到被困人员。经过认真分析，现场指挥员迅速调来抢险救援车，起吊压在车上的整捆纸张等物品，特勤一中队中队长利用切割机分别对货厢前板一侧及驾驶室后板一侧进行切割，再组织人员利用抢险救援车分别对货厢前板和驾驶室后板进行吊拉，并安排人员用肩顶和手扳，将驾驶室后板剥离。因货车变形严重，被困人员还是无法救出。特勤一中队再次利用抢险救援车起吊装置对大货车的驾驶室前部进行起吊，并用液压扩张器进行扩张，终于救出4人（其中2人送医院后抢救无效死亡）。

与此同时，前面那辆大货车也在乐清大队、特勤一中队官兵的努力下，利用切割机和扩张器将变形破损的驾驶室切割转移后，再用液压顶杆将移位的仪表盘及方向盘撑起，将驾驶员救出。在切割中，为防止火星溅伤受困人员或引燃泄漏的油料，官兵们还小心地用衣物覆盖在驾驶员身上和泄漏出的油料上。

在其他一些地段，消防官兵还参与了现场监护和清理等工作。例如，特勤大队的水罐车和泡沫水罐车到场后，在液化石油气槽车旁及其他有可能因油品泄漏引发火灾的地段监护，防止发生燃烧爆炸。官兵们还准备了一批灭火器，以做好应急准备。

在成功抢救出31名驾乘人员之后，参战的消防官兵还主动参与事故现场的善后工作，从5辆事故车辆内清理出9具尸体。

9时40分左右，在救援任务基本完成后，特勤大队3辆车先行归队备勤。乐清中队及大荆中队各一辆水罐车也在随后归队。15时50分，乐清中队的2辆战斗车在协助完成现场清理工作后归队。

三、经验总结

"3·25"特大交通事故事发突然，场面大，遇险人员多，现场十分惨烈，大部分遇险者已昏迷不醒，失去行动能力，或被物体、车架夹住无法动弹，有的遇难者肚破肠流、脑浆四溢，惨不忍睹。同时，由于事发时该路段浓雾弥漫，能见度不到10m，给抢险救援的协调指挥和参战人员的安全保障构成严重影响。但参战官兵不畏艰险，克服经验不足、器材缺乏等困难和对现场惨状的心理障碍，沉着机智，正确运用技战术，充分发挥了公安消防部队在社会抢险救援中的"尖刀"作用，赢得了地方领导和群众的一致好评。

（一）接处警准确，行车路线选择正确，第一出动力量到场快、装备全，增援力量调集及时

高速公路是全封闭的道路，一旦走错就得绕道几十千米。但乐清消防中队接到报警后，及时问清事故点的方位，正确区分道路入口，在确保浓雾天气行车安全的前提下，以最近的行车里程，在最短的时间内，作为第一支事故抢险力量赶到事故现场。此外，中队指挥员敏感地意识到高速公路事故极易造成人员受困，因而在出车时加带了一套液压破拆工具，为首批人员及时获救创造了条件。到场后发现情况严重，又迅速调集中队所有力量，并同时向支队指挥中心报告，为抢险救援赢得了宝贵时间。

（二）处置方案合理，人员分工明确，救援措施得当，避免了二次伤害的发生

在装备少、人员不足的条件下，到场的各级指挥员始终坚持救人第一原则，果断采取了确保重点，集中装备，分步处置的措施，将到场人员分为破拆救人、灭火、安全警戒、事故侦察4个小组，使整个救援工作有序高效开展，并及时消除如燃油外漏等造成的潜在险情，控制了灾情的发

展；针对严重损坏变形的车体，参战官兵灵活应用各种特种装备和破拆方法；在施救过程中，参战官兵及时告知并抚慰遇险者，减缓他们心理和生理上的应激反应；在破拆切割过程中，为防止溅起的火花伤到遇险人员或点燃地上流淌的油料，参战官兵用战斗服遮盖，用泥沙掩盖；同时为减少受伤人员的痛苦，官兵们在抢险救援过程中想方设法地避免对人员可能造成的伤害。

（三）充分发挥各种特种装备性能，专勤人员规范操作，消防特勤队伍效能显著

在这次事故中，许多车辆或挤压在一起，或被承载的重物所覆盖，车体严重变形，受伤的驾驶员因方向盘、坐椅移位，被挤压而无法动弹，要想救出受困人员，没有成套的破拆工具和起吊设备、牵引设备，单靠人力是不可能成功的。处置中参战官兵充分发挥各种特种器材装备的作用（累计使用组合式液压破拆工具2套6件，便携式多功能液压剪2件，切割机3台，还有吊机、绞盘、千斤顶等装备），及时将31名人员救出，挽救了多名因失血过多而休克的重伤人员的生命，且在长达3小时的抢险救援中，所有器材装备无一出现故障，确保了救援工作的顺利进行，体现了消防特勤队伍作为抢险救援主力军的"尖刀"作用和训练有素、技术过硬的作风。

（四）参战官兵英勇顽强，临危不乱

这次事故人员伤亡多，情形惨烈，对官兵的心理素质是一次巨大的考验。在事故现场既要救人，又要灭火，还要防止油品燃烧爆炸等其他次生事故的发生，同时救援难度大、人员多、时间久，对官兵的技战术水平和身体素质也提出了很高的要求。但在持续近3个小时的灭火救援中，广大参战官兵克服种种困难，遇险自若、临危不乱，以极大的毅力投入战斗，并圆满完成了整个救援任务，受到地方领导和被困人员的高度赞誉。

四、存在问题

高速公路重特大交通事故处置缺乏相应的处置机制和预案，消防官兵也缺乏相应技术和知识的教育训练，因而在处置中也暴露出一些不足之处。

（一）缺乏高速公路交通事故处置经验，对最初灾情的估计不足

消防官兵普遍对高速公路交通事故的特点及可能造成的事故程度缺乏认识，加之报警人没有说清灾害的严重情形，所以接到报警后，并没有按重特大事故的处置预案加强第一出动力量，并在第一时间向支队报告情况，要求调集增援力量，以及通知相关部门调集大型吊车等专用车辆。此

外，到场后没有及时意识到后续事故的发生，并采取有效的封闭道路的措施。

（二）高速公路交通事故处置快速反应机制不健全，没有制订有消防参与的预案，在联动指挥上也存在混乱场面

事故发生后，有关部门反应较迟缓。消防中队到场后，成为唯一有能力施救的力量。首先，由于缺乏相关部门的配合，救援行动受到一定的影响，如消防队已在现场救人，但道路还未封闭，车辆还在通行。其次，到场的力量没有统一的组织指挥机构，交警、卫生、路政等部门到场后，都是各干各的事，缺少配合。

（三）现有的特种器材装备不能满足需要，尤其是缺乏救护器材

特勤大队及乐清大队所配备的特勤装备，在此次抢险救援中发挥了不可替代的作用。但是由于出事车辆多、路段长、受困人员多、救援难度大，所配备的抢险救援车及破拆工具虽然种类多，但数量少，且适应性受限，延长了救援时间。尤其是缺乏肢体固定、止血等救护器材，极易使伤员遭受二次伤害。

（四）消防官兵的教育训练内容和方式，以及当前执勤备战基础业务工作不能适应现实需要

由于业务经费不足，执勤中队训练，包括特勤队伍的训练，一方面缺乏模拟训练设施；另一方面缺少训练用的器材装备。因此，专勤训练还停留在器材性能熟悉和基本操作方法的训练上，缺少实战性。当前的消防教育训练内容及执勤备战基础业务建设工作，缺乏针对交通事故处置及其他灾害事故处置的训练教育和战斗准备。

案例二 西藏"4·21"特大交通事故处置

2006年4月21日11时15分，一辆载有20多名乘客的宇通客车翻入拉萨河中，10多名乘客被困车内，生死不明，亟待救援。

接警后，拉萨市消防支队先后调集责任区堆龙消防中队2辆消防车和特勤大队2辆抢险救援车，以及23名消防官兵前往事故现场救援。经过5个多小时的紧张救援，成功地将13名遇难者打捞上岸。此次特大交通事故共造成15人死亡。

一、基本情况

一辆车牌号为藏AA××××的中型宇通客车经318国道，从日喀则市向拉萨市行驶，行至距拉萨市35km处时，因方向盘失灵坠入拉萨河中，

有 10 多名乘客生死不明。公路距河面高度约 3m，该河段水深平均约 10m。事故路段位于拉萨河北侧，道路呈东西走向，宽约 6m。客车落水处水流湍急，水下情况复杂，能见度低。

二、救援经过

特勤大队 12 名参战官兵、两辆抢险救援车于 11 时 55 分到达事故现场。途中支队长根据已掌握的现场情况，迅速启动抢险救援联动机制，调集地方单位重型机械，以及公安、交通、医疗等相关部门前往现场施救。特勤大队到场后，迅速展开了救援工作，研究救援措施，部署救援任务：一是及时成立了以支队长为总指挥的现场指挥部，统一组织指挥现场救援工作；二是及时对现场人员进行询问了解，掌握第一手资料，为水下救援提供可靠依据；三是命令特勤大队潜水员做好下水前的准备工作，及时展开救援。

（一）现场察看，确定方案

先期到场的堆龙消防中队官兵赶到现场时，事故客车已全部淹没于水中，不见踪影，此时离客车坠入河中已过去将近 40 分钟，10 多名乘客生死不明。由于辖区中队没有潜水设备，情急之中他们组织了两名水性较好的战士在没有任何装备的情况下潜入仅有 3℃ 的河水中寻找被困人员，但水流较急，水温较低，水下情况复杂，没有成功。于是指挥员决定暂停徒手救援，命令一部分人员配合交警支队对事故路段实施交通管制，另一部分人员配合医疗急救人员对生还者进行救治，等待特勤大队到场施救。特勤官兵于 11 时 55 分到达现场后，立即对事故现场进行勘查。

经过 10 分钟的准备工作，12 时 05 分，指挥部根据现场情况，本着救人第一的原则，命令特勤大队两名潜水员下水对事故车辆及被困乘客进行全面、仔细搜索，并实施救人，同时命令警戒组协调交警部门对事故路段实施交通管制。

两名潜水员经过 10 分钟的侦查，于 12 时 15 分报告了侦查情况：事故车辆为宇通客车，客车内有 10 多名人员被困，初步断定已经遇难；车尾深陷于淤泥中，驾驶室挡风玻璃已破碎，车顶满载货物，并且已将导向绳固定在事故客车尾部行李架上。此时，事故车辆已淹没 1 个多小时，现场120 判断被困乘客已无生还可能。根据水下侦查情况，指挥部决定由抢险救援转为打捞遇难者遗体和事故车辆，采用钢丝绳固定客车车窗，利用起重机等大型机械设备进行起吊。

（二）实施固定，拖吊结合

12 时 45 分，一辆 30t 的大型吊车和一辆交通清障车到达现场，在指挥部的组织下做好起吊前的准备工作。13 时整，潜水员第二次下水，经过几番努力，终于将钢丝绳牢牢套在事故客车靠公路一边的窗框上，实施起吊。13 点 12 分，事故客车车尾浮出水面。

为防止客车车窗在起吊过程中被折断，救援人员利用钢丝绳对车头和车尾实施多处固定。随后，指挥部组织吊车和清障车协同用力，一步一步将事故客车往岸边拖移。

在拖移事故客车的时候，第一名被困者（约 1 岁半小女孩）被水流冲出车外，漂浮于河中，救援人员迅速将其打捞上岸，经抢救无效死亡。

13 时 40 分，事故客车被成功吊至公路上。消防官兵和医疗急救人员对车内被困人员进行紧急施救，共清理出 8 具遇难者尸体，经医生判断确认死亡。13 时 53 分，在清理完车内遇难者尸体后，通过询问知情人，经核对发现还有 3 名乘客下落不明。指挥部决定让潜水员稍事休息，对身体进行调整恢复后，再次下水进行打捞。

（三）克服困难，打捞搜寻遇难者

潜水员经过调整恢复后，于 15 时 35 分、16 时 15 分两次下水，先后成功打捞出第 12 名、第 13 名乘客。经反复询问当事人，并核对遇难者尸体，事故客车驾驶员称还有两名乘客下落不明，要求再次下水打捞。由于潜水员在 3700m 以上的高原，长时间在深达 10m 的水下进行作业，加之河水冰冷刺骨，体力消耗过大，潜水员出现了头痛、耳鸣、胸闷、鼻腔出血、耳朵不能排压并伴随刺痛等症状，指挥部决定暂停打捞作业，安排在第二天进行，并迅速将潜水员送往医院观察治疗。其余消防官兵于 16 时 55 分撤离事故现场，安全返回驻地。

三、经验总结

（一）高度的政治责任感和使命感，是此次水下救援取得胜利的基本保证

西藏位于祖国的西南边陲，历来是反对民族分裂、维护祖国统一的前沿阵地，任何一件事情处理不及时，都有可能引起国际社会的关注，造成政治、外交斗争的被动。拉萨消防支队在反对分裂、维护祖国统一的同时，以高度的政治责任感和使命感，积极投入执勤灭火、抢险救援、反恐处突、社会救助当中。2006 年以来，共出警 493 次；出动车辆 796 辆；出动人员 4714 人次，为创建和谐西藏做出了应有的贡献。

（二）及时成立现场指挥部，科学决策

消防救援力量到场后，及时成立了以拉萨公安消防支队支队长为总指挥的现场指挥部，迅速进行现场侦察，广泛听取各级指挥员的意见和建

议，果断命令潜水员潜入水下对事故客车进行捆绑固定，并精心组织，确保抢险救援工作万无一失。

（三）反应快速、力量调集迅速，为抢险救援提供了有利的时机

此次救援过程中，指挥员一直密切观察现场救援情况，根据现场具体情况及时调整救援措施，迅速调集地方大型机械设备，为成功救援奠定了基础。

（四）坚持训练、熟悉装备，是水下救援取得胜利的坚强保证

西藏自然环境恶劣，空气稀薄，气温低，异常寒冷，随着海拔的增加，人体动脉血氧饱和度也从海平面的90%逐渐降低，到4000m时降低至85%，到6000m时则只有70%。氧饱和度的降低，增加了血液输送的困难。在高原缺氧条件下，人的静息心率也会随海拔增加而加快；在做相同强度运动的条件下，人在高原地区的心率明显比在平原地区快。在5000m的高原负重行军时，心率每分钟可达150次，相当于在低海拔地区进行了高强度训练，更有甚者，心率每分钟可达198次，已接近人体运动时的极限心率。未经适应性训练的人到达海拔5000m以上地区后，急性高原反应发生率一般可达70%~90%。如何提高适应高海拔地区环境的能力，是摆在消防部队面前的紧迫课题。因此，高原水上救援对潜水员的体能素质有着较高的要求。拉萨市消防支队水上救援分队自2004年成立以来，接警出动42次。主要是以打捞遇难者遗体为主，成功率达95%以上，并有5次成功救活落水者，共计8人。在训练中，不仅按公安部消防局和总队大练兵的要求，加强对潜水员和指挥员的技能训练，而且根据西藏的地域特点，多次到拉萨河和雅鲁藏布江实地勘察，取得第一手资料，研究适合西藏的水上救援战术措施。

（五）各部门通力协作，为抢险救援提供了有力保障

接到事故报警后，拉萨市消防支队按交通事故处置联动预案，及时调动了公安、交通、医疗等相关部门，维持现场秩序，救治逃生伤员，发挥了较好的作用。

四、存在问题

（一）潜水服陈旧老化，超过使用年限，潜水器材的更新跟不上水上救援形势

西藏属于欠发达地区，拉萨消防支队每年的业务经费只有60万元，而水上救援服在发达国家最多使用3次就必须更换，拉萨市消防队水上救援分队的潜水服已经使用两年，使用已达42次，由于条件限制，使得潜水器材的更新不能满足水上救援需要。

（二）水下通信落后，使得潜水员的水下安全得不到有效保障

由于现在投入执勤的水下通信设备已经使用两年，厂家早已不再生产，无法为其购置修配的零部件，造成水下情况只能靠绳语联系，潜水员只能接受指挥员下达的命令，指挥员不能接收到潜水员水下反馈情况，水下情况不能及时传达到指挥部，造成现场通信不畅。

（三）潜水员数量不足，不能满足水下救援的需要

目前，面对日益增多的救援任务，受部队编制、身体素质等影响，拉萨支队只有6名潜水员能够下水进行救援，由于西藏特殊的地理环境，选拔出的潜水员有限，加之潜水员休假、考学等因素，不能满足日益增多的水下救援出警需要。

（四）救援人员的心理素质有待提高，需加强心理素质训练

现有的战士都是独生子女，虽然联系驻地医院让潜水人员到停尸房进行过心理素质训练，但有的战士从未接触过事故现场的尸体，在潜水救援现场有胆怯现象发生。

案例三 京沪高速淮安段"3·29"液氯泄漏特大事故处置

2005年3月29日18时50分，京沪高速江苏淮安段103km处发生一起重大交通事故，导致肇事车辆内大量液氯泄漏。淮安市消防支队接警后，迅速调集8个中队的29辆消防车、150名指战员到场救援。江苏省消防总队接报后，先后调集5个支队的10辆消防车、90名消防官兵到场增援。经过近65个小时的艰苦奋战，成功处置这起液氯槽车泄漏事故。此次事故波及淮安市淮阴、涟水2个县区的3个乡镇、11个行政村，处置中疏散15000余人。事故造成28名村民中毒死亡，350人住院治疗，270人留院观察。

一、基本情况

（一）京沪高速情况

京沪高速公路双向4车道，全长1262km，江苏境内长465km，其中淮安段长70km。日平均车流量16000辆，29日车流量为18665辆。

（二）车辆情况

车牌号为鲁H0××××的液氯槽车长12m，罐体直径2.4m，额定载重量为15t，实际载有约40.44t液氯，超载25.44t。事故后有关部门对车

辆进行检测发现，车辆已半年没有经过安全部门检测，左前轮胎已到报废期，达不到危险化学品运输车辆的性能要求。

车牌号为鲁QA××××的全挂卡车长13m，装载空液化气钢瓶（5kg/只）约800只。

（三）现场情况

事故点下风及侧下风方向主要有淮阴区王兴乡的高荡、张小圩、圆南和涟水县蒋庵乡的小陈庄、悦来集、张官荡、石桥等行政村，其中邻近的有高荡村3个组200户约550人，事故点离最近住户的直线距离只有60m。

事故现场没有可利用水源，最近的取水点有三处，都是直径为150mm、流量18L/s的室外消火栓。分别在事故点北面的淮安北出口处（8km）、事故点南面的淮连高速公路服务区（12km）、事故点南面的淮连高速公路收费站（16km）。

（四）气象情况

29日18时，晴到多云，东到东南风，风力3级左右，风速3.8m/s，气温12℃。30日晴，东南到南风，风力1~2级，风速0.8~3.2m/s，气温6~20℃。31日晴，南到东南风，风力1~2级，风速0.8~3.2m/s，气温6~21℃。

二、救援经过

事故救援工作经历了以下四个阶段。

（一）第一阶段：快速堵漏，疏散救人

1. 接警出动

2005年3月29日18时55分，淮安市消防支队接到淮阴区公安110指挥中心转警，京沪高速淮安段上行线103km+300m处发生交通事故，大量的液化气钢瓶散落地面，并发生泄漏。支队长、副支队长立即率领3个中队11辆消防车（2辆抢险救援车、6辆水罐车、3辆泡沫车）、90名消防官兵迅速出动。考虑到高速公路事故可能会造成拥堵，为抓住有利战机，分别从（京沪高速）淮安北入口、淮安南入口进入，于20时10分、12分相继到达现场。

2. 成立抢险指挥部

到场后，立即在距事故点侧上风方向200m处成立以支队长为总指挥的抢险指挥部，下设侦检、搜救、疏散、堵漏、稀释和安检6个战斗小组，同时命令侦检小组进行侦检。

3. 侦察检测

20时25分左右，侦检小组查明泄漏源来自侧翻的槽车，车上无人，确定泄漏物质为氯气，泄漏口为两个比较规则的圆形孔洞，泄漏量很大（尚剩一半左右）。另一辆卡车运载的液化气钢瓶为空瓶，司机已死亡。

情况查明后，指挥部采取了以下措施：

（1）全体指战员必须穿防护服，佩戴空气呼吸器，加强个人防护，确保自身安全。

（2）立即疏散高速公路两头滞留的驾乘人员，并设立警戒线。

（3）从南北两侧的侧上风方向各出 2 支喷雾水枪，对泄漏气体稀释驱散。

（4）安检组对进入现场的指战员严格记录，强调进出时间，检查个人防护装备。

（5）组织搜救小组，迅速进入村庄进行疏散救援。

（6）迅速调集支队机关和城西、城南、涟水、淮城、洪泽中队赶赴现场增援。

（7）立即将现场情况向市公安局、市政府和总队报告：现场液氯有大量泄漏，严重威胁高速公路滞留车辆驾乘人员和周围村庄群众的生命安全，请求市政府启动社会应急联动机制，调集公安、武警、交通、安监、医疗和环保等相关部门到场，加强警戒，监测环境，播报灾情，迅速疏散群众。

4. 设立警戒

根据侦察情况，指挥部运用化学灾害事故辅助决策系统，计算出事故区域的范围。其中，重危区约 $0.64km^2$，轻危区约 $9.8km^2$，警戒区为 $15km^2$。并在离事故点上风 1km 和下风 1.5km 处设立警戒线。

5. 疏散救人

组成 5 个搜救小组，每组 4 人，由 1 名组长负责，迅速进入村庄进行疏散救人。对疏散、搜救出的人员，应往上侧风方向，即指挥部方向撤离。

在整个救援过程中，消防队员共引导疏散遇险群众 3000 余人，营救 84 名中毒群众，其中 79 人生还。

6. 快速堵漏

20 时 25 分，根据侦检组查明泄漏点的情况，指挥员命令堵漏人员穿着全密封防化服，携带堵漏木塞，在水枪掩护下迅速实施堵漏。经过密切配合，21 时许成功地封堵两个泄漏孔。同时，稀释小组对泄漏区保持不间断的稀释驱散。

7. 安全检查

为了确保参战指战员的安全，明确专人负责个人防护装备检查，记录人员进出情况，规定战斗小组进入毒区的行动时间和返回时间，密切注视进入毒区人员特别是搜救人员空气呼吸器使用的时间。

8. 战勤保障

启动战勤应急保障预案，及时调集器材装备、油料、食品、御寒物资等到场，保障供给。

至此，淮安支队通过迅速启动应急救援预案，立即组织侦检，设立警戒，疏散救人，向上级报告灾情，迅速启动社会应急联动机制，快速实施堵漏。有效地控制了灾情，抢险救援工作初战告捷。

(二) 第二阶段：研究方案，排除险情

1. 成立现场指挥部

22时55分，总队领导到达现场，由江苏省公安消防部队政委接任总指挥，江苏省消防总队副总队长、淮安市副市长、淮安支队支队长任副总指挥，由淮安支队支队长和副参谋长负责前沿指挥。现场指挥部决定继续加大搜救力度，按照乡村干部提供的有关情况，对氯气重危区内村庄再一次进行全面搜寻。

2. 确定中和方案，消除毒源

经过参战官兵共同努力，现场情况稳定。指挥部考虑到堵漏木塞在不断被腐蚀，液氯随时都有再次大量泄漏的危险，如果液氯槽罐不及时转移，毒源不彻底消除，危险就会随时存在，京沪高速也无法恢复正常通车，指挥部积极研究制订排险方案。最终确定在事故点侧上风方向约300m的高速公路桥下，构筑中和池，将泄漏槽罐置入池中，加入氢氧化钠溶液进行中和。

3. 起吊、输转准备

现场指挥部决定调集吊车、清障车和平板车到场；调集武警官兵构筑人工水池；落实氢氧化钠溶液送达现场。确定移运路线、监护方案。30日2时20分，清障车将车头拖出现场。

4. 跨区域力量调集

2时30分，现场指挥部考虑到处置时间长、任务重，现场防护装备消耗量大，指战员体能消耗大，决定跨区域调集力量。先后调集了徐州、连云港、南京、盐城、苏州5个支队、10辆消防车、90名指战员、120套空气呼吸器、20套防化服、1台移动充气设备到场增援。

5. 起吊槽罐

3时30分，第一次使用50t吊车起吊没有成功（因为超载，对重量估计不足），指挥部研究决定，再调集一辆50t吊车到达现场，采取两辆吊车同时起吊的方法起吊。11时许，将液氯槽罐吊起，放至大型平板车上。

6. 安全转移

12时40分，在消防官兵的监护下，液氯槽罐安全转移到中和池边。由于受场地和吊车起吊重量的制约，无法将槽罐准确放入池中，指挥部又紧急从连云港港务局调来一辆150t的大型吊车。15时30分，液氯槽车被准确放入池中。抢险救援工作取得初步成效。

（三）第三阶段：中和反应，消除毒源

指挥部共调集300t浓度30%的氢氧化钠溶液到达现场，进行中和。

19时15分，由于东侧堤坝泥土松动，出现渗漏，致使堤坝坍塌，液面下降，液氯槽罐两个泄漏口暴露在空气中（中和池旁监测浓度：33.3mg/m^3），使加固堤坝的工作遇到了很大困难，指挥部决定调用两台大功率挖掘机加固堤坝。

22时10分左右，堤坝加固完毕。此时，又调集200t氢氧化钠溶液到场，使中和继续进行（中和池旁监测浓度：2.1mg/m^3）。

31日9时许，为加快中和速度，指挥部决定用水带直接将氢氧化钠溶液引至泄漏口进行中和。

19时15分左右，槽罐内液氯中和完毕（中和池旁监测浓度：0.1mg/m^3）。

（四）第四阶段：罐体移运、洗消降毒

1. 罐体移运

4月1日11时许，槽罐被成功吊放并固定在大型平板车上，在警车开道和消防车的监护下，驶离事故现场。12时8分，液氯槽罐被安全运送至江苏某化工机械有限公司。

2. 洗消降毒

（1）人员、装备洗消。处置过程中，及时对官兵、装备进行洗消。

（2）环境洗消。根据液氯的理化性质和受污染的情况，对污染区进行监测洗消。环保部门对污染现场进行不间断环境监测，直至毒气全部消除。

调集100台喷雾机和10辆大型喷雾车对污染区喷洒氢氧化钠溶液。调集10辆水罐消防车，利用雾状水对污染区进行稀释。对中和池周围进行封闭，专人看护，确保中和后的液体自然降解。

至此，消防官兵经过65个小时的连续奋战，液氯泄漏事故成功处置结束。

三、经验总结

(一) 领导高度重视是成功处置的保证

事故发生后，时任国务院副总理黄菊、时任国务院秘书长华建敏等中央领导作出重要批示。省、市党委、政府和公安机关领导一直在事故现场组织指挥抢险救援战斗，充分体现了各级领导的高度重视。迅速启动了应急联动机制，调集公安、武警、安监、交通、环保、卫生等相关部门和有关技术人员赶赴现场，为及时有效处置灾情奠定了坚实的基础。

时任公安部副部长刘金国同志对事故处置工作作出重要批示：江苏省公安消防部队快速反应，指挥若定，处置坚决、果断，全体参战官兵奋不顾身，英勇顽强，表现出了对群众、对工作极端负责的精神，表现出了不怕牺牲的革命英雄气概。感谢消防官兵出色的抢险救援工作，给予表彰。向受伤的同志表示亲切慰问，祝他们早日康复。

(二) 坚持救人第一的原则是成功处置的关键

在整个处置过程中，消防官兵始终把抢救人命作为首要任务，充分发挥人员和装备的优势，全力救助遇险群众。在第一时间组织疏散群众和驾乘人员 3000 余人，抢救中毒遇险群众 84 人，将事故可能导致的人员伤亡降到最低。

(三) 科学决策、措施得当是成功处置的前提

事故发生后，部领导亲自打来电话，对救援工作作出重要指示，为现场处置工作提供了重要决策。淮安市消防支队快速反应，指挥有力、决策果断、重点明确、措施得当。参战人员行动迅速、协调配合，用最快速度成功封堵泄漏点。总队领导接报后，也提出了具体要求，并及时赶赴现场，成立指挥部，合理选择中和处置方案，安全起吊转移，在最短时间内彻底消除了毒源。

时任公安部消防局政治委员陈家强接报后，作了四点指示：

一是要报请当地政府组织环保、卫生等力量，认真做好侦检工作，在上风、下风及侧风方向进一步检测，划定范围，浓度超过 $1mg/m^3$ 的地区要及时组织人员疏散；二是参与处置的同志一定要做好个人防护；三是注意碱水池的水量和碱液量，可适当增加碱的浓度，尽量中和泄漏的液氯。在起吊槽罐时，要注意在罐内加入适量碱液，防止残液挥发；四是如果力量不足，可请调跨区域的特勤力量参与处置。

(四) 人与装备有机结合是成功处置的基础

近几年来，公安消防部队狠抓特勤队伍和装备的建设，特别是个人防护装备做到配齐、配强。同时，按照部局、总队大练兵活动的部署，加强装备维护保养，强化器材操作训练。这次事故处置中，参战人员个人防护齐全，所有装备完整好用，器材使用合理、操作熟练，在长达 65 个小时的战斗中，最大限度地发挥了人与装备的有机结合。

（五）参战各方密切配合、协同作战是成功处置的保障

这次事故的处置，参战单位多、人员多、时间长，各方都能够在指挥部的统一指挥下，协同作战、密切合作，为救援现场有力地提供了装备、物资和技术等各方面的保障。

公安机关及时调集了民警、武警和保安，疏散外围群众，并负责警戒。地方政府做好疏散出的群众安抚、生活保障工作。市卫生局通知市内各大医院人员全部在岗在位，调集所有救护车到场。调集市安邦石化厂技术人员和 500t 的氢氧化钠溶液到场。调集连云港 150t 吊车。调集环保、气象单位到场监测。为现场及时、有力地提供了各种所需的装备、物资、技术等保障。

四、启示

（一）深入调查研究，加强熟悉演练，提高复杂情况下的作战能力

这起事故发生在夜间的苏北农村，距离市区约 30km，农村没有照明，一片漆黑，救援官兵地形不熟；高速公路车流量大、流动性大，事故发生突然，致使现场滞留车辆多，交通严重堵塞；现场氯气浓度高、范围大，环境险恶，使救援工作十分困难。这使我们认识到，公安消防部队在加强"六熟悉"的同时，还要加强主要道路沿线情况的熟悉，要经常组织官兵进行夜间、险恶环境下的训练，提高官兵在此环境下的适应能力和作战能力，加强对高速公路应急救援预案，特别是在交通堵塞情况下的演练。

（二）开展协同演练，加强组织指挥，提高整体作战能力

这次事故处置中，参战力量有消防、公安、武警、医疗、环境、交通、化工、工程运输等多个部门和单位 1000 余人，作战范围近 20km^2。针对这种大规模、大范围、多种力量参战的大型救援活动，地方各级政府要在建立联动救援机制，制订救援预案的基础上，经常组织协同演练，以提高整体作战能力。

（三）建立长效联动机制，完善救援体系，提高应急救援快速反应能力

高速公路情况特殊，灭火救援往往离不开大型起吊、运输设备。这次事故共调用吊车 3 辆，大型平板车 1 辆。由于肇事槽车超载严重，先后调集 50t 吊车（淮安现有最大吨位）2 辆，150t 吊车 1 辆。由于大型起吊、运输设备都为企业所有，没有列入联动单位，导致调集时间长，同时受路途和行驶速度的影响，到场缓慢，从而严重阻碍了救援工作的进行。为

此，江苏省公安消防总队专门对全省的大型起吊、运输和输转设备进行了统计，建立了数据库，并提请各级地方政府将其列为应急救援联动单位。

（四）建立救援物资储备库，加强器材装备配备，提高大规模、长时间救援现场的保障能力

这次事故范围大、参战人员多、防护要求高，进入毒区的所有救援人员（消防官兵、地方党政领导、工程技术人员等）都要佩戴防护装备，消耗量非常大，而现场远离市区且受充灌设备的限制，补给困难，难以满足现场需要。为此，江苏省公安消防总队积极提请省政府拨专款，以救援车辆可在1.5小时内到达现场为半径，在全省建立了5个抢险救援物资储备库。

（五）加强危险化学品学习宣传，增强防护意识，提高自防自救能力

液氯泄漏，扩散速度快，受风速和温度影响大，易在沟渠、低洼处沉积，能渗透普通衣物，危害人体，这次抢险救援事故时间长达65个小时，一线官兵由于任务重、参战时间长、体能消耗大，造成抵抗力下降，加之受条件限制（不能人人都得到全封闭的防护），以致有8人轻微中毒。当地村民因缺乏自救意识和常识（应逆风或侧风逃生），耽误了最佳抢救时机，造成28人死亡。为此，在今后类似救援战斗中，要强化个人防护，必须着有效的防护装备，同时要加强宣传力度，普及自救常识和方法，提高群众的自我保护能力。

（六）抢险救援现场的战勤保障需要进一步完善

这起事故时间长，对通信、装备、油料、生活等各类物资消耗多、需求量大、保障要求高，且离市区远，以致通信保障不能跟上，导致现场联络不畅，油料、生活物资分别在石化公司和高速公路管理处的积极协助下才得以保障到位。因此，建议地方政府将各相关单位和部门列入联动单位，在今后类似大规模、长时间救援战斗中，确保各类战勤保障物资在规定时间内到位。

案例四　湖北省汉宜高速枝江段"5·18"特大交通事故处置

2006年5月18日凌晨3时40分，湖北省汉宜高速公路枝江段245km处发生8车追尾的特大交通事故，其中一辆装载硫酸二甲酯的罐车发生大量泄漏。宜昌市消防支队枝江大队接警后迅速出动2台消防车、14名官兵到场抢险救援，支队指挥中心接报后，立即调集特勤中队3台消防车、25名官兵到

场增援。经过6个小时的艰苦奋战，消防官兵抢救遇险重伤驾乘人员16人（其中4人死亡），疏散被困人员78人。抢险救援战斗中，战士陈某壮烈牺牲，用青春与热血谱写了一曲"人民消防为人民"的壮丽凯歌。

一、基本情况

（一）汉宜高速枝江段地理与天气情况

汉宜高速公路是湖北省东西交通大动脉，于1994年11月建成通车，系湖北省第一条高速公路，双向4车道，全长300km，日均车流量17000辆，5月18日车流量8763辆。

汉宜高速公路枝江段从东至西，起于226km处，止于274km处，全长48km。这一路段地处江汉平原与鄂西山区的结合部，地势由东向西倾斜，属低丘岗地；由于低丘、湿地水分蒸发，容易形成团雾聚集。

5月18日3时，天气多云，偏北风2~3级，气温15℃~16℃，部分路段出现团雾，能见度2~3m。

（二）事故经过

5月18凌晨3时40分，驾驶员于某祥驾驶车牌号为渝B1××××的大货车从武汉前往宜昌，当行驶至枝江段245km+460m处时，突遇团雾，于是减速靠右慢行；被随后同向行驶的车牌号为赣A1××××的大客车、车牌号为鄂A5××××的大货车尾随相撞。6分钟后，相继又有同向行驶的车牌号为鄂A5××××、鄂A8××××、豫S3××××、鄂Q1×××ated×的4辆大货车和一辆车牌号为鄂SW××××的罐车与前方3辆车相撞，造成8辆车连环相撞的特大交通事故。事故造成车牌号为鄂Q1××××大货车的正副驾驶员2人、车牌号为鄂SW××××罐车的驾驶员和押运员2人共4名人员当场死亡，其中罐车罐体前端左侧焊缝（与驾驶室相邻）破裂，罐内液体大量泄漏。

事故现场距枝江市消防大队15km，距支队机关80km。

（三）罐车情况

车牌号为鄂SW××××的罐车长12m，罐体直径2.4m，额定吨位为24t，实际载有23.69t硫酸二甲酯。事故发生以后，经有关部门调查，鄂SW××××罐车未严格执行《危险化学品安全管理条例》和交通部《道路危险货物运输管理规定》，擅自将运输甲醇的罐车改运硫酸二甲酯，危险化学品罐车罐体标识与实际不符，致使侦察时无法判断泄漏物质。

（四）硫酸二甲酯的理化性质及危害性

硫酸二甲酯（DMS）[$(CH_3)_2SO_4$]，又称硫酸甲酯，是一种无色略带葱头味可燃液体，主要用于医药、化工及染料行业。DMS是一种高毒和高腐蚀性化学物质，其毒性作用与军用糜烂性毒剂芥子气相似，比氯气毒性大15倍，遇水可缓慢水解成甲醇、硫酸和硫酸氢甲酯。

人体接触DMS液体或吸入其挥发的蒸汽4h后开始出现中毒反应，急性中毒一般有1~24h的潜伏期，直接接触高浓度液体也可以立即出现症状。对皮肤、黏膜、呼吸道有强烈刺激作用，吸入后可引起咽喉和支气管的痉挛、炎症及水肿、化学性肺炎、肺水肿而致死。中毒临床表现为烧灼感、咳嗽、头痛、恶心、呕吐、喘息、气短、喉炎等。

二、救援经过

（一）第一阶段：稀释防爆、疏散救人

1. 接警调动

4时5分，枝江市消防大队119值班室接到枝江市公安局110指挥中心的调度指令："汉宜高速公路武汉至宜昌方向248km处发生车辆交通事故，车内多名人员被困，一辆载有柴油的罐车在相撞中发生泄漏，请速营救！"大队长张某华、副中队长李某清带领中队1辆泡沫车、1辆重型水罐车、1辆指挥车和14名官兵火速前往救援。

4时23分，到达汉宜高速公路248km处，未发现事故现场，经再次询问110指挥中心，确定事故地点位于汉宜高速公路武汉至宜昌方向245km至246km处。

4时27分，消防官兵到达事故现场，并将车辆依次停靠在距事故地点侧上风方向100m的宜昌至武汉方向行车道上。

4时32分，宜昌市消防支队119指挥中心接到事故情况报告后，支队指挥员立即赶赴现场，同时调集特勤中队1辆抢险救援车、2辆重型水罐车和25名官兵，在中队指挥员的带领下赶赴现场增援。

宜昌、枝江两级市委、市政府领导接报后对灾情高度重视，迅速启动社会应急救援预案，枝江市政府和市公安局领导等先后赶到现场指挥救援工作。

2. 成立抢险救援指挥部

枝江大队到场后，立即与先期到场的高速巡警成立了抢险救援指挥部，下设侦检、警戒、救人和稀释4个战斗小组，同时命令侦检小组携带可燃气体探测仪（SK6300-EX型）对事故现场进行侦检。

3. 侦察检测

为了及时准确查明现场情况，侦察小组在中队指挥员的带领下，逐一深入每一辆事故车上进行仔细侦察。经侦察，事故现场共有8辆车连环相撞，其中第2辆车为客车，第7辆车为装有危险化学品的罐车，其他6辆车均为大型载重货车。共有50余人被困，其中16人卡在变形的车体内，伤情严重。侦察发现：第1辆车和第4辆上无人员被困，第2辆车上42人被困，第3辆车和第5辆车上各1人被困，第6辆车上2人被困，第7辆和第8辆车车头已与前车尾挤压一起，（事后查实，4名人员死亡）。第7辆事故罐车罐体前端左侧（驾驶室与罐车罐体接合处）被撞开一个长35cm，宽20cm的不规则的裂口和一个15cm裂缝，罐车内液体呈流淌式泄漏，用可燃气体探测仪也未检测出流淌液体品名。由于驾驶员和押运员当场死亡，车身除标有一"爆"字外，无其他任何品名标识，罐车内所载物品种类不明。

4. 战斗部署

根据侦察情况，大队指挥员立即向宜昌市消防支队指挥中心、枝江市公安局、枝江市政府报告灾情，并请求市政府启动社会应急联动机制，调集公安、交通、医疗等相关部门到场协助救援，同时提出战斗要求，部署战斗力量。

一是全体指战员必须加强个人防护，佩戴空气呼吸器，着防护服，确保自身安全；二是立即疏散事故地段滞留的驾乘人员，并要求高管巡警立即双向封锁高速公路，加强现场警戒；三是冷却稀释组从西南的侧上风方向，出一支喷雾水枪稀释泄漏物品，防止发生二次伤害；四是救人组对客车和货车上的被困人员进行疏散和营救。

5. 现场照明

利用消防车上携带的移动照明灯、消防官兵个人携带的防爆灯和高管巡警提供的照明灯具进行现场照明。

6. 现场警戒

根据战斗分工，由高管巡警组织人员在距离救援现场的双向车道两端各400m处分别设立了警戒指示灯，同时请求高速公路管理处封锁车道。

7. 稀释防爆

为防止泄漏物品遇明火发生爆炸，大队指挥员命令重型水罐消防车出一支水枪，对泄漏物品进行喷雾稀释，同时禁绝火源，禁止无关人员进入事故现场。

8. 疏散救人

4时36分，搜救组分成两个战斗小组，第一组由中队长李某清带领4名战士对客车内的被困人员进行疏散转移；第二组由大队长张某华带领5名战士利用铁铤、切割机、剪扩器、救援顶杆等工具实施破拆，救助遇险人员。

4时40分，第一搜救小组破拆进入第2辆严重受损的客车车厢内逐一疏散被困乘客34人。第二搜救小组对靠近泄漏罐车的第6辆事故车豫S3×××货车上的2名被困人员实施破拆救助。

4时43分，正当消防官兵紧张施救被困人员时，一辆由宜昌至武汉方向快速行驶的渝AR×××大型卧铺客车，突然冲破高管巡警设置的警戒线，并行驶至245km+500m处，撞上在超车道慢速行驶的120急救车，致使120急救车侧翻时撞上正在消防车左侧取特勤器材的消防战士陈某，并将其撞飞六七米远。

4时44分，中队指挥员和参加救援的枝江市120医生立即将陈某送往医院救治，其他指战员继续营救被困人员。

5时4分，第二搜救小组经过半个小时的紧张破拆，随后将第6辆事故车豫S3×××货车内的2名被困人员安全救出。

5时10分，陈某被送到离现场13km的解放军616××部队医院急救。经诊断，陈某为多发性盆骨骨折、尿道断裂、失血性休克，生命垂危。支队领导得知陈某受伤后，迅速协调宜昌市中心医院医疗专家组赴枝江进行会诊。陈某受伤后，湖北省委省政府、省公安厅、省消防总队和宜昌市委市政府领导先后作出重要指示，要不惜一切代价抢救陈某生命。

5时15分，部分战斗员所戴空气呼吸器开始报警，为了方便作业，加快营救进程，部分官兵取下空气呼吸器带着工具进入车辆底部和狭窄的驾驶空间内进行营救。

5时40分，第一搜救小组将客车上8名重伤乘客全部安全救出。

5时45分，宜昌支队指挥员带领特勤中队到达现场，指挥部迅速调整力量部署，将特勤中队25名官兵分成3个战斗小组，利用携带的救援工具展开救援行动。

5时50分，汉宜高速巡警和枝江市公安局分别调来1辆牵引车和2辆吊车参与救援行动。

6时8分，在消防官兵和高管巡警的引导下，牵引车将第1辆事故车和第2辆事故车分别拖开。

6时15分，官兵们利用破拆工具从第3辆事故车鄂A5×××货车上安全救出1人。

7时20分，牵引车拖开第4辆事故车，指战员在吊车的配合下，成功地从第5辆事故车鄂A8×××货车中安全救出1人。至此，12名重伤人员和4名死亡人员全部救出，疏散被困人员78人（包括发生二次事故的渝AR×××客车上40人）。

7时30分，个别指战员出现流泪、眼膜充血等症状。支队指挥员获悉这一情况后，立即命令参战官兵更换空气呼吸器钢瓶，加强个人防护，并命令特勤中队侦检小组用有毒气体探测仪（T2A-7型）再次对泄漏物品进行侦检，仍然无法侦检出泄漏物品的品名。

7时40分，高管巡警和消防官兵对罐车进行分离时，在罐车尾部告示牌（无危险化学品品名）上发现了一个电话号码，指挥部立即通过该电话号码询问运输物品的种类，但接电话者也不知道运输的为何种危险化学物品。

8时1分，现场指挥部接到湖北富弛化工医药股份公司（卖主）的反馈电话，才确定泄漏物品为硫酸二甲酯。指挥部立即命令全体参战人员撤离至事故现场200m处，并要求特勤中队官兵佩戴空气呼吸器、着防化服对罐车周围200m范围实施警戒，同时迅速运用部局下发的"化学灾害事故辅助决策系统"查询出硫酸二甲酯的理化特性和处置方式等信息。

8时5分，部分官兵流泪、眼膜充血等症状加剧，并出现咽喉刺痛、咳嗽的现象。支队指挥员意识到险情的严重性，立即将症状较为明显的大队指挥员张某华和2名战士送往医院进行救治。

8时8分，宜昌市中心医院医疗专家组赶至枝江，指导解放军616××部队医院对陈某进行抢救。

10时25分，陈某经多方抢救无效，不幸壮烈牺牲。

（二）第二阶段：实施排险、洗消降毒

在确认罐内物质是高毒类化学品硫酸二甲酯后，现场指挥部立即召集参与救援的公安、消防、卫生、安监、路政等部门，研究确定了处置方案：

一是封锁事故现场。宜昌、枝江两级公安民警、高管巡警、消防官兵全面封锁事故现场，严禁一切无关人员、车辆进入警戒区域。

二是控制危险物品。针对硫酸二甲酯的理化特性和泄漏物已流入高速公路两侧农田的情况，立即采取修筑围堰、紧急调运石灰进行现场处置，控制被污染的水体，防止污染进一步扩大。环保部门在现场设立监测点，对大气和水质进行监测。

三是抢救中毒人员。指挥部决定首先将近距离接触的2名官兵送到医院救治，将症状较轻的中毒人员撤离至安全区，现场医务人员用大量生理盐水和碳酸氢钠溶液冲洗中毒人员眼部，随后用醋酸可的松和氯霉素眼药水对眼睛交替用药，并要求官兵归队后要及时加盖洁净纱布块或手帕遮光护眼。中毒较严重的官兵被送到医院后，由宜昌市中心医院医疗专家组及时对他们进行全面会诊，采取超声雾化吸入有效防治呼吸道黏膜损伤，预防支气管痉挛，同时使用大剂量肾上腺皮质激素和广谱高效抗生素防治肺水肿和肺部感染。

四是疏散附近村民。组织乡镇、村组干部对附近 300 米内 50 户 170 余人告知危害，并进行了疏散。

五是调集防化部队。现场指挥部根据现场情况立即请求驻枝江解放军 616××防化部队给予支援。

10 时 25 分，解放军 616××防化部队调集清洗车、环境监测车、消防车和 30 名官兵到达现场，用洗消液进行紧急处置。

10 时 35 分，特勤中队对参战官兵、车辆、器材装备进行洗消后，支队指挥员向现场救援的宜昌市、枝江市两级政府和有关部门移交救援现场后，全体官兵受命撤离现场。

三、经验总结

（一）科学决策、措施得当，是成功处置的前提。

在抢险救援过程中，指挥部始终坚持"救人第一、科学施救"的指导思想，根据事故现场情况，及时制订救援行动方案，实施了"警戒、侦检、救人、稀释、防爆"等一系列战斗行动，并采取牵引、起吊、电瓶断电、轮胎放气等措施，及时调集公安、交通、安监、医疗和环保等相关部门到场协助救援工作，为有效疏散和抢救被困群众赢得了宝贵的时间，最大限度地减少了人员伤亡。

（二）科学运用现有救援装备，实现人与装备的有机结合是成功处置的基础

近年来，在宜昌市委、市政府的关心支持下，支队装备建设有了长足发展，提升了消防部队灭火救援能力。特别是在这次抢险救援战斗中，火场移动照明灯组、无齿锯、液压破拆工具、多功能钳、救援顶杆等特勤器材的使用，改善了灾害现场救援的环境，为抢救遇险人员创造了良好条件。在抢险救援战斗中，消防官兵熟练运用手中装备器材，在实施救援中发挥了极其重要的作用。

（三）参战官兵英勇顽强、不畏艰险，是成功处置的保障

参战官兵在环境恶劣，条件艰苦，后续补给困难，不同程度出现眼膜充血、咽喉刺痛等中毒症状以及战友陈某身负重伤的情况下，承受巨大的心理压力，强忍悲痛，英勇顽强，毫不畏惧，连续作战，全力营救被困人员，用生命拯救生命，体现出了大无畏的革命英雄主义气概。

（四）各级领导高度重视，是成功处置的保证

灾情发生后，胡锦涛同志在湖北重大情况报告上批示：抢救中毒受伤人员，并防止有毒液体泄漏造成次生事故。

时任中共中央政治局委员、湖北省委书记俞正声于 5 月 19 日批示：请

省政府立即派领导同志现场指挥，确保事故危害不再扩大，并全力抢救受伤人员。时任湖北省省长罗清泉专程从武汉赶赴宜昌市，查看了"5·18"事故现场，并不顾疲劳赶到医院，代表省委、政府看望和慰问住院治疗的消防官兵。

时任省消防总队总队长刘建平、时任副总队长曾庆亮赶赴枝江，并与省卫生厅联系，请求指派医疗专家赶赴枝江市会诊，现场商定救治方案。刘建平同志要求枝江市人民政府指派专人到现场监控，防止毒气扩散造成更大的人员伤亡。

时任公安部消防局副局长杨建民、时任后勤部处长周军等领导分别打电话给刘建平，了解现场情况，询问是否需要提供帮助，并指示要不惜一切代价，做好受伤官兵的救治工作，妥善做好善后事宜。

四、主要教训

（一）道路警戒措施不当

枝江消防大队由于警力不足，官兵全部参与营救被困人员的行动，根据指挥部分工，由高速巡警负责道路警戒，封锁事故现场双向车道，但由于高速巡警封锁高速公路措施不力，警戒标识不明显，没有设置阻止车辆通行的障碍物，致使一辆从宜昌至武汉方向的大客车冲破警戒线，撞上参加救援的120急救车，致陈某受重伤，经抢救无效壮烈牺牲。"5·18"事故发生后，我们一是加强了装备建设，全市消防部队统一配置了警戒器材，对支队现有的侦检类器材进行检查，确保第一到场灭火救援需要；二是规范了部队灭火抢险救援行动程序，设立现场观察哨，规定凡是消防部队参与的救援行动必须有消防队员进行现场警戒；三是与高速巡警、交通等部门开展了联合演练，提高抢险救援整体作战和快速反应能力。

（二）救援车辆停车位置不当

枝江消防大队接到报警后，虽然问清事故点的方位，并在最短的时间内作为第一支事故抢险力量赶到事故现场，但到达事故地点时直接将车辆停靠在行车道上，而没有停靠在超车道上，造成二次事故发生。在展开高速公路交通事故救援时，第一出动力量在行进途中，指挥员要时刻保持和119指挥中心的联系，及时掌握事故现场的发展变化情况，要注意行进的公路是否畅通，并选择合适的入口和行进方向。如在同向行驶的车道发生事故，救援车辆应停靠在事故现场的上风或侧上风方向；如在相向行驶的车道发生事故，救援车辆应选择上风或侧上风方向，停靠在靠近隔离带的超车道上。

（三）安全防护措施不力

事故罐车内外无任何品名标识，驾乘人员当场死亡，现场侦检器材又无法辨识泄漏物品的理化性质及品名，造成现场指挥员对泄漏物质的危害性把握不准。参战官兵在高浓度的环境中工作时间长达6个多小时，佩戴的空气呼吸器和备用钢瓶内的压缩空气无法满足救援需要，并一时得不到补充。为了方便作业，及时营救遇险人员，许多官兵不得不脱下已无气压的空气呼吸器，进入车辆底部和狭窄的驾驶空间实施救助，这是导致5名官兵中毒的重要原因。

官兵中毒后，宜昌市消防支队深入反复地研究事故发生原因，认真吸取教训，一是广泛进行了安全防护教育和训练，并制作了《灭火救援行动安全提示卡》在全市消防部队所有消防车上张贴，做到官兵人手一个；二是组织基层部队对器材进行检查，购置移动充气泵配发到部队，按照地域划分建设了充气站，提高大规模、长时间救援现场的保障能力；三是针对少数官兵在救援行动中没有佩戴消防头盔、防毒面具和消防手套的实际，切实加强对全市消防部队接警出动的督察力度，强化官兵安全防护意识。

（四）联动机制不健全

这次抢险救援由公安、消防、医疗、交通、安监、环境、工程运输等多个部门联合参战，但由于各单位体制交叉，分属不同部门，调集难度大，而且平时缺少合成演练，协调配合不默契，应急反应缓慢，延误了救援时间。这些教训给我们的启示是：一是要健全高速公路重特大交通事故处置快速反应机制，制订高速公路灭火救援预案，明确相关部门的职责和任务，实行统一指挥、部门联动、快速反应、果断处置，最大限度地减少人员伤亡和经济损失。二是建议建立高速公路危险化学品运输登记通报制度。交通部门对进入高速公路的危险化学品车辆应进行登记，掌握车辆信息，并及时通报到沿线收费处和路政管理站。一旦发生事故，马上就能知道车辆所载物品品名，为灭火救援提供准确可靠的信息。三是建议高速公路应建立专门的应急救援队伍，配备相应的装备器材，如警戒救援车、破拆车、牵引起吊车等。一旦发生事故，就能在最短时间，利用有效装备，快速处置。

案例五　山西"3·1"晋城岩后隧道特大道路交通危险化学品燃爆事故处置

2014年3月1日14时50分，山西省晋城市公安消防支队指挥中心接到报警，晋济高速公路晋城至济源方向岩后隧道入口处一辆甲醇槽罐车因交通事故发生泄漏并引发火灾。事故发生后，晋城、长治、临汾三市消防部队和专职消防队的429名指战员、49辆消防车到场施救,晋城市多部门参与救援。时任山西省副省长张建欣、时任省公安消防总队政委孟应新等省市领导亲临现场指挥。全体参战人员克服高温、浓烟、爆炸等不利因素,科学指挥,合力攻坚,连续作战,历时84个小时,于3月5日2时57分成功处置了这起国内罕见的高速公路隧道事故,确保了隧道整体结构安全,防止了隧道口附近山林火灾的发展蔓延,最大限度地降低了事故影响及损失,得到了省、市各级领导的高度肯定。根据国务院事故调查组报告,该事故是由两辆运输甲醇的铰接列车追尾相撞,前车甲醇起火燃烧,引燃引爆隧道内滞留的另外2辆危险化学品运输车和31辆煤炭运输车等车辆,事故共造成40人死亡、12人受伤和42辆车烧毁,直接财产损失8197万元。

一、基本情况

(一) 晋济高速公路情况

晋济(晋城至济源)高速公路是国家高速公路网二连浩特至广州主干线在山西境内的收尾路段,地处太行山脉南端,北起晋城市泽州南路的泽州互通,南至省界,全长约30km,于2008年建成通车。沿线地形地貌的多元性和地质结构的复杂性决定了晋济高速公路具有高桥长桥多、隧道及特长隧道多、连续大坡路段长等特点。全线共有特大桥11座,中桥1座,隧道9座,桥隧合计17.7km,占路线总长的58.9%,涵洞17道。

岩后隧道位于二广高速公路1560km处,长800m,双向双车道,距最近的晋城收费站约10km。隧道为南北走向,北为入口,南为出口,内有一定坡度,南高北低。距入口400m处设有人行横洞一处,两侧各安装有防火卷帘门。隧道内没有通风设施和固定消防设施。隧道上部山体植被良好。

(二) 灭火力量调集情况

1. 晋城市消防力量调集情况

晋城支队共调集7个公安消防中队、3个政府专职消防队、晋煤救护消防中心等6个企业专职消防队的400名指战员、44辆消防车(其中泡沫车9辆、水罐车23辆、抢险救援车3辆、排烟车1辆、运输车7辆,通信指挥车1辆)以及移动水炮7门、移动泡沫炮2门、备用气瓶64个、泡沫液11t等大量器材到场施救。

2. 晋城市社会力量调集情况

晋城市政府调集武警、交警、安监、医疗、环保、环卫、园林、供水、供电、红十字会、矿山救护等相关部门和单位到场协助救援,共调集洒水车17辆、医疗急救车5辆、环境监测车1辆、应急通信车1辆、电力应急照明车 1 辆、油罐车 2 辆、倒罐车 1 辆、矿山移动排烟设备 1 套、工程机械车辆和清障车若干辆。

3. 总队跨区域调集情况

省公安消防总队及时调集长治、临汾两个支队的 5 辆消防车（其中长治支队水罐车 3 辆、指挥车 1 辆，临汾支队充气车 1 辆）、29 名官兵（其中长治支队 26 人、临汾支队 3 人）到场增援。

（三）气象情况

当日气温 -2℃ ~ 90℃，多云，北风三级。

（四）消防水源情况

事故隧道周边没有可利用的消防水源，灭火中利用的市政消火栓距离该隧道约 11km。

二、事故特点

（1）现场灾情复杂，多种事故叠加。此次事故集隧道、危险化学品、汽车、煤炭堆垛等火灾及爆炸于一体，各类灾害事故错综叠加，现场情况复杂多变，处置措施因情而变，既要区别对待，又需统筹兼顾，增大了现场组织指挥难度。

（2）致爆因素多，危险性大。隧道内危化品槽罐及 40 余辆滞留车辆的燃气车气瓶、油箱、轮胎等形成多种致爆因素，易引发爆炸；用水扑救高温燃煤可能产生水煤气（主要由一氧化碳、二氧化碳和氢气组成），在隧道比较封闭的空间内发生次生爆炸的危险性大。在此次事故中，隧道内发生了多次爆炸，威力最大的一次爆炸造成距出口约 150m 处的隧道顶部崩塌，对局部结构产生较大破坏，致使 2 名战士受伤。

（3）高温浓烟并重，阻碍内攻近战。由于隧道内大量可燃易燃物同时燃烧，特别是近 2000t 煤在隧道狭窄空间内燃烧，短时间内使温度急剧升高，辐射热强，最高时达到 800℃ ~ 1000℃。巨大的辐射热使作战官兵在百米之外即能感到热浪扑面，炙热难忍。煤堆燃烧时升腾起来的煤尘与其他可燃物燃烧时释放出的大量有毒烟气混合，形成浓黑烟尘弥漫在隧道内部，致使内部能见度极低。高温、浓烟并重的恶劣环境不仅阻碍内攻近战，而且严重威胁消防员安全。

（4）燃烧时间长，处置难度大。这起火灾的主要燃烧物质是煤，其燃烧具有稳定性、持续性、反复性等特点。当表层煤的火势被扑灭后，深层煤仍在燃烧，不易短时间彻底扑灭，致使灭火持续时间较长。由于隧道内数十辆汽车交错停放，加之爆炸造成大量煤炭散落于隧道两侧，导致进攻通道狭窄，给消防员纵深推进灭火和铺设水带线路增加了极大难度。

(5) 灾情惨烈，对参战人员心理影响大。此次事故是近年来晋城市发生的人员伤亡最多的高速公路事故，特别是爆炸产生的巨大威力造成大量遇难者肢体不全。绝大多数指战员都是第一次面对如此惨烈的事故现场，心理受到了强烈刺激。在此类环境下长时间作业，一定程度上影响了作战行动。

三、战斗经过

本次灭火战斗共分为初战控火、强攻灭火、消灭残火三个阶段。

（一）初战控火阶段

3月1日14时50分，晋城支队指挥中心接警后，立即启动隧道灾害事故处置预案，调派城区中队（系责任区中队）、泽州中队共计39名指战员、8辆消防车（水罐车5辆、泡沫车2辆、抢险救援车1辆）赶赴现场。支队全勤指挥部值班人员接报后遂行出动。

15时15分，城区中队4辆消防车、19名官兵在高速交警的引导下首先到达事故现场。城区中队指挥员通过外部观察发现隧道入口处有两辆拉煤车猛烈燃烧；一辆甲醇槽罐车罐体因撞击破裂，甲醇外泄，罐体火势较大，随时有爆炸危险，地面形成流淌火，入口附近山林着火并呈蔓延之势；一辆甲醇槽罐车罐体未受损，仅轮胎在燃烧。根据这一情况，城区中队指挥员在协调高速交警做好现场警戒的同时，迅速做出战斗部署：一是安排侦察员对隧道情况进行侦察检测；二是命令出两支水枪和一支泡沫枪扑救山林、地面和车辆火势，并对未燃槽罐车罐体实施冷却。侦察员乘高速交警车辆逆行经东侧隧道（隧道内无照明）至事故隧道出口进行侦察，发现出口处浓烟翻滚，已无人员再逃出。通过询问已逃出人员，了解到隧道内有危化品运输车辆及人员被困，迅速上报情况。

15时37分，支队全勤指挥部值班人员到场。15时40分，泽州中队4辆消防车、20名指战员到场。支队指挥员在听取了城区中队指挥员的火情汇报后，立即命令指挥中心向总队、市政府应急办、市公安局报告现场情况，请求市政府调集相关部门和工程机械车辆协助救援。同时，迅速做出战斗部署：一是命令城区中队全力扑救隧道入口火灾，继续对甲醇槽罐车进行冷却；二是命令泽州中队负责供水，并组成救人小组到出口处组织疏散人群；三是命令战勤保障大队运送泡沫液、移动水炮等灭火物资和装备到场，并做好战勤保障；四是安排通信指挥车利用3G图传设备将现场情况实时向总队指挥中心传输。泽州中队救人小组到达隧道出口后，发现出口位于下风方向，大量黑色浓烟充满洞口并翻滚而出，触摸浓烟感到烫手，判断隧道内温度很高，随时有爆炸危险，已不具备内攻救人条件，遂返回入口处协助城区中队灭火。支队指挥员根据这一情况，决定集中到场力量扑灭入口处火势，尽快打开内攻通道。其间，指挥中心先后调派了市区3个执勤中队剩余消防车到场增援。

16时5分，特勤中队4辆消防车到场。支队指挥员根据现场灾情变化和到场力量情况，安排特勤中队排烟车到出口处进行排烟，其他车辆负责供水。特勤中队排烟车到达隧道出口附近，中队指挥员看到出口滚滚黑烟由浓变淡，火焰翻卷，高达十余米，判断随时有爆炸危险，已不具备作战条件，遂迅速撤离。

16时40分，时任忻州市消防支队政委高昇到场，成立现场指挥部。16时50分左右，入口处火势得到有效控制。

17时5分，隧道内突然发生强烈爆炸。隧道出口处，强大的气流裹挟着隧道内的混凝土块、金属片、玻璃碎片及煤尘等冲泄而出，火光冲天，西侧配电室门窗损毁严重，周边绿化带树木被烧炭化；隧道中部横道两侧卷帘门被连根掀起；隧道入口处，白色气流喷出百米以外，将正在撤退的消防员击倒，致2名战士受伤。

（二）强攻灭火阶段

爆炸发生后，隧道内灾情进一步扩大，形成大面积燃烧。高昇根据现场突变情况，立即向总指挥部汇报，并提出相关建议：一是环保部门要对现场环境及可燃有毒气体进行实时监测，确定是否会发生再次爆炸及对周边环境造成不利影响；二是高速管理部门要提供隧道内车辆的种类、数量，特别是危险化学品车辆的相关情况；三是有关部门要对隧道结构的安全性进行评估，确定是否有再次崩塌的危险；四是调集社会运水车辆增援。随后，高昇命令指挥中心调派4个县（市）消防中队、3个政府专职消防队、6个企业专职消防队到场增援，作战组集中力量扑灭入口处火灾，战勤保障大队联系相关单位做好饮食、油料、器材等保障。

18时许，隧道入口处火灾被彻底扑灭。此时，1辆罐体未受损的槽罐车因轮胎被毁无法移动，罐内的30t甲醇随时都有可能因隧道内再次爆炸而发生燃烧、爆炸等连锁反应。高昇及时将这一新情况报告总指挥部，建议采取倒罐措施，及时消除危险源。2日1时40分，倒罐车到达现场，2日3时30分，倒罐工作结束。

19时10分，负责现场监测的环保部门向总指挥部报告称：隧道内温度较高，烟雾很浓，一氧化碳指标超标严重，现场无法确认是否还有其他危险化学品爆炸的可能。总指挥部根据这一情况，为了确保灭火作战人员安全，决定暂缓进攻，等待时机。

20时许，在仍未得到高速管理部门有关隧道内车辆信息的情况下，作战指挥部安排专人到晋济高速公路指挥中心调取视频监控图像进行分析，派出侦察组对隧道内情况进行侦察。其间，时任山西消防总队副政委刘振山等领导先后到场。现场作战指挥部在对现场情况进行分析研判后，要求协调有关部门尽快查明隧道内情况，所有参战力量做好战斗准备，同时调集长治支队、临汾支队增援。

20时30分，侦察小组反馈情况：隧道内有大量前后相连的重型拉煤车正处于猛烈燃烧阶段，温度特别高。现场作战指挥部将这一情况迅速报告总指挥部。环保部门据此向总指挥部建议：由于隧道内有大量煤炭正在燃烧，如用水扑救，可能产生水煤气，极易引发二次爆炸。总指挥部指示现场作战指挥部要充分考虑环保部门的建议，在确保安全的前提下实施灭火。现场作战指挥部研究决定，在入口处部署排烟车，利用正压向内喷射细水雾实施排烟、降温、降尘、灭火。持续20分钟后，现场作战指挥部发现效果不明显，遂下令暂停使用。

在第一套作战方案没有奏效的情况下，现场作战指挥部根据现场灾情变化，又制订出两套方案。第二套方案计划从入口上风方向梯次推进实施强攻灭火，但存在纵深进攻距离长、灭火效率低等问题。第三套方案计划将现场划分为北部（隧道入口）、中部（人行横洞）、南部（隧道出口）三个作战区域，采取三面夹击、合围灭火的战术措施，但存在深入内攻人员较多等问题。经过分析论证，现场作战指挥部决定采用第三套方案，要求现场参战力量做好强攻近战准备，待时机成熟后展开战斗。为了防止水煤气引发次生爆炸，现场作战指挥部命令特勤中队在人行横洞出一门水炮进行喷水测试，环保部门跟踪检测。

经实地测试确认无爆炸危险后，2日0时10分，现场作战指挥部准备实施第三套方案，展开强攻近战。强攻首先从中部战区开始，由支队参谋长柳春录带领特勤中队从人行横洞进入隧道，出双干线3支水枪，分别向南、北两侧梯次进攻灭火。北部战区待甲醇倒罐结束后展开进攻，由副支队长带领城区中队出单干线2支水枪，纵深梯次推进灭火。南部战区由另一副支队长带领泽州中队出2门移动水炮纵深梯次推进灭火。其他参战力量组成若干攻坚组，轮流替换内攻人员。长治、临汾支队及晋煤救护中心增援力量到场后，参与灭火作战。

2日5时20分，时任山西省副省长张建欣、时任省消防总队政委孟应新到达现场。孟应新听取现场处置情况汇报后，指示现场作战指挥部要在确保安全的前提下组织内攻，做好打持久战的各项保障工作。

2日9时30分，人行横洞以北隧道内火灾基本扑灭。

3日14时，中部战区由于连续作战将近48个小时，前期参战人员体力严重消耗，为加快灭火推进速度，指挥部再次调整作战方案，整合所有灭火力量，成立3个攻坚组，由特勤中队、陵川中队组成第一攻坚组深入火场最前沿，继续强攻灭火；晋煤救护中心组成第二攻坚组内攻灭火；高平中队、阳城中队组成第三攻坚组消灭复燃余火。

3日18时，人行横洞以南隧道内火灾基本扑灭。

（三）消灭残火阶段

待隧道内大火扑灭后，开始实施清障作业。现场作战指挥部决定由城区中队、泽州中队留守现场，对燃烧车辆进行冷却，配合清障人员清理现场，消灭残火，其余参战力量撤离现场。5日2时57分，事故现场清理完毕，留守力量全部撤回。

四、经验总结

（一）灭火力量调集充足

作战值班员在调集第一出动力量后，根据后续信息迅速升级灾情，共调集16个消防中队、61辆消防车、400名官兵赶赴现场救援，同时调集防火处及责任区大队相关人员赶赴现场，通知武警、交警、医疗、供水、供电、红十字会、安监、环卫等相关部门到场协助救援，第一时间向省消防总队和市委、市政府、市公安局报告灾情。

（二）战斗作风英勇顽强

面对火场环境复杂，天气寒冷、长时间作战等不利因素，各参战力量战斗任务部署分工明确，协同配合意识强，内攻人员充分发扬连续作战的战斗作风，执行命令坚决，确保了灭火救援任务的顺利推进。

（三）灭火战术运用得当

现场作战指挥部采取分割包围、梯次推进、两面夹击等战术措施，在最短的时间内降低了火场易燃易爆气体浓度并消灭了火势，避免了爆炸再次发生，为疏散人员和搜救遇难者创造了有利条件。

（四）战勤保障充足到位

在历时84小时的灭火作战中，消防官兵发扬连续作战的优良作风，现场油、水、器材等和所有人员的补给充足，现场指挥部明确：战勤保障大队要积极和政府应急办、红十字、石油公司等部门联合，必须保障前线作战力量补给到位，为成功扑灭火灾奠定了坚实基础。

（五）火场供水快速不间断

现场安排专人负责火场供水，现场供水主要采取直接供水、接力供水的方法，提高供水效率。同时，通知供水公司采取了管网加压措施，有效保障了灭火用水。据统计，此次事故处置共运水1040车次，总用水量达9360t。

五、存在问题

(一) 事故隧道内滞留车辆多

事故发生前，事故隧道行驶车辆由于拥堵行驶缓慢，相关部门未能及时疏导，致使 40 多辆车滞留隧道，为扩大事故灾情埋下了安全隐患。

(二) 通往事故隧道路段交通管制迟缓

隧道事故发生后，通往事故隧道的高速路段未及时实施交通管制，仍有车辆驶向事故隧道，导致大量通行车辆被堵，并占用了应急通道，致使众多救援车辆不能及时赶赴事故现场。

(三) 事故隧道相关信息提供不及时

由于事故现场不具备内部侦察条件，现场作战指挥部试图通过高速管理部门监控图像掌握隧道内部车辆数量及危化品运输车辆情况，但直到事故处置结束，仍未能提供此信息。

(四) 特种消防车辆器材装备配备不足

高速公路隧道灾情特殊，处置难度大，需有特殊的消防车辆及器材装备，如大型水罐消防车、隧道专用消防车、灭火机器人、排烟机器人、遥控消防水炮、各种高效泡沫灭火剂等。此次事故处置，由于缺少这些器材装备，在一定程度上影响了灭火救援行动。

(五) 安全防护意识仍需提高

事故处置前沿阵地个别官兵在对现场环境观察不细，对事故灾害和潜在危险预见不够，个别官兵在未戴头盔、手套等个人防护装备佩戴不齐全的情况下，内攻作战，导致 3 名官兵在事故处置中被不同程度烫伤、擦伤。

(六) 火场通信有待改进

此次事故处置时间长，对讲机使用频繁，电量难以保障，社会联动力量的通信联络方式简单，缺乏保障，导致与消防力量的协同配合不够到位，一定程度上影响事故的处置。

(七) 辖区"六熟悉"开展不彻底

中队在开展"六熟悉"工作中，面对诸多单位，只是针对典型的人员密集场所和高层建筑进行熟悉，而忽略了高速公路隧道，导致火灾扑救初期初战控火比较被动。

(八) 隧道火灾事故处置经验缺乏

辖区中队对隧道火灾事故的危险性认识不够，处置经验不足，缺乏前期研判，一定程度上影响了战斗效能。

六、改进措施

（一）加强隧道火灾扑救专业队伍建设

拟依托特勤中队成立隧道火灾专业救援队，配备隧道火灾消防车等专业装备，加强黑暗、浓烟、高温等条件下的适应性操法训练，提高隧道火灾事故处置水平。

（二）狠抓部队实战化练兵工作

加大培训基地建设力度，拟投入1000余万元建设真火、烟热等模拟训练设施，组织开展全勤指挥部和整建制中队实战化训练与考核工作，切实提高部队组织指挥和初战打赢能力。

（三）加强官兵安全防护

切实提高官兵自我保护的安全意识，加强个人防护装备穿戴意识。加大官兵对《作战安全训练安全要则》等规章制度的学习力度，督促官兵养成良好的自我安全防护的作战素养，提高官兵安全防护和紧急避险能力。

参考文献

[1] 顾正洪. 交通运输安全 [M]. 南京：东南大学出版社，2016.
[2] 商靠定. 灭火救援指挥 [M]. 北京：中国人民公安大学出版社，2015.
[3] 李建华. 灾害事故应急处置 [M]. 北京：中国人民公安大学出版社，2015.
[4] 李本利，陈智慧. 消防技术装备 [M]. 北京：中国人民公安大学出版社，2014.
[5] 张金柱. 图解汽车原理与构造 [M]. 北京：化学工业出版社，2016.
[6] 中华人民共和国公安部消防局. 中国消防手册（第十一卷）抢险救援 [M]. 上海：上海科学技术出版社. 2007.
[7] 康青春，姜自清等. 灭火救援行动安全 [M]. 北京：化学工业出版社，2015.
[8] 刘立文，黄长富. 突发灾害事故应急救援 [M]. 北京：中国人民公安大学出版社，2013.
[9] 罗永强，杨国宏. 石油化工事故灭火救援技术 [M]. 北京：化学工业出版社，2017.
[10] 何太平. LNG载货汽车设计、使用与维修 [M]. 北京：机械工业出版社，2013.
[11] 胡亿沩，杨梅，李鑫等. 危险化学品抢险技术与器材 [M]. 北京：化学工业出版社，2016.
[12] 陈先斌，陶其刚. 交通隧道火灾事故处置研究 [M]. 武汉：湖北科学技术出版社，2017.
[13] 中华人民共和国公安部消防局. 特勤大队中队训练 [M]. 昆明：云南人民出版社，2010.
[14] 洑春干，薛定. 槽罐车操作技术 [M]. 北京：化学工业出版

社，2012.

［15］李军，郭晓林等. 有害物品运输问题研究［M］. 北京：科学出版社，2010.

［13］康青春，姜连瑞，李驰原. 消防灭火救援工作实务指南［M］. 北京：中国人民公安大学出版社，2011.

［14］张清林，张网，任常兴. 国内外石油储罐典型火灾案例剖析［M］. 天津：天津大学出版社，2014.

［15］黄金印，姜连瑞，夏登友. 公路气体罐车泄漏事故应急处置技术［M］. 北京：化学工业出版社，2014.